HEBREEUWS
WOORDENSCHAT

THEMATISCHE WOORDENLIJST

NEDERLANDS
HEBREEUWS

De meest bruikbare woorden
Om uw woordenschat uit te breiden en
uw taalvaardigheid aan te scherpen

7000 woorden

Thematische woordenschat Nederlands-Hebreeuws - 7000 woorden

Door Andrey Taranov

Woordenlijsten van T&P Books zijn bedoeld om u woorden van een vreemde taal te helpen leren, onthouden, en bestudering. Dit woordenboek is ingedeeld in thema's en behandelt alle belangrijk terreinen van het dagelijkse leven, bedrijven, wetenschap, cultuur, etc.

Het proces van het leren van woorden met behulp van de op thema's gebaseerde aanpak van T&P Books biedt u de volgende voordelen:

- Correct gegroepeerde informatie is bepalend voor succes bij opeenvolgende stadia van het leren van woorden
- De beschikbaarheid van woorden die van dezelfde stam zijn maakt het mogelijk om woordgroepen te onthouden (in plaats van losse woorden)
- Kleine groepen van woorden faciliteren het proces van het aanmaken van associatieve verbindingen, die nodig zijn bij het consolideren van de woordenschat
- Het niveau van talenkennis kan worden ingeschat door het aantal geleerde woorden

Copyright © 2016 T&P Books Publishing

Alle rechten voorbehouden. Niets uit deze uitgave mag worden verveelvoudigd, opgeslagen in een geautomatiseerd gegevensbestand en/of openbaar gemaakt in enige vorm of op enige wijze, hetzij elektronisch, mechanisch, door fotokopieën, opnamen of op enige andere manier zonder voorafgaande schriftelijke toestemming van de uitgever. U mag dit boek niet verspreiden in welk formaat dan ook.

T&P Books Publishing
www.tpbooks.com

ISBN: 978-1-78716-437-6

Dit boek is ook beschikbaar in e-boek formaat.
Gelieve www.tpbooks.com te bezoeken of de belangrijkste online boekwinkels.

HEBREEUWSE WOORDENSCHAT
nieuwe woorden leren

T&P Books woordenlijsten zijn bedoeld om u te helpen vreemde woorden te leren, te onthouden, en te bestuderen. De woordenschat bevat meer dan 7000 veel gebruikte woorden die thematisch geordend zijn.

- De woordenlijst bevat de meest gebruikte woorden
- Aanbevolen als aanvulling bij welke taalcursus dan ook
- Voldoet aan de behoeften van de beginnende en gevorderde student in vreemde talen
- Geschikt voor dagelijks gebruik, bestudering en zelftestactiviteiten
- Maakt het mogelijk om uw woordenschat te evalueren

Bijzondere kenmerken van de woordenschat

- De woorden zijn gerangschikt naar hun betekenis, niet volgens alfabet
- De woorden worden weergegeven in drie kolommen om bestudering en zelftesten te vergemakkelijken
- Woorden in groepen worden verdeeld in kleine blokken om het leerproces te vergemakkelijken
- De woordenschat biedt een handige en eenvoudige beschrijving van elk buitenlands woord

De woordenschat bevat 198 onderwerpen zoals:

Basisconcepten, getallen, kleuren, maanden, seizoenen, meeteenheden, kleding en accessoires, eten & voeding, restaurant, familieleden, verwanten, karakter, gevoelens, emoties, ziekten, stad, dorp, bezienswaardigheden, winkelen, geld, huis, thuis, kantoor, werken op kantoor, import & export, marketing, werk zoeken, sport, onderwijs, computer, internet, gereedschap, natuur, landen, nationaliteiten en meer ...

INHOUDSOPGAVE

Uitspraakgids 10
Afkortingen 11

BASISBEGRIPPEN 12
Basisbegrippen Deel 1 12

1. Voornaamwoorden 12
2. Begroetingen. Begroetingen. Afscheid 12
3. Kardinale getallen. Deel 1 13
4. Kardinale getallen. Deel 2 14
5. Getallen. Breuken 15
6. Getallen. Eenvoudige berekeningen 15
7. Getallen. Diversen 15
8. De belangrijkste werkwoorden. Deel 1 16
9. De belangrijkste werkwoorden. Deel 2 17
10. De belangrijkste werkwoorden. Deel 3 17
11. De belangrijkste werkwoorden. Deel 4 18
12. Kleuren 19
13. Vragen 20
14. Functiewoorden. Bijwoorden. Deel 1 21
15. Functiewoorden. Bijwoorden. Deel 2 22

Basisbegrippen Deel 2 24

16. Dagen van de week 24
17. Uren. Dag en nacht 24
18. Maanden. Seizoenen 25
19. Tijd. Diversen 27
20. Tegenovergestelden 28
21. Lijnen en vormen 29
22. Meeteenheden 30
23. Containers 31
24. Materialen 32
25. Metalen 33

MENS 34
Mens. Het lichaam 34

26. Mensen. Basisbegrippen 34
27. Menselijke anatomie 34

28.	Hoofd	35
29.	Menselijk lichaam	36

Kleding en accessoires 37

30.	Bovenkleding. Jassen	37
31.	Heren & dames kleding	37
32.	Kleding. Ondergoed	38
33.	Hoofddeksels	38
34.	Schoeisel	38
35.	Textiel. Weefsel	39
36.	Persoonlijke accessoires	39
37.	Kleding. Diversen	40
38.	Persoonlijke verzorging. Schoonheidsmiddelen	40
39.	Juwelen	41
40.	Horloges. Klokken	42

Voedsel. Voeding 43

41.	Voedsel	43
42.	Drankjes	44
43.	Groenten	45
44.	Vruchten. Noten	46
45.	Brood. Snoep	47
46.	Bereide gerechten	47
47.	Kruiden	48
48.	Maaltijden	49
49.	Tafelschikking	50
50.	Restaurant	50

Familie, verwanten en vrienden 51

51.	Persoonlijke informatie. Formulieren	51
52.	Familieleden. Verwanten	51
53.	Vrienden. Collega's	52
54.	Man. Vrouw	53
55.	Leeftijd	53
56.	Kinderen	54
57.	Gehuwde paren. Gezinsleven	55

Karakter. Gevoelens. Emoties 56

58.	Gevoelens. Emoties	56
59.	Karakter. Persoonlijkheid	57
60.	Slaap. Dromen	58
61.	Humor. Gelach. Blijdschap	59
62.	Discussie, conversatie. Deel 1	59
63.	Discussie, conversatie. Deel 2	60
64.	Discussie, conversatie. Deel 3	62
65.	Overeenstemming. Weigering	62
66.	Succes. Veel geluk. Mislukking	63
67.	Ruzies. Negatieve emoties	64

Geneeskunde 66

68. Ziekten 66
69. Symptomen. Behandelingen. Deel 1 67
70. Symptomen. Behandelingen. Deel 2 68
71. Symptomen. Behandelingen. Deel 3 69
72. Artsen 70
73. Geneeskunde. Medicijnen. Accessoires 70
74. Roken. Tabaksproducten 71

HET MENSELIJKE LEEFGEBIED 72
Stad 72

75. Stad. Het leven in de stad 72
76. Stedelijke instellingen 73
77. Stedelijk vervoer 74
78. Bezienswaardigheden 75
79. Winkelen 76
80. Geld 77
81. Post. Postkantoor 78

Woning. Huis. Thuis 79

82. Huis. Woning 79
83. Huis. Ingang. Lift 80
84. Huis. Deuren. Sloten 80
85. Huis op het platteland 81
86. Kasteel. Paleis 81
87. Appartement 82
88. Appartement. Schoonmaken 82
89. Meubels. Interieur 82
90. Beddengoed 83
91. Keuken 83
92. Badkamer 84
93. Huishoudelijke apparaten 85
94. Reparaties. Renovatie 86
95. Loodgieterswerk 86
96. Brand. Vuurzee 87

MENSELIJKE ACTIVITEITEN 89
Baan. Business. Deel 1 89

97. Bankieren 89
98. Telefoon. Telefoongesprek 90
99. Mobiele telefoon 90
100. Schrijfbehoeften 91

Baan. Business. Deel 2 92

101. Massamedia 92
102. Landbouw 93

103. Gebouw. Bouwproces   94

Beroepen en ambachten   96

104. Zoeken naar werk. Ontslag   96
105. Zakenmensen   96
106. Dienstverlenende beroepen   97
107. Militaire beroepen en rangen   98
108. Ambtenaren. Priesters   99
109. Agrarische beroepen   99
110. Kunst beroepen   100
111. Verschillende beroepen   100
112. Beroepen. Sociale status   102

Sport   103

113. Soorten sporten. Sporters   103
114. Soorten sporten. Diversen   104
115. Fitnessruimte   104
116. Sporten. Diversen   105

Onderwijs   107

117. School   107
118. Hogeschool. Universiteit   108
119. Wetenschappen. Disciplines   109
120. Schrift. Spelling   109
121. Vreemde talen   110
122. Sprookjesfiguren   111
123. Dierenriem   112

Kunst   113

124. Theater   113
125. Bioscoop   114
126. Schilderij   115
127. Literatuur & Poëzie   116
128. Circus   116
129. Muziek. Popmuziek   117

Rusten. Entertainment. Reizen   119

130. Trip. Reizen   119
131. Hotel   119
132. Boeken. Lezen   120
133. Jacht. Vissen   122
134. Spellen. Biljart   122
135. Spellen. Speelkaarten   123
136. Rusten. Spellen. Diversen   123
137. Fotografie   124
138. Strand. Zwemmen   124

TECHNISCHE APPARATUUR. VERVOER   126
Technische apparatuur   126

139. Computer   126
140. Internet. E-mail   127

Vervoer   129

141. Vliegtuig   129
142. Trein   130
143. Schip   131
144. Vliegveld   132
145. Fiets. Motorfiets   133

Auto's   134

146. Soorten auto's   134
147. Auto's. Carrosserie   134
148. Auto's. Passagiersruimte   135
149. Auto's. Motor   136
150. Auto's. Botsing. Reparatie   137
151. Auto's. Weg   138

MENSEN. GEBEURTENISSEN IN HET LEVEN   140
Gebeurtenissen in het leven   140

152. Vakanties. Evenement   140
153. Begrafenissen. Begrafenis   141
154. Oorlog. Soldaten   141
155. Oorlog. Militaire acties. Deel 1   143
156. Wapens   144
157. Oude mensen   145
158. Middeleeuwen   146
159. Leider. Baas. Autoriteiten   148
160. De wet overtreden. Criminelen. Deel 1 148
161. De wet overtreden. Criminelen. Deel 2 150
162. Politie. Wet. Deel 1   151
163. Politie. Wet. Deel 2   152

NATUUR   154
De Aarde. Deel 1   154

164. De kosmische ruimte   154
165. De Aarde   155
166. Windrichtingen   156
167. Zee. Oceaan   156
168. Bergen   157
169. Rivieren   158
170. Bos   159
171. Natuurlijke hulpbronnen   160

De Aarde. Deel 2   161

172. Weer   161
173. Zwaar weer. Natuurrampen   162

Fauna   163

174. Zoogdieren. Roofdieren   163
175. Wilde dieren   163
176. Huisdieren   164
177. Honden. Hondenrassen   165
178. Dierengeluiden   166
179. Vogels   166
180. Vogels. Zingen en geluiden   168
181. Vis. Zeedieren   168
182. Amfibieën. Reptielen   169
183. Insecten   169
184. Dieren. Lichaamsdelen   170
185. Dieren. Leefomgevingen   170

Flora   172

186. Bomen   172
187. Heesters   172
188. Champignons   173
189. Vruchten. Bessen   173
190. Bloemen. Planten   174
191. Granen, graankorrels   175

REGIONALE AARDRIJKSKUNDE   176
Landen. Nationaliteiten   176

192. Politiek. Overheid. Deel 1   176
193. Politiek. Overheid. Deel 2   177
194. Landen. Diversen   178
195. Grote religieuze groepen. Bekentenissen   179
196. Religies. Priesters   180
197. Geloof. Christendom. Islam   180

DIVERSEN   183

198. Diverse nuttige woorden   183

UITSPRAAKGIDS

Naamletters	Letter	Hebreeuws voorbeeld	T&P fonetisch alfabet	Nederlands voorbeeld
Alef	א	אריה	[ɑ], [ɑ:]	acht
	א	אחד	[ɛ], [ɛ:]	zwemmen, existeren
	א	מָאָה	[']	glottisslag
Bet	ב	בית	[b]	hebben
Giemel	ג	גמל	[g]	goal, tango
Giemel+geresh	'ג	ג׳ונגל	[dʒ]	jeans, jungle
Dalet	ד	דג	[d]	Dank u, honderd
Hee	ה	הר	[h]	het, herhalen
Waw	ו	וסת	[v]	beloven, schrijven
Zajien	ז	זאב	[z]	zeven, zesde
Zajien+geresh	'ז	ז׳ורנל	[ʒ]	journalist, rouge
Chet	ח	חוט	[x]	licht, school
Tet	ט	טוב	[t]	tomaat, taart
Jod	י	יום	[j]	New York, januari
Kaf	ך כ	כריש	[k]	kennen, kleur
Lamed	ל	לחם	[l]	delen, luchter
Mem	ם מ	מלך	[m]	morgen, etmaal
Noen	ן נ	גר	[n]	nemen, zonder
Samech	ס	סוס	[s]	spreken, kosten
Ajien	ע	עין	[ɑ], [ɑ:]	acht
	ע	תשעים	[']	stemhebbende faryngale fricatief
Pee	ף פ	פיל	[p]	parallel, koper
Tsaddie	ץ צ	צעצוע	[ts]	niets, plaats
Tsaddie+geresh	'ץ'צ	צ׳ק	[tʃ]	Tsjechië, cello
Koef	ק	קוף	[k]	kennen, kleur
Reesj	ר	רכבת	[r]	gutturale R
Sjien	ש	שלחן, עשרים	[s], [ʃ]	spreken, shampoo
Taw	ת	תפוז	[t]	tomaat, taart

AFKORTINGEN
gebruikt in de woordenschat

Nederlandse afkortingen

abn	-	als bijvoeglijk naamwoord
bijv.	-	bijvoorbeeld
bn	-	bijvoeglijk naamwoord
bw	-	bijwoord
enk.	-	enkelvoud
enz.	-	enzovoort
form.	-	formele taal
inform.	-	informele taal
mann.	-	mannelijk
mil.	-	militair
mv.	-	meervoud
on.ww.	-	onovergankelijk werkwoord
ontelb.	-	ontelbaar
ov.	-	over
ov.ww.	-	overgankelijk werkwoord
telb.	-	telbaar
vn	-	voornaamwoord
vrouw.	-	vrouwelijk
vw	-	voegwoord
vz	-	voorzetsel
wisk.	-	wiskunde
ww	-	werkwoord

Nederlandse artikelen

de	-	gemeenschappelijk geslacht
de/het	-	gemeenschappelijk geslacht, onzijdig
het	-	onzijdig

Hebreeuwse afkortingen

ז	-	mannelijk
ז"ר	-	mannelijk meervoud
ז, נ	-	mannelijk, vrouwelijk
נ	-	vrouwelijk
נ"ר	-	vrouwelijk meervoud

BASISBEGRIPPEN

Basisbegrippen Deel 1

1. Voornaamwoorden

ik	ani	אֲנִי (ז, נ)
jij, je (mann.)	ata	אַתָּה (ז)
jij, je (vrouw.)	at	אַתְּ (נ)
hij	hu	הוּא (ז)
zij, ze	hi	הִיא (נ)
wij, we	a'naxnu	אֲנַחְנוּ (ז, נ)
jullie (mann.)	atem	אַתֶּם (ז"ר)
jullie (vrouw.)	aten	אַתֶּן (נ"ר)
U (form., enk.)	ata, at	אַתָּה (ז), אַתְּ (נ)
U (form., mv.)	atem, aten	אַתֶּם (ז"ר), אַתֶּן (נ"ר)
zij, ze	hem, hen	הֵם (ז"ר), הֵן (נ"ר)
zij, ze (mann.)	hem	הֵם (ז"ר)
zij, ze (vrouw.)	hen	הֵן (נ"ר)

2. Begroetingen. Begroetingen. Afscheid

Hallo! Dag!	ʃalom!	שָׁלוֹם!
Goedemorgen!	'boker tov!	בּוֹקֶר טוֹב!
Goedemiddag!	tsaha'rayim tovim!	צָהֳרַיִים טוֹבִים!
Goedenavond!	'erev tov!	עֶרֶב טוֹב!
gedag zeggen (groeten)	lomar ʃalom	לוֹמַר שָׁלוֹם
Hoi!	hai!	הַיי!
groeten (het)	ahlan	אַהְלָן
verwelkomen (ww)	lomar ʃalom	לוֹמַר שָׁלוֹם
Hoe gaat het?	ma ʃlomxa?	מַה שְׁלוֹמְךָ? (ז)
Hoe is het?	ma niʃma?	מַה נִשְׁמָע?
Is er nog nieuws?	ma xadaʃ?	מַה חָדָשׁ?
Dag! Tot ziens!	lehitra'ot!	לְהִתְרָאוֹת!
Doei!	bai!	בַּיי!
Tot snel! Tot ziens!	lehitra'ot bekarov!	לְהִתְרָאוֹת בְּקָרוֹב!
Vaarwel!	lehitra'ot!	לְהִתְרָאוֹת!
afscheid nemen (ww)	lomar lehitra'ot	לוֹמַר לְהִתְרָאוֹת
Tot kijk!	bai!	בַּיי!
Dank u!	toda!	תּוֹדָה!
Dank u wel!	toda raba!	תּוֹדָה רַבָּה!
Graag gedaan	bevakaʃa	בְּבַקָשָׁה

| Geen dank! | al lo davar | עַל לֹא דָּבָר |
| Geen moeite. | ein beʿad ma | אֵין בְּעַד מָה |

| Excuseer me, ... | sliχa! | סלְיחָה! |
| excuseren (verontschuldigen) | lis'loaχ | לִסלוֹחַ |

zich verontschuldigen	lehitnatsel	לְהִתנַצֵל
Mijn excuses.	ani mitnatsel, ani mitna'tselet	אֲנִי מִתנַצֵל (ז), אֲנִי מִתנַצֶלֶת (נ)
Het spijt me!	ani mitsta'er, ani mitsta''eret	אֲנִי מִצטַעֵר (ז), אֲנִי מִצטַעֶרֶת (נ)
vergeven (ww)	lis'loaχ	לִסלוֹחַ
Maakt niet uit!	lo nora	לֹא נוֹרָא
alsjeblieft	bevakaʃa	בְּבַקָשָׁה

Vergeet het niet!	al tiʃkaχ!	אַל תִּשׁכַּח! (ז)
Natuurlijk!	'betaχ!	בֶּטַח!
Natuurlijk niet!	'betaχ ʃelo!	בֶּטַח שֶׁלֹא!
Akkoord!	okei!	אוֹקֵיי!
Zo is het genoeg!	maspik!	מַספִּיק!

3. Kardinale getallen. Deel 1

nul	'efes	אֶפֶס (ז)
een	eχad	אֶחָד (ז)
twee	'ʃtayim	שׁתַיִים (נ)
drie	ʃaloʃ	שָׁלוֹשׁ (נ)
vier	arba	אַרבַּע (נ)

vijf	χameʃ	חָמֵשׁ (נ)
zes	ʃeʃ	שֵׁשׁ (נ)
zeven	'ʃeva	שֶׁבַע (נ)
acht	'ʃmone	שׁמוֹנֶה (נ)
negen	'teʃa	תֵּשַׁע (נ)

tien	'eser	עֶשֶׂר (נ)
elf	aχat esre	אַחַת-עֶשׂרֵה (נ)
twaalf	ʃteim esre	שׁתֵּים-עֶשׂרֵה (נ)
dertien	ʃloʃ esre	שׁלוֹשׁ-עֶשׂרֵה (נ)
veertien	arba esre	אַרבַּע-עֶשׂרֵה (נ)

vijftien	χameʃ esre	חָמֵשׁ-עֶשׂרֵה (נ)
zestien	ʃeʃ esre	שֵׁשׁ-עֶשׂרֵה (נ)
zeventien	ʃva esre	שׁבַע-עֶשׂרֵה (נ)
achttien	ʃmone esre	שׁמוֹנֶה-עֶשׂרֵה (נ)
negentien	tʃa esre	תֵּשַׁע-עֶשׂרֵה (נ)

twintig	esrim	עֶשׂרִים
eenentwintig	esrim ve'eχad	עֶשׂרִים וְאֶחָד
tweeëntwintig	esrim u'ʃnayim	עֶשׂרִים וּשׁנַיִים
drieëntwintig	esrim uʃloʃa	עֶשׂרִים וּשׁלוֹשָׁה

dertig	ʃloʃim	שׁלוֹשִׁים
eenendertig	ʃloʃim ve'eχad	שׁלוֹשִׁים וְאֶחָד
tweeëndertig	ʃloʃim u'ʃnayim	שׁלוֹשִׁים וּשׁנַיִים
drieëndertig	ʃloʃim uʃloʃa	שׁלוֹשִׁים וּשׁלוֹשָׁה

veertig	arba'im	אַרְבָּעִים
eenenveertig	arba'im ve'eχad	אַרְבָּעִים וְאֶחָד
tweeënveertig	arba'im u'ʃnayim	אַרְבָּעִים וּשְׁנַיִם
drieënveertig	arba'im uʃloʃa	אַרְבָּעִים וּשְׁלוֹשָׁה
vijftig	χamiʃim	חֲמִישִׁים
eenenvijftig	χamiʃim ve'eχad	חֲמִישִׁים וְאֶחָד
tweeënvijftig	χamiʃim u'ʃnayim	חֲמִישִׁים וּשְׁנַיִם
drieënvijftig	χamiʃim uʃloʃa	חֲמִישִׁים וּשְׁלוֹשָׁה
zestig	ʃiʃim	שִׁישִׁים
eenenzestig	ʃiʃim ve'eχad	שִׁישִׁים וְאֶחָד
tweeënzestig	ʃiʃim u'ʃnayim	שִׁישִׁים וּשְׁנַיִם
drieënzestig	ʃiʃim uʃloʃa	שִׁישִׁים וּשְׁלוֹשָׁה
zeventig	ʃiv'im	שִׁבְעִים
eenenzeventig	ʃiv'im ve'eχad	שִׁבְעִים וְאֶחָד
tweeënzeventig	ʃiv'im u'ʃnayim	שִׁבְעִים וּשְׁנַיִם
drieënzeventig	ʃiv'im uʃloʃa	שִׁבְעִים וּשְׁלוֹשָׁה
tachtig	ʃmonim	שְׁמוֹנִים
eenentachtig	ʃmonim ve'eχad	שְׁמוֹנִים וְאֶחָד
tweeëntachtig	ʃmonim u'ʃnayim	שְׁמוֹנִים וּשְׁנַיִם
drieëntachtig	ʃmonim uʃloʃa	שְׁמוֹנִים וּשְׁלוֹשָׁה
negentig	tiʃim	תִּשְׁעִים
eenennegentig	tiʃim ve'eχad	תִּשְׁעִים וְאֶחָד
tweeënnegentig	tiʃim u'ʃayim	תִּשְׁעִים וּשְׁנַיִם
drieënnegentig	tiʃim uʃloʃa	תִּשְׁעִים וּשְׁלוֹשָׁה

4. Kardinale getallen. Deel 2

honderd	'me'a	מֵאָה (נ)
tweehonderd	ma'tayim	מָאתַיִם
driehonderd	ʃloʃ me'ot	שְׁלוֹשׁ מֵאוֹת (נ)
vierhonderd	arba me'ot	אַרְבַּע מֵאוֹת (נ)
vijfhonderd	χameʃ me'ot	חָמֵשׁ מֵאוֹת (נ)
zeshonderd	ʃeʃ me'ot	שֵׁשׁ מֵאוֹת (נ)
zevenhonderd	ʃva me'ot	שְׁבַע מֵאוֹת (נ)
achthonderd	ʃmone me'ot	שְׁמוֹנֶה מֵאוֹת (נ)
negenhonderd	tʃa me'ot	תֵּשַׁע מֵאוֹת (נ)
duizend	'elef	אֶלֶף (ז)
tweeduizend	al'payim	אַלְפַּיִם (ז)
drieduizend	'ʃloʃet alafim	שְׁלוֹשֶׁת אֲלָפִים (ז)
tienduizend	a'seret alafim	עֲשֶׂרֶת אֲלָפִים (ז)
honderdduizend	'me'a 'elef	מֵאָה אֶלֶף (ז)
miljoen (het)	milyon	מִילִיוֹן (ז)
miljard (het)	milyard	מִילְיַארְד (ז)

5. Getallen. Breuken

breukgetal (het)	'ʃever	שֶׁבֶר (ז)
half	'χetsi	חֲצִי (ז)
een derde	ʃliʃ	שְׁלִיש (ז)
kwart	'reva	רֶבַע (ז)

een achtste	ʃminit	שְׁמִינִית (נ)
een tiende	asirit	עֲשִׂירִית (נ)
twee derde	ʃnei ʃliʃim	שְׁנֵי שְׁלִישִׁים (ז)
driekwart	'ʃloʃet riv'ei	שְׁלוֹשֶׁת רְבָעֵי

6. Getallen. Eenvoudige berekeningen

aftrekking (de)	χisur	חִיסוּר (ז)
aftrekken (ww)	leχaser	לְחַסֵר
deling (de)	χiluk	חִילוּק (ז)
delen (ww)	leχalek	לְחַלֵק

optelling (de)	χibur	חִיבּוּר (ז)
erbij optellen (bij elkaar voegen)	leχaber	לְחַבֵּר
optellen (ww)	leχaber	לְחַבֵּר
vermenigvuldiging (de)	'kefel	כֶּפֶל (ז)
vermenigvuldigen (ww)	lehaχpil	לְהַכְפִּיל

7. Getallen. Diversen

cijfer (het)	sifra	סִפְרָה (נ)
nummer (het)	mispar	מִסְפָּר (ז)
telwoord (het)	ʃem mispar	שֵׁם מִסְפָּר (ז)
minteken (het)	'minus	מִינוּס (ז)
plusteken (het)	plus	פְּלוּס (ז)
formule (de)	nusχa	נוּסְחָה (נ)

berekening (de)	χiʃuv	חִישׁוּב (ז)
tellen (ww)	lispor	לִסְפּוֹר
bijrekenen (ww)	leχaʃev	לְחַשֵׁב
vergelijken (ww)	lehaʃvot	לְהַשְׁווֹת

Hoeveel?	'kama?	כַּמָה?
som (de), totaal (het)	sχum	סְכוּם (ז)
uitkomst (de)	totsa'a	תוֹצָאָה (נ)
rest (de)	ʃe'erit	שְׁאֵרִית (נ)

enkele (bijv. ~ minuten)	'kama	כַּמָה
weinig (bw)	ktsat	קְצָת
weinig (telb.)	me'at	מְעַט
een beetje (ontelb.)	me'at	מְעַט
restant (het)	ʃe'ar	שְׁאָר (ז)
anderhalf	eχad va'χetsi	אֶחָד וָחֵצִי (ז)

15

dozijn (het)	tresar	תְרֵיסָר (ז)
middendoor (bw)	'χetsi 'χetsi	חֲצִי חֲצִי
even (bw)	ʃave beʃave	שָׁוֶה בְּשָׁוֶה
helft (de)	'χetsi	חֲצִי (ז)
keer (de)	'pa‘am	פַּעַם (נ)

8. De belangrijkste werkwoorden. Deel 1

aanbevelen (ww)	lehamlits	לְהַמְלִיץ
aandringen (ww)	lehit‘akeʃ	לְהִתְעַקֵּשׁ
aankomen (per auto, enz.)	leha'gi‘a	לְהַגִּיעַ
aanraken (ww)	la'ga‘at	לָגַעַת
adviseren (ww)	leya‘ets	לְיָעֵץ

afdalen (on.ww.)	la'redet	לָרֶדֶת
afslaan (naar rechts ~)	lifnot	לִפְנוֹת
antwoorden (ww)	la‘anot	לַעֲנוֹת
bang zijn (ww)	lefaχed	לְפַחֵד
bedreigen	le’ayem	לְאַיֵּם
(bijv. met een pistool)		

bedriegen (ww)	leramot	לְרַמּוֹת
beëindigen (ww)	lesayem	לְסַיֵּם
beginnen (ww)	lehatχil	לְהַתְחִיל
begrijpen (ww)	lehavin	לְהָבִין
beheren (managen)	lenahel	לְנַהֵל

beledigen	leha‘aliv	לְהַעֲלִיב
(met scheldwoorden)		
beloven (ww)	lehav'tiaχ	לְהַבְטִיחַ
bereiden (koken)	levaʃel	לְבַשֵּׁל
bespreken (spreken over)	ladun	לָדוּן

bestellen (eten ~)	lehazmin	לְהַזְמִין
bestraffen (een stout kind ~)	leha‘aniʃ	לְהַעֲנִישׁ
betalen (ww)	leʃalem	לְשַׁלֵּם
betekenen (beduiden)	lomar	לוֹמַר
betreuren (ww)	lehitsta‘er	לְהִצְטַעֵר

bevallen (prettig vinden)	limtso χen be'ei'nayim	לִמְצֹא חֵן בְּעֵינַיִם
bevelen (mil.)	lifkod	לִפְקֹד
bevrijden (stad, enz.)	leʃaχrer	לְשַׁחְרֵר
bewaren (ww)	liʃmor	לִשְׁמוֹר
bezitten (ww)	lihyot 'ba‘al ʃel	לִהְיוֹת בַּעַל שֶׁל

bidden (praten met God)	lehitpalel	לְהִתְפַּלֵּל
binnengaan (een kamer ~)	lehikanes	לְהִיכָּנֵס
breken (ww)	liʃbor	לִשְׁבּוֹר
controleren (ww)	liʃlot	לִשְׁלוֹט
creëren (ww)	litsor	לִיצֹר

deelnemen (ww)	lehiʃtatef	לְהִשְׁתַּתֵּף
denken (ww)	laχʃov	לַחְשׁוֹב
doden (ww)	laharog	לַהֲרוֹג

| doen (ww) | la'asot | לַעֲשׂוֹת |
| dorst hebben (ww) | lihyot tsame | לִהְיוֹת צָמֵא |

9. De belangrijkste werkwoorden. Deel 2

een hint geven	lirmoz	לִרְמֹז
eisen (met klem vragen)	lidroʃ	לִדְרֹשׁ
excuseren (vergeven)	lis'loax	לִסְלוֹחַ
existeren (bestaan)	lehitkayem	לְהִתְקַיֵּם
gaan (te voet)	la'lexet	לָלֶכֶת

gaan zitten (ww)	lehityaʃev	לְהִתְיַישֵׁב
gaan zwemmen	lehitraxets	לְהִתְרַחֵץ
geven (ww)	latet	לָתֵת
glimlachen (ww)	lexayex	לְחַיֵּךְ
goed raden (ww)	lenaxeʃ	לְנַחֵשׁ

grappen maken (ww)	lehitba'deax	לְהִתְבַּדֵּחַ
graven (ww)	laxpor	לַחְפֹּר
hebben (ww)	lehaxzik	לְהַחְזִיק
helpen (ww)	la'azor	לַעֲזוֹר
herhalen (opnieuw zeggen)	laxazor al	לַחֲזוֹר עַל
honger hebben (ww)	lihyot ra'ev	לִהְיוֹת רָעֵב

hopen (ww)	lekavot	לְקַווֹת
horen	liʃ'mo'a	לִשְׁמוֹעַ
(waarnemen met het oor)		
huilen (wenen)	livkot	לִבְכּוֹת
huren (huis, kamer)	liskor	לִשְׂכֹּר
informeren (informatie geven)	leho'dia	לְהוֹדִיעַ
instemmen (akkoord gaan)	lehaskim	לְהַסְכִּים
jagen (ww)	latsud	לָצוּד
kennen (kennis hebben van iemand)	lehakir et	לְהַכִּיר אֶת
kiezen (ww)	livxor	לִבְחוֹר
klagen (ww)	lehitlonen	לְהִתְלוֹנֵן

kosten (ww)	la'alot	לַעֲלוֹת
kunnen (ww)	yaxol	יָכוֹל
lachen (ww)	litsxok	לִצְחוֹק
laten vallen (ww)	lehapil	לְהַפִּיל
lezen (ww)	likro	לִקְרֹא

liefhebben (ww)	le'ehov	לֶאֱהֹב
lunchen (ww)	le'exol aruxat tsaha'rayim	לֶאֱכֹל אֲרוּחַת צָהֳרַיִם
nemen (ww)	la'kaxat	לָקַחַת
nodig zijn (ww)	lehidareʃ	לְהִידָרֵשׁ

10. De belangrijkste werkwoorden. Deel 3

| onderschatten (ww) | leham'it be''erex | לְהַמְעִיט בְּעֵרֶךְ |
| ondertekenen (ww) | laxtom | לַחְתֹּם |

17

ontbijten (ww)	le'eχol aruχat 'boker	לֶאֱכוֹל אֲרוּחַת בּוֹקֶר
openen (ww)	lif'toaχ	לִפְתּוֹחַ
ophouden (ww)	lehafsik	לְהַפְסִיק
opmerken (zien)	lasim lev	לָשִׂים לֵב
opscheppen (ww)	lehitravrev	לְהִתְרַבְרֵב
opschrijven (ww)	lirʃom	לִרְשׁוֹם
plannen (ww)	letaχnen	לְתַכְנֵן
prefereren (verkiezen)	leha'adif	לְהַעֲדִיף
proberen (trachten)	lenasot	לְנַסּוֹת
redden (ww)	lehatsil	לְהַצִּיל
rekenen op ...	lismoχ al	לִסְמוֹךְ עַל
rennen (ww)	laruts	לָרוּץ
reserveren (een hotelkamer ~)	lehazmin meroʃ	לְהַזְמִין מֵרֹאשׁ
roepen (om hulp)	likro	לִקְרוֹא
schieten (ww)	lirot	לִירוֹת
schreeuwen (ww)	lits'ok	לִצְעוֹק
schrijven (ww)	liχtov	לִכְתּוֹב
souperen (ww)	le'eχol aruχat 'erev	לֶאֱכוֹל אֲרוּחַת עֶרֶב
spelen (kinderen)	lesaχek	לְשַׂחֵק
spreken (ww)	ledaber	לְדַבֵּר
stelen (ww)	lignov	לִגְנוֹב
stoppen (pauzeren)	la'atsor	לַעֲצוֹר
studeren (Nederlands ~)	lilmod	לִלְמוֹד
sturen (zenden)	liʃloaχ	לִשְׁלוֹחַ
tellen (optellen)	lispor	לִסְפּוֹר
toebehoren ...	lehiʃtayeχ	לְהִשְׁתַּיֵּךְ
toestaan (ww)	leharʃot	לְהַרְשׁוֹת
tonen (ww)	lehar'ot	לְהַרְאוֹת
twijfelen (onzeker zijn)	lefakpek	לְפַקְפֵּק
uitgaan (ww)	latset	לָצֵאת
uitnodigen (ww)	lehazmin	לְהַזְמִין
uitspreken (ww)	levate	לְבַטֵּא
uitvaren tegen (ww)	linzof	לִנְזוֹף

11. De belangrijkste werkwoorden. Deel 4

vallen (ww)	lipol	לִיפּוֹל
vangen (ww)	litfos	לִתְפּוֹס
veranderen (anders maken)	leʃanot	לְשַׁנּוֹת
verbaasd zijn (ww)	lehitpale	לְהִתְפַּלֵּא
verbergen (ww)	lehastir	לְהַסְתִּיר
verdedigen (je land ~)	lehagen	לְהָגֵן
verenigen (ww)	le'aχed	לְאַחֵד
vergelijken (ww)	lehaʃvot	לְהַשְׁווֹת
vergeten (ww)	liʃkoaχ	לִשְׁכּוֹחַ
vergeven (ww)	lis'loaχ	לִסְלוֹחַ
verklaren (uitleggen)	lehasbir	לְהַסְבִּיר

verkopen (per stuk ~)	limkor	לִמְכּוֹר
vermelden (praten over)	lehazkir	לְהַזְכִּיר
versieren (decoreren)	lekaʃet	לְקַשֵּׁט
vertalen (ww)	letargem	לְתַרְגֵּם

vertrouwen (ww)	liv'toaχ	לִבְטוֹחַ
vervolgen (ww)	lehamʃiχ	לְהַמְשִׁיךְ
verwarren (met elkaar ~)	lehitbalbel	לְהִתְבַּלְבֵּל
verzoeken (ww)	levakeʃ	לְבַקֵּשׁ
verzuimen (school, enz.)	lehaχsir	לְהַחְסִיר

vinden (ww)	limtso	לִמְצוֹא
vliegen (ww)	la'uf	לָעוּף
volgen (ww)	la'akov aχarei	לַעֲקוֹב אַחֲרֵי
voorstellen (ww)	leha'tsi'a	לְהַצִּיעַ
voorzien (verwachten)	laχazot	לַחֲזוֹת
vragen (ww)	liʃol	לִשְׁאוֹל

waarnemen (ww)	litspot, lehaʃkif	לִצְפּוֹת, לְהַשְׁקִיף
waarschuwen (ww)	lehazhir	לְהַזְהִיר
wachten (ww)	lehamtin	לְהַמְתִּין
weerspreken (ww)	lehitnaged	לְהִתְנַגֵּד
weigeren (ww)	lesarev	לְסָרֵב

werken (ww)	la'avod	לַעֲבוֹד
weten (ww)	la'da'at	לָדַעַת
willen (verlangen)	lirtsot	לִרְצוֹת
zeggen (ww)	lomar	לוֹמַר
zich haasten (ww)	lemaher	לְמַהֵר

zich interesseren voor ...	lehit'anyen be...	לְהִתְעַנְיֵין בְּ...
zich vergissen (ww)	lit'ot	לִטְעוֹת
zich verontschuldigen	lehitnatsel	לְהִתְנַצֵּל
zien (ww)	lir'ot	לִרְאוֹת

zijn (ww)	lihyot	לִהְיוֹת
zoeken (ww)	leχapes	לְחַפֵּשׂ
zwemmen (ww)	lisχot	לִשְׂחוֹת
zwijgen (ww)	liʃtok	לִשְׁתוֹק

12. Kleuren

kleur (de)	'tseva	צֶבַע (ז)
tint (de)	gavan	גָּווֶן (ז)
kleurnuance (de)	gavan	גָּווֶן (ז)
regenboog (de)	'keʃet	קֶשֶׁת (נ)

wit (bn)	lavan	לָבָן
zwart (bn)	ʃaχor	שָׁחוֹר
grijs (bn)	afor	אָפוֹר

groen (bn)	yarok	יָרוֹק
geel (bn)	tsahov	צָהוֹב
rood (bn)	adom	אָדוֹם

blauw (bn)	kaχol	כָּחוֹל
lichtblauw (bn)	taχol	תָכוֹל
roze (bn)	varod	וָרֹד
oranje (bn)	katom	כָּתוֹם
violet (bn)	segol	סָגוֹל
bruin (bn)	χum	חוּם

| goud (bn) | zahov | זָהוֹב |
| zilverkleurig (bn) | kasuf | כָּסוּף |

beige (bn)	beʒ	בֶּז'
roomkleurig (bn)	be'tseva krem	בְּצֶבַע קְרֶם
turkoois (bn)	turkiz	טוּרקִיז
kersrood (bn)	bordo	בּוֹרדוֹ
lila (bn)	segol	סָגוֹל
karmijnrood (bn)	patol	פָּטֹל

licht (bn)	bahir	בָּהִיר
donker (bn)	kehe	כֵּהֶה
fel (bn)	bohek	בּוֹהֵק

kleur-, kleurig (bn)	tsiv'oni	צִבעוֹנִי
kleuren- (abn)	tsiv'oni	צִבעוֹנִי
zwart-wit (bn)	ʃaχor lavan	שָׁחוֹר-לָבָן
eenkleurig (bn)	χad tsiv'i	חַד-צִבעִי
veelkleurig (bn)	sasgoni	סַסגוֹנִי

13. Vragen

Wie?	mi?	מִי?
Wat?	ma?	מָה?
Waar?	'eifo?	אֵיפֹה?
Waarheen?	le'an?	לְאָן?
Waar ... vandaan?	me''eifo?	מֵאֵיפֹה?
Wanneer?	matai?	מָתַי?

| Waarom? | 'lama? | לָמָה? |
| Waarom? | ma'du'a? | מַדוּעַ? |

| Waarvoor dan ook? | biʃvil ma? | בִּשׁבִיל מָה? |
| Hoe? | eiχ, keitsad? | כֵּיצַד? אֵיך? |

| Wat voor ...? | 'eize? | אֵיזֶה? |
| Welk? | 'eize? | אֵיזֶה? |

| Aan wie? | lemi? | לְמִי? |
| Over wie? | al mi? | עַל מִי? |

| Waarover? | al ma? | עַל מָה? |
| Met wie? | im mi? | עִם מִי? |

| Hoeveel? | 'kama? | כַּמָה? |
| Van wie? | ʃel mi? | שֶׁל מִי? |

14. Functiewoorden. Bijwoorden. Deel 1

Waar?	'eifo?	אֵיפֹה?
hier (bw)	po, kan	פֹּה, כָּאן
daar (bw)	ʃam	שָׁם
ergens (bw)	'eifo ʃehu	אֵיפֹה שֶׁהוּא
nergens (bw)	beʃum makom	בְּשׁוּם מָקוֹם
bij ... (in de buurt)	leyad ...	לְיַד ...
bij het raam	leyad haxalon	לְיַד הַחַלּוֹן
Waarheen?	le'an?	לְאָן?
hierheen (bw)	'hena, lekan	הֵנָה; לְכָאן
daarheen (bw)	leʃam	לְשָׁם
hiervandaan (bw)	mikan	מִכָּאן
daarvandaan (bw)	miʃam	מִשָּׁם
dichtbij (bw)	karov	קָרוֹב
ver (bw)	raxok	רָחוֹק
in de buurt (van ...)	leyad	לְיַד
vlakbij (bw)	karov	קָרוֹב
niet ver (bw)	lo raxok	לֹא רָחוֹק
linker (bn)	smali	שְׂמָאלִי
links (bw)	mismol	מִשְּׂמֹאל
linksaf, naar links (bw)	'smola	שְׂמֹאלָה
rechter (bn)	yemani	יְמָנִי
rechts (bw)	miyamin	מִיָּמִין
rechtsaf, naar rechts (bw)	ya'mina	יָמִינָה
vooraan (bw)	mika'dima	מִקָּדִימָה
voorste (bn)	kidmi	קִדְמִי
vooruit (bw)	ka'dima	קָדִימָה
achter (bw)	me'axor	מֵאָחוֹר
van achteren (bw)	me'axor	מֵאָחוֹר
achteruit (naar achteren)	a'xora	אָחוֹרָה
midden (het)	'emtsa	אֶמְצַע (ז)
in het midden (bw)	ba''emtsa	בָּאֶמְצַע
opzij (bw)	mehatsad	מֵהַצַּד
overal (bw)	bexol makom	בְּכָל מָקוֹם
omheen (bw)	misaviv	מִסָּבִיב
binnenuit (bw)	mibifnim	מִבִּפְנִים
naar ergens (bw)	le'an ʃehu	לְאָן שֶׁהוּא
rechtdoor (bw)	yaʃar	יָשָׁר
terug (bijv. ~ komen)	baxazara	בַּחֲזָרָה
ergens vandaan (bw)	me'ei ʃam	מֵאֵי שָׁם
ergens vandaan (en dit geld moet ~ komen)	me'ei ʃam	מֵאֵי שָׁם

21

ten eerste (bw)	reʃit	רֵאשִׁית
ten tweede (bw)	ʃenit	שֵׁנִית
ten derde (bw)	ʃliʃit	שְׁלִישִׁית

plotseling (bw)	pit'om	פִּתְאוֹם
in het begin (bw)	behatslaχa	בַּהַתְחָלָה
voor de eerste keer (bw)	lariʃona	לָרִאשׁוֹנָה
lang voor ... (bw)	zman rav lifnei ...	... זְמַן רַב לִפְנֵי
opnieuw (bw)	meχadaʃ	מֵחָדָשׁ
voor eeuwig (bw)	letamid	לְתָמִיד

nooit (bw)	af 'pa'am, me'olam	מֵעוֹלָם, אַף פַּעַם
weer (bw)	ʃuv	שׁוּב
nu (bw)	aχʃav, ka'et	עַכְשָׁיו, כָּעֵת
vaak (bw)	le'itim krovot	לְעִיתִּים קְרוֹבוֹת
toen (bw)	az	אָז
urgent (bw)	bidχifut	בִּדְחִיפוּת
meestal (bw)	be'dereχ klal	בְּדֶרֶךְ כְּלָל

trouwens, ... (tussen haakjes)	'dereχ 'agav	דֶּרֶךְ אַגַּב
mogelijk (bw)	efʃari	אֶפְשָׁרִי
waarschijnlijk (bw)	kanir'e	כַּנִרְאָה
misschien (bw)	ulai	אוּלַי
trouwens (bw)	χuts mize ...	... חוּץ מִזֶּה
daarom ...	laχen	לָכֵן
in weerwil van ...	lamrot ...	... לַמְרוֹת
dankzij ...	hodot le...	...-הוֹדוֹת לְ

wat (vn)	ma	מָה
dat (vw)	ʃe	שֶׁ
iets (vn)	'maʃehu	מַשֶּׁהוּ
iets	'maʃehu	מַשֶּׁהוּ
niets (vn)	klum	כְּלוּם

wie (~ is daar?)	mi	מִי
iemand (een onbekende)	'miʃehu, 'miʃehi	מִישֶׁהוּ (ז), מִישֶׁהִי (נ)
iemand (een bepaald persoon)	'miʃehu, 'miʃehi	מִישֶׁהוּ (ז), מִישֶׁהִי (נ)

niemand (vn)	af eχad, af aχat	אַף אֶחָד (ז), אַף אַחַת (נ)
nergens (bw)	leʃum makom	לְשׁוּם מָקוֹם
niemands (bn)	lo ʃayaχ le'af eχad	לֹא שַׁיָּיךְ לְאַף אֶחָד
iemands (bn)	ʃel 'miʃehu	שֶׁל מִישֶׁהוּ

zo (Ik ben ~ blij)	kol kaχ	כָּל-כָּךְ
ook (evenals)	gam	גַּם
alsook (eveneens)	gam	גַּם

15. Functiewoorden. Bijwoorden. Deel 2

Waarom?	ma'du'a?	מַדּוּעַ?
om een bepaalde reden	miʃum ma	מִשּׁוּם-מָה
omdat ...	miʃum ʃe	מִשּׁוּם שֶׁ

voor een bepaald doel	lematara 'kolʃehi	לְמַטָּרָה כָּלְשֶׁהִי
en (vw)	ve …	וְ …
of (vw)	o	אוֹ
maar (vw)	aval, ulam	אֲבָל, אוּלָם
voor (vz)	biʃvil	בִּשְׁבִיל

te (~ veel mensen)	yoter midai	יוֹתֵר מִדַּי
alleen (bw)	rak	רַק
precies (bw)	bediyuk	בְּדִיּוּק
ongeveer (~ 10 kg)	be''ereχ	בְּעֵרֶךְ

omstreeks (bw)	be''ereχ	בְּעֵרֶךְ
bij benadering (bn)	meʃo'ar	מְשׁוֹעָר
bijna (bw)	kim'at	כִּמְעַט
rest (de)	ʃe'ar	שְׁאָר (ז)

de andere (tweede)	aχer	אַחֵר
ander (bn)	aχer	אַחֵר
elk (bn)	kol	כֹּל
om het even welk	kolʃehu	כָּלְשֶׁהוּ
veel (grote hoeveelheid)	harbe	הַרְבֵּה
veel mensen	harbe	הַרְבֵּה
iedereen (alle personen)	kulam	כּוּלָם

in ruil voor …	tmurat …	תמוּרַת …
in ruil (bw)	bitmura	בְּתמוּרָה
met de hand (bw)	bayad	בְּיָד
onwaarschijnlijk (bw)	safek im	סָפֵק אִם

waarschijnlijk (bw)	karov levadai	קָרוֹב לְוַדַּאי
met opzet (bw)	'davka	דַּוְוקָא
toevallig (bw)	bemikre	בְּמִקְרֶה

zeer (bw)	me'od	מְאוֹד
bijvoorbeeld (bw)	lemaʃal	לְמָשָׁל
tussen (~ twee steden)	bein	בֵּין
tussen (te midden van)	be'kerev	בְּקֶרֶב
zoveel (bw)	kol kaχ harbe	כָּל-כָּךְ הַרְבֵּה
vooral (bw)	bimyuχad	בְּמיוּחָד

Basisbegrippen Deel 2

16. Dagen van de week

maandag (de)	yom ʃeni	יוֹם שֵׁנִי (ז)
dinsdag (de)	yom ʃliʃi	יוֹם שְׁלִישִׁי (ז)
woensdag (de)	yom revi'i	יוֹם רְבִיעִי (ז)
donderdag (de)	yom xamiʃi	יוֹם חֲמִישִׁי (ז)
vrijdag (de)	yom ʃiʃi	יוֹם שִׁישִׁי (ז)
zaterdag (de)	ʃabat	שַׁבָּת (נ)
zondag (de)	yom riʃon	יוֹם רִאשׁוֹן (ז)

vandaag (bw)	hayom	הַיּוֹם
morgen (bw)	maxar	מָחָר
overmorgen (bw)	maxara'tayim	מָחֳרָתַיִים
gisteren (bw)	etmol	אֶתְמוֹל
eergisteren (bw)	ʃilʃom	שִׁלְשׁוֹם

dag (de)	yom	יוֹם (ז)
werkdag (de)	yom avoda	יוֹם עֲבוֹדָה (ז)
feestdag (de)	yom xag	יוֹם חַג (ז)
verlofdag (de)	yom menuxa	יוֹם מְנוּחָה (ז)
weekend (het)	sof ʃa'vu'a	סוֹף שָׁבוּעַ

de hele dag (bw)	kol hayom	כָּל הַיּוֹם
de volgende dag (bw)	lamaxarat	לַמָּחֳרָת
twee dagen geleden	lifnei yo'mayim	לִפְנֵי יוֹמַיִים
aan de vooravond (bw)	'erev	עֶרֶב
dag-, dagelijks (bn)	yomyomi	יוֹמִיוֹמִי
elke dag (bw)	midei yom	מְדֵי יוֹם

week (de)	ʃa'vua	שָׁבוּעַ (ז)
vorige week (bw)	baʃa'vu'a ʃe'avar	בַּשָּׁבוּעַ שֶׁעָבַר
volgende week (bw)	baʃa'vu'a haba	בַּשָּׁבוּעַ הַבָּא
wekelijks (bn)	ʃvu'i	שְׁבוּעִי
elke week (bw)	kol ʃa'vu'a	כָּל שָׁבוּעַ
twee keer per week	pa'a'mayim beʃa'vu'a	פַּעֲמַיִים בְּשָׁבוּעַ
elke dinsdag	kol yom ʃliʃi	כָּל יוֹם שְׁלִישִׁי

17. Uren. Dag en nacht

morgen (de)	'boker	בּוֹקֶר (ז)
's morgens (bw)	ba'boker	בַּבּוֹקֶר
middag (de)	tsaha'rayim	צָהֳרַיִים (ז"ר)
's middags (bw)	axar hatsaha'rayim	אַחַר הַצָּהֳרַיִים

| avond (de) | 'erev | עֶרֶב (ז) |
| 's avonds (bw) | ba''erev | בָּעֶרֶב |

nacht (de)	'laila	לַיְלָה (ז)
's nachts (bw)	ba'laila	בַּלַּיְלָה
middernacht (de)	χatsot	חֲצוֹת (נ)

seconde (de)	ʃniya	שְׁנִיָּה (נ)
minuut (de)	daka	דַּקָּה (נ)
uur (het)	ʃa'a	שָׁעָה (נ)
halfuur (het)	χatsi ʃa'a	חֲצִי שָׁעָה (נ)
kwartier (het)	'reva ʃa'a	רֶבַע שָׁעָה (ז)
vijftien minuten	χameʃ esre dakot	חָמֵשׁ עֶשְׂרֵה דַּקּוֹת
etmaal (het)	yemama	יְמָמָה (נ)

zonsopgang (de)	zriχa	זְרִיחָה (נ)
dageraad (de)	'ʃaχar	שַׁחַר (ז)
vroege morgen (de)	'ʃaχar	שַׁחַר (ז)
zonsondergang (de)	ʃki'a	שְׁקִיעָה (נ)

's morgens vroeg (bw)	mukdam ba'boker	מוּקְדָּם בַּבּוֹקֶר
vanmorgen (bw)	ha'boker	הַבּוֹקֶר
morgenochtend (bw)	maχar ba'boker	מָחָר בַּבּוֹקֶר
vanmiddag (bw)	hayom aχarei hatzaha'rayim	הַיּוֹם אַחֲרֵי הַצָּהֳרַיִם
's middags (bw)	aχar hatsaha'rayim	אַחַר הַצָּהֳרַיִם
morgenmiddag (bw)	maχar aχarei hatsaha'rayim	מָחָר אַחֲרֵי הַצָּהֳרַיִם
vanavond (bw)	ha''erev	הָעֶרֶב
morgenavond (bw)	maχar ba''erev	מָחָר בָּעֶרֶב

klokslag drie uur	baʃa'a ʃaloʃ bediyuk	בְּשָׁעָה שָׁלוֹשׁ בְּדִיּוּק
ongeveer vier uur	bisvivot arba	בִּסְבִיבוֹת אַרְבַּע
tegen twaalf uur	ad ʃteim esre	עַד שְׁתֵּים־עֶשְׂרֵה

over twintig minuten	be'od esrim dakot	בְּעוֹד עֶשְׂרִים דַּקּוֹת
over een uur	be'od ʃa'a	בְּעוֹד שָׁעָה
op tijd (bw)	bazman	בַּזְּמַן

kwart voor ...	'reva le...	רֶבַע לְ...
binnen een uur	toχ ʃa'a	תּוֹךְ שָׁעָה
elk kwartier	kol 'reva ʃa'a	כָּל רֶבַע שָׁעָה
de klok rond	misaviv laʃa'on	מִסָּבִיב לַשָּׁעוֹן

18. Maanden. Seizoenen

januari (de)	'yanu'ar	יָנוּאָר (ז)
februari (de)	'febru'ar	פֶבְּרוּאָר (ז)
maart (de)	merts	מֶרְץ (ז)
april (de)	april	אַפְּרִיל (ז)
mei (de)	mai	מַאי (ז)
juni (de)	'yuni	יוּנִי (ז)

juli (de)	'yuli	יוּלִי (ז)
augustus (de)	'ogust	אוֹגוּסְט (ז)
september (de)	sep'tember	סֶפְּטֶמְבֶּר (ז)
oktober (de)	ok'tober	אוֹקְטוֹבֶּר (ז)
november (de)	no'vember	נוֹבֶמְבֶּר (ז)
december (de)	de'tsember	דֶצֶמְבֶּר (ז)

lente (de)	aviv	אָבִיב (ז)
in de lente (bw)	ba'aviv	בָּאָבִיב
lente- (abn)	avivi	אֲבִיבִי

zomer (de)	'kayits	קַיִץ (ז)
in de zomer (bw)	ba'kayits	בַּקַיִץ
zomer-, zomers (bn)	ketsi	קֵיצִי

herfst (de)	stav	סְתָיו (ז)
in de herfst (bw)	bestav	בִּסְתָיו
herfst- (abn)	stavi	סְתָווִי

winter (de)	'χoref	חוֹרֶף (ז)
in de winter (bw)	ba'χoref	בַּחוֹרֶף
winter- (abn)	χorpi	חוֹרְפִּי

maand (de)	'χodeʃ	חוֹדֶשׁ (ז)
deze maand (bw)	ha'χodeʃ	הַחוֹדֶשׁ
volgende maand (bw)	ba'χodeʃ haba	בַּחוֹדֶשׁ הַבָּא
vorige maand (bw)	ba'χodeʃ ʃe'avar	בַּחוֹדֶשׁ שֶׁעָבַר

een maand geleden (bw)	lifnei 'χodeʃ	לִפְנֵי חוֹדֶשׁ
over een maand (bw)	be'od 'χodeʃ	בְּעוֹד חוֹדֶשׁ
over twee maanden (bw)	be'od χod'ʃayim	בְּעוֹד חוֹדְשַׁיִים
de hele maand (bw)	kol ha'χodeʃ	כָּל הַחוֹדֶשׁ
een volle maand (bw)	kol ha'χodeʃ	כָּל הַחוֹדֶשׁ

maand-, maandelijks (bn)	χodʃi	חוֹדְשִׁי
maandelijks (bw)	χodʃit	חוֹדְשִׁית
elke maand (bw)	kol 'χodeʃ	כָּל חוֹדֶשׁ
twee keer per maand	pa'a'mayim be'χodeʃ	פַּעֲמַיִים בָּחוֹדֶשׁ

jaar (het)	ʃana	שָׁנָה (נ)
dit jaar (bw)	haʃana	הַשָׁנָה
volgend jaar (bw)	baʃana haba'a	בַּשָׁנָה הַבָּאָה
vorig jaar (bw)	baʃana ʃe'avra	בַּשָׁנָה שֶׁעָבְרָה

een jaar geleden (bw)	lifnei ʃana	לִפְנֵי שָׁנָה
over een jaar	be'od ʃana	בְּעוֹד שָׁנָה
over twee jaar	be'od ʃna'tayim	בְּעוֹד שְׁנָתַיִים
het hele jaar	kol haʃana	כָּל הַשָׁנָה
een vol jaar	kol haʃana	כָּל הַשָׁנָה

elk jaar	kol ʃana	כָּל שָׁנָה
jaar-, jaarlijks (bn)	ʃnati	שְׁנָתִי
jaarlijks (bw)	midei ʃana	מִדֵי שָׁנָה
4 keer per jaar	arba pa'amim be'χodeʃ	אַרְבַּע פְּעָמִים בָּחוֹדֶשׁ

datum (de)	ta'ariχ	תַאֲרִיךְ (ז)
datum (de)	ta'ariχ	תַאֲרִיךְ (ז)
kalender (de)	'luaχ ʃana	לוּחַ שָׁנָה (ז)

een half jaar	χatsi ʃana	חֲצִי שָׁנָה (ז)
zes maanden	ʃiʃa χodaʃim, χatsi ʃana	חֲצִי שָׁנָה, שִׁישָׁה חוֹדָשִׁים
seizoen (bijv. lente, zomer)	ona	עוֹנָה (נ)
eeuw (de)	'me'a	מֵאָה (נ)

19. Tijd. Diversen

tijd (de)	zman	זְמַן (ז)
ogenblik (het)	'rega	רֶגַע (ז)
moment (het)	'rega	רֶגַע (ז)
ogenblikkelijk (bn)	miyadi	מִיָּדִי
tijdsbestek (het)	tkufa	תְּקוּפָה (נ)
leven (het)	χayim	חַיִּים (ז"ר)
eeuwigheid (de)	'netsaχ	נֶצַח (ז)
epoche (de), tijdperk (het)	idan	עִידָן (ז)
era (de), tijdperk (het)	idan	עִידָן (ז)
cyclus (de)	maχzor	מַחְזוֹר (ז)
periode (de)	tkufa	תְּקוּפָה (נ)
termijn (vastgestelde periode)	tkufa	תְּקוּפָה (נ)
toekomst (de)	atid	עָתִיד (ז)
toekomstig (bn)	haba	הַבָּא
de volgende keer	ba'pa'am haba'a	בַּפַּעַם הַבָּאָה
verleden (het)	avar	עָבָר (ז)
vorig (bn)	ʃe'avar	שֶׁעָבַר
de vorige keer	ba'pa'am hako'demet	בַּפַּעַם הַקּוֹדֶמֶת
later (bw)	me'uχar yoter	מְאוּחָר יוֹתֵר
na (~ het diner)	aχarei	אַחֲרֵי
tegenwoordig (bw)	kayom	כַּיּוֹם
nu (bw)	aχʃav, ka'et	עַכְשָׁיו, כָּעֵת
onmiddellijk (bw)	miyad	מִיָּד
snel (bw)	bekarov	בְּקָרוֹב
bij voorbaat (bw)	meroʃ	מֵרֹאשׁ
lang geleden (bw)	mizman	מִזְּמַן
kort geleden (bw)	lo mizman	לֹא מִזְּמַן
noodlot (het)	goral	גּוֹרָל (ז)
herinneringen (mv.)	ziχronot	זִיכְרוֹנוֹת (נ"ר)
archief (het)	arχiyon	אַרְכִיּוֹן (ז)
tijdens ... (ten tijde van)	bezman ʃel ...	בִּזְמַן שֶׁל ...
lang (bw)	zman rav	זְמַן רַב
niet lang (bw)	lo zman rav	לֹא זְמַן רַב
vroeg (bijv. ~ in de ochtend)	mukdam	מוּקְדָּם
laat (bw)	me'uχar	מְאוּחָר
voor altijd (bw)	la'netsaχ	לָנֶצַח
beginnen (ww)	lehatχil	לְהַתְחִיל
uitstellen (ww)	lidχot	לִדְחוֹת
tegelijkertijd (bw)	bo zmanit	בּוֹ זְמַנִּית
voortdurend (bw)	bikvi'ut	בִּקְבִיעוּת
constant (bijv. ~ lawaai)	ka'vu'a	קָבוּעַ
tijdelijk (bn)	zmani	זְמַנִּי
soms (bw)	lif'amim	לִפְעָמִים
zelden (bw)	le'itim reχokot	לְעִיתִים רְחוֹקוֹת
vaak (bw)	le'itim krovot	לְעִיתִים קְרוֹבוֹת

20. Tegenovergestelden

| rijk (bn) | aʃir | עָשִׁיר |
| arm (bn) | ani | עָנִי |

| ziek (bn) | χole | חוֹלֶה |
| gezond (bn) | bari | בָּרִיא |

| groot (bn) | gadol | גָּדוֹל |
| klein (bn) | katan | קָטָן |

| snel (bw) | maher | מַהֵר |
| langzaam (bw) | le'at | לְאַט |

| snel (bn) | mahir | מָהִיר |
| langzaam (bn) | iti | אִיטִי |

| vrolijk (bn) | sa'meaχ | שָׂמֵחַ |
| treurig (bn) | atsuv | עָצוּב |

| samen (bw) | be'yaχad | בְּיַחַד |
| apart (bw) | levad | לְבַד |

| hardop (~ lezen) | bekol ram | בְּקוֹל רָם |
| stil (~ lezen) | belev, be'ʃeket | בְּלֵב, בְּשֶׁקֶט |

| hoog (bn) | ga'voha | גָּבוֹהַ |
| laag (bn) | namuχ | נָמוּךְ |

| diep (bn) | amok | עָמוֹק |
| ondiep (bn) | radud | רָדוּד |

| ja | ken | כֵּן |
| nee | lo | לֹא |

| ver (bn) | raχok | רָחוֹק |
| dicht (bn) | karov | קָרוֹב |

| ver (bw) | raχok | רָחוֹק |
| dichtbij (bw) | samuχ | סָמוּךְ |

| lang (bn) | aroχ | אָרוֹךְ |
| kort (bn) | katsar | קָצָר |

| vriendelijk (goedhartig) | tov lev | טוֹב לֵב |
| kwaad (bn) | raʃa | רָשָׁע |

| gehuwd (mann.) | nasui | נָשׂוּי |
| ongehuwd (mann.) | ravak | רַוָּק |

| verbieden (ww) | le'esor al | לֶאֱסוֹר עַל |
| toestaan (ww) | leharʃot | לְהַרְשׁוֹת |

| einde (het) | sof | סוֹף (ז) |
| begin (het) | hatχala | הַתְחָלָה (נ) |

| linker (bn) | smali | שְׂמָאלִי |
| rechter (bn) | yemani | יְמָנִי |

| eerste (bn) | riʃon | רִאשׁוֹן |
| laatste (bn) | aχaron | אַחֲרוֹן |

| misdaad (de) | 'peʃa | פֶּשַׁע (ז) |
| bestraffing (de) | 'oneʃ | עוֹנֶשׁ (ז) |

| bevelen (ww) | letsavot | לְצַווֹת |
| gehoorzamen (ww) | letsayet | לְצַיֵּת |

| recht (bn) | yaʃar | יָשָׁר |
| krom (bn) | me'ukal | מְעוּקָּל |

| paradijs (het) | gan 'eden | גַּן עֵדֶן (ז) |
| hel (de) | gehinom | גֵּיהִינוֹם (ז) |

| geboren worden (ww) | lehivaled | לְהִיּוֹּלֵד |
| sterven (ww) | lamut | לָמוּת |

| sterk (bn) | χazak | חָזָק |
| zwak (bn) | χalaʃ | חַלָּשׁ |

| oud (bn) | zaken | זָקֵן |
| jong (bn) | tsa'ir | צָעִיר |

| oud (bn) | yaʃan | יָשָׁן |
| nieuw (bn) | χadaʃ | חָדָשׁ |

| hard (bn) | kaʃe | קָשֶׁה |
| zacht (bn) | raχ | רַךְ |

| warm (bn) | χamim | חָמִים |
| koud (bn) | kar | קַר |

| dik (bn) | ʃamen | שָׁמֵן |
| dun (bn) | raze | רָזֶה |

| smal (bn) | tsar | צַר |
| breed (bn) | raχav | רָחָב |

| goed (bn) | tov | טוֹב |
| slecht (bn) | ra | רַע |

| moedig (bn) | amits | אַמִּיץ |
| laf (bn) | paχdani | פַּחְדָּנִי |

21. Lijnen en vormen

vierkant (het)	ri'bu'a	רִיבּוּעַ (ז)
vierkant (bn)	meruba	מְרוּבָּע
cirkel (de)	ma'agal, igul	מַעְגָּל, עִיגוּל (ז)
rond (bn)	agol	עָגוֹל

| driehoek (de) | meʃulaʃ | מְשׁוּלָשׁ (ז) |
| driehoekig (bn) | meʃulaʃ | מְשׁוּלָשׁ |

ovaal (het)	e'lipsa	אֶלִיפְּסָה (נ)
ovaal (bn)	e'lipti	אֶלִיפְּטִי
rechthoek (de)	malben	מַלְבֵּן (ז)
rechthoekig (bn)	malbeni	מַלְבֵּנִי

piramide (de)	pira'mida	פִּירָמִידָה (נ)
ruit (de)	me'uyan	מְעוּיָן (ז)
trapezium (het)	trapez	טְרַפֵּז (ז)
kubus (de)	kubiya	קוּבִּיָה (נ)
prisma (het)	minsara	מִנְסָרָה (נ)

omtrek (de)	ma'agal	מַעֲגָל (ז)
bol, sfeer (de)	sfira	סְפִירָה (נ)
bal (de)	kadur	כַּדוּר (ז)

diameter (de)	'koter	קוֹטֶר (ז)
straal (de)	'radyus	רַדְיוּס (ז)
omtrek (~ van een cirkel)	hekef	הֶיקֵף (ז)
middelpunt (het)	merkaz	מֶרְכָּז (ז)

horizontaal (bn)	ofki	אוֹפְקִי
verticaal (bn)	anaχi	אֲנָכִי
parallel (de)	kav makbil	קַו מַקְבִּיל (ז)
parallel (bn)	makbil	מַקְבִּיל

lijn (de)	kav	קַו (ז)
streep (de)	kav	קַו (ז)
rechte lijn (de)	kav yaʃar	קַו יָשָׁר (ז)
kromme (de)	akuma	עֲקוּמָה (נ)
dun (bn)	dak	דַק
omlijning (de)	mit'ar	מִתְאָר (ז)

snijpunt (het)	χituχ	חִיתוּךְ (ז)
rechte hoek (de)	zavit yaʃara	זָוִוית יָשָׁרָה (נ)
segment (het)	mikta	מִקְטָע (ז)
sector (de)	gizra	גִזְרָה (נ)
zijde (de)	'ʦela	צֶלַע (ז)
hoek (de)	zavit	זָוִוית (נ)

22. Meeteenheden

gewicht (het)	miʃkal	מִשְׁקָל (ז)
lengte (de)	'oreχ	אוֹרֶךְ (ז)
breedte (de)	'roχav	רוֹחַב (ז)
hoogte (de)	'gova	גוֹבַה (ז)
diepte (de)	'omek	עוֹמֶק (ז)
volume (het)	'nefaχ	נֶפַח (ז)
oppervlakte (de)	ʃetaχ	שֶׁטַח (ז)

| gram (het) | gram | גרָם (ז) |
| milligram (het) | miligram | מִילִיגְרָם (ז) |

kilogram (het)	kilogram	קילוֹגְרָם (ז)
ton (duizend kilo)	ton	טוֹן (ז)
pond (het)	'pa'und	פָּאוּנד (ז)
ons (het)	'unkiya	אוּנְקִיָה (נ)

meter (de)	'meter	מֶטֶר (ז)
millimeter (de)	mili'meter	מִילִימֶטֶר (ז)
centimeter (de)	senti'meter	סָנְטִימֶטֶר (ז)
kilometer (de)	kilo'meter	קִילוֹמֶטֶר (ז)
mijl (de)	mail	מַייל (ז)

duim (de)	intf	אִינְץ' (ז)
voet (de)	'regel	רֶגֶל (נ)
yard (de)	yard	יַרְד (ז)

| vierkante meter (de) | 'meter ra'vu'a | מֶטֶר רָבוּעַ (ז) |
| hectare (de) | hektar | הֶקְטָר (ז) |

liter (de)	litr	לִיטֶר (ז)
graad (de)	ma'ala	מַעֲלָה (נ)
volt (de)	volt	ווֹלְט (ז)
ampère (de)	amper	אַמְפֶּר (ז)
paardenkracht (de)	'koax sus	כּוֹחַ סוּס (ז)

hoeveelheid (de)	kamut	כַּמוּת (נ)
een beetje ...	ktsat ...	קְצָת ...
helft (de)	'xetsi	חֲצִי (ז)
dozijn (het)	tresar	תְּרֵיסָר (ז)
stuk (het)	yexida	יְחִידָה (נ)

| afmeting (de) | 'godel | גוֹדֶל (ז) |
| schaal (bijv. ~ van 1 op 50) | kne mida | קְנֵה מִידָה (ז) |

minimaal (bn)	mini'mali	מִינִימָאלִי
minste (bn)	hakatan beyoter	הַקָטָן בְּיוֹתֵר
medium (bn)	memutsa	מְמוּצָע
maximaal (bn)	maksi'mali	מַקְסִימָלִי
grootste (bn)	hagadol beyoter	הַגָדוֹל בְּיוֹתֵר

23. Containers

glazen pot (de)	tsin'tsenet	צִנְצֶנֶת (נ)
blik (conserven~)	paxit	פַּחִית (נ)
emmer (de)	dli	דְלִי (ז)
ton (bijv. regenton)	xavit	חָבִית (נ)

ronde waterbak (de)	gigit	גִיגִית (נ)
tank (bijv. watertank-70-ltr)	meixal	מֵיכָל (ז)
heupfles (de)	meimiya	מֵימִיָה (נ)
jerrycan (de)	'dʒerikan	גֶ'רִיקָן (ז)
tank (bijv. ketelwagen)	mexalit	מֵיכָלִית (נ)

| beker (de) | 'sefel | סֵפֶל (ז) |
| kopje (het) | 'sefel | סֵפֶל (ז) |

schoteltje (het)	taχtit	תַּחְתִּית (נ)
glas (het)	kos	כּוֹס (נ)
wijnglas (het)	ga'vi'a	גָּבִיעַ (ז)
steelpan (de)	sir	סִיר (ז)

fles (de)	bakbuk	בַּקְבּוּק (ז)
flessenhals (de)	tsavar habakbuk	צַוַּאר הַבַּקְבּוּק (ז)

karaf (de)	kad	כַּד (ז)
kruik (de)	kankan	קַנְקַן (ז)
vat (het)	kli	כְּלִי (ז)
pot (de)	sir 'χeres	סִיר חֶרֶס (ז)
vaas (de)	agartal	אֲגַרְטָל (ז)

flacon (de)	tsloχit	צְלוֹחִית (נ)
flesje (het)	bakbukon	בַּקְבּוּקוֹן (ז)
tube (bijv. ~ tandpasta)	ffo'feret	שְׁפוֹפֶרֶת (נ)

zak (bijv. ~ aardappelen)	sak	שַׂק (ז)
tasje (het)	sakit	שַׂקִּית (נ)
pakje (~ sigaretten, enz.)	χafisa	חֲפִיסָה (נ)

doos (de)	kufsa	קוּפְסָה (נ)
kist (de)	argaz	אַרְגָּז (ז)
mand (de)	sal	סַל (ז)

24. Materialen

materiaal (het)	'χomer	חוֹמֶר (ז)
hout (het)	ets	עֵץ (ז)
houten (bn)	me'ets	מֵעֵץ

glas (het)	zχuχit	זְכוּכִית (נ)
glazen (bn)	mizχuχit	מִזְּכוּכִית

steen (de)	'even	אֶבֶן (נ)
stenen (bn)	me''even	מֵאֶבֶן

plastic (het)	'plastik	פְּלַסְטִיק (ז)
plastic (bn)	mi'plastik	מִפְּלַסְטִיק

rubber (het)	'gumi	גּוּמִי (ז)
rubber-, rubberen (bn)	mi'gumi	מְגוּמִי

stof (de)	bad	בַּד (ז)
van stof (bn)	mibad	מְבַּד

papier (het)	neyar	נְיָיר (ז)
papieren (bn)	mineyar	מִנְּיָיר

karton (het)	karton	קַרְטוֹן (ז)
kartonnen (bn)	mikarton	מְקַרְטוֹן
polyethyleen (het)	'nailon	נַיְילוֹן (ז)
cellofaan (het)	tselofan	צֶלוֹפָן (ז)

multiplex (het)	dikt	דִּיקְט (ז)
porselein (het)	χar'sina	חַרְסִינָה (נ)
porseleinen (bn)	meχar'sina	מְחַרְסִינָה
klei (de)	χarsit	חַרְסִית (נ)
klei-, van klei (bn)	me'χeres	מֵחֶרֶס
keramiek (de)	ke'ramika	קֵרָמִיקָה (נ)
keramieken (bn)	ke'rami	קֵרָמִי

25. Metalen

metaal (het)	ma'teχet	מַתֶּכֶת (נ)
metalen (bn)	mataχti	מַתַּכְתִּי
legering (de)	sag'soget	סַגְסֹגֶת (נ)
goud (het)	zahav	זָהָב (ז)
gouden (bn)	mizahav, zahov	מִזָּהָב, זָהֹב
zilver (het)	'kesef	כֶּסֶף (ז)
zilveren (bn)	kaspi	כַּסְפִּי
IJzer (het)	barzel	בַּרְזֶל (ז)
IJzeren (bn)	mibarzel	מִבַּרְזֶל
staal (het)	plada	פְּלָדָה (נ)
stalen (bn)	miplada	מִפְּלָדָה
koper (het)	ne'χoʃet	נְחֹשֶׁת (נ)
koperen (bn)	mine'χoʃet	מִנְחֹשֶׁת
aluminium (het)	alu'minyum	אֲלוּמִינְיוּם (ז)
aluminium (bn)	me'alu'minyum	מֵאֲלוּמִינְיוּם
brons (het)	arad	אָרָד (ז)
bronzen (bn)	me'arad	מֵאָרָד
messing (het)	pliz	פְּלִיז (ז)
nikkel (het)	'nikel	נִיקֶל (ז)
platina (het)	'platina	פְּלָטִינָה (נ)
kwik (het)	kaspit	כַּסְפִּית (נ)
tin (het)	bdil	בְּדִיל (ז)
lood (het)	o'feret	עוֹפֶרֶת (נ)
zink (het)	avaʦ	אָבָץ (ז)

MENS

Mens. Het lichaam

26. Mensen. Basisbegrippen

mens (de)	ben adam	בֶּן אָדָם (ז)
man (de)	'gever	גֶּבֶר (ז)
vrouw (de)	iʃa	אִשָּׁה (נ)
kind (het)	'yeled	יֶלֶד (ז)
meisje (het)	yalda	יַלְדָּה (נ)
jongen (de)	'yeled	יֶלֶד (ז)
tiener, adolescent (de)	'naʿar	נַעַר (ז)
oude man (de)	zaken	זָקֵן (ז)
oude vrouw (de)	zkena	זְקֵנָה (נ)

27. Menselijke anatomie

organisme (het)	guf ha'adam	גּוּף הָאָדָם (ז)
hart (het)	lev	לֵב (ז)
bloed (het)	dam	דָּם (ז)
slagader (de)	'orek	עוֹרֵק (ז)
ader (de)	vrid	וְרִיד (ז)
hersenen (mv.)	'moaχ	מוֹחַ (ז)
zenuw (de)	aʦav	עָצָב (ז)
zenuwen (mv.)	aʦabim	עֲצַבִּים (ז"ר)
wervel (de)	χulya	חוּלְיָה (נ)
ruggengraat (de)	amud haʃidra	עַמּוּד הַשִּׁדְרָה (ז)
maag (de)	keiva	קֵיבָה (נ)
darmen (mv.)	me''ayim	מֵעַיִים (ז"ר)
darm (de)	me'i	מְעִי (ז)
lever (de)	kaved	כָּבֵד (ז)
nier (de)	kilya	כִּלְיָה (נ)
been (deel van het skelet)	'etsem	עֶצֶם (נ)
skelet (het)	'ʃeled	שֶׁלֶד (ז)
rib (de)	'ʦela	צֵלַע (ז)
schedel (de)	gul'golet	גּוּלְגּוֹלֶת (נ)
spier (de)	ʃrir	שְׁרִיר (ז)
biceps (de)	ʃrir du raʃi	שְׁרִיר דּוּ-רָאשִׁי (ז)
triceps (de)	ʃrir tlat raʃi	שְׁרִיר תְּלָת-רָאשִׁי (ז)
pees (de)	gid	גִּיד (ז)
gewricht (het)	'perek	פֶּרֶק (ז)

longen (mv.)	re'ot	רֵיאוֹת (נ״ר)
geslachtsorganen (mv.)	evrei min	אֶבְרֵי מִין (ז״ר)
huid (de)	or	עוֹר (ז)

28. Hoofd

hoofd (het)	roʃ	רֹאשׁ (ז)
gezicht (het)	panim	פָּנִים (ז״ר)
neus (de)	af	אַף (ז)
mond (de)	pe	פֶּה (ז)

oog (het)	'ayin	עַיִן (נ)
ogen (mv.)	ei'nayim	עֵינַיִים (נ״ר)
pupil (de)	iʃon	אִישׁוֹן (ז)
wenkbrauw (de)	gaba	גַּבָּה (נ)
wimper (de)	ris	רִיס (ז)
ooglid (het)	af'af	עַפְעַף (ז)

tong (de)	laʃon	לָשׁוֹן (נ)
tand (de)	ʃen	שֵׁן (נ)
lippen (mv.)	sfa'tayim	שְׂפָתַיִים (נ״ר)
jukbeenderen (mv.)	atsamot leχa'yayim	עַצְמוֹת לְחָיַיִם (נ״ר)
tandvlees (het)	χani'χayim	חֲנִיכַיִים (ז״ר)
gehemelte (het)	χeχ	חֵךְ (ז)

neusgaten (mv.)	neχi'rayim	נְחִירַיִים (ז״ר)
kin (de)	santer	סַנְטֵר (ז)
kaak (de)	'leset	לֶסֶת (נ)
wang (de)	'leχi	לֶחִי (נ)

voorhoofd (het)	'metsaχ	מֵצַח (ז)
slaap (de)	raka	רַקָּה (נ)
oor (het)	'ozen	אוֹזֶן (נ)
achterhoofd (het)	'oref	עוֹרֶף (ז)
hals (de)	tsavar	צַוָּאר (ז)
keel (de)	garon	גָּרוֹן (ז)

haren (mv.)	se'ar	שֵׂיעָר (ז)
kapsel (het)	tis'roket	תִּסְרוֹקֶת (נ)
haarsnit (de)	tis'poret	תִּסְפּוֹרֶת (נ)
pruik (de)	pe'a	פֵּאָה (נ)

snor (de)	safam	שָׂפָם (ז)
baard (de)	zakan	זָקָן (ז)
dragen (een baard, enz.)	legadel	לְגַדֵּל
vlecht (de)	tsama	צַמָּה (נ)
bakkebaarden (mv.)	pe'ot leχa'yayim	פֵּאוֹת לְחָיַיִם (נ״ר)

ros (roodachtig, rossig)	'dʒindʒi	ג׳ינג׳י
grijs (~ haar)	kasuf	כָּסוּף
kaal (bn)	ke'reaχ	קֵירֵחַ
kale plek (de)	ka'raχat	קָרַחַת (נ)
paardenstaart (de)	'kuku	קוּקוּ (ז)
pony (de)	'poni	פּוֹנִי (ז)

29. Menselijk lichaam

hand (de)	kaf yad	כַּף יָד (נ)
arm (de)	yad	יָד (נ)

vinger (de)	'etsba	אֶצְבַּע (נ)
teen (de)	'bohen	בֹּוהֶן (נ)
duim (de)	agudal	אֲגוּדָל (ז)
pink (de)	'zeret	זֶרֶת (נ)
nagel (de)	tsi'poren	צִיפּוֹרֶן (ז)

vuist (de)	egrof	אֶגְרוֹף (ז)
handpalm (de)	kaf yad	כַּף יָד (נ)
pols (de)	'ʃoreʃ kaf hayad	שׁוֹרֶשׁ כַּף הַיָד (ז)
voorarm (de)	ama	אַמָּה (נ)
elleboog (de)	marpek	מַרְפֵּק (ז)
schouder (de)	katef	כָּתֵף (נ)

been (rechter ~)	'regel	רֶגֶל (נ)
voet (de)	kaf 'regel	כַּף רֶגֶל (נ)
knie (de)	'bereχ	בֶּרֶךְ (נ)
kuit (de)	ʃok	שׁוֹק (נ)
heup (de)	yareχ	יָרֵךְ (נ)
hiel (de)	akev	עָקֵב (ז)

lichaam (het)	guf	גּוּף (ז)
buik (de)	'beten	בֶּטֶן (נ)
borst (de)	χaze	חָזֶה (ז)
borst (de)	ʃad	שַׁד (ז)
zijde (de)	tsad	צַד (ז)
rug (de)	gav	גַב (ז)
lage rug (de)	mot'nayim	מוֹתְנַיִים (ז"ר)
taille (de)	'talya	טַלְיָה (נ)

navel (de)	tabur	טַבּוּר (ז)
billen (mv.)	aχo'rayim	אֲחוֹרַיִים (ז"ר)
achterwerk (het)	yaʃvan	יַשְׁבָן (ז)

huidvlek (de)	nekudat χen	נְקוּדַת חֵן (נ)
moedervlek (de)	'ketem leida	כֶּתֶם לֵידָה (ז)
tatoeage (de)	ka'a'ku'a	קַעֲקוּעַ (ז)
litteken (het)	tsa'leket	צַלֶּקֶת (נ)

Kleding en accessoires

30. Bovenkleding. Jassen

kleren (mv.), kleding (de)	bgadim	בְּגָדִים (ז"ר)
bovenkleding (de)	levuʃ elyon	לְבוּשׁ עֶלְיוֹן (ז)
winterkleding (de)	bigdei 'xoref	בִּגְדֵי חוֹרֶף (ז"ר)
jas (de)	me'il	מְעִיל (ז)
bontjas (de)	me'il parva	מְעִיל פַּרְוָה (ז)
bontjasje (het)	me'il parva katsar	מְעִיל פַּרְוָה קָצָר (ז)
donzen jas (de)	me'il pux	מְעִיל פּוּךְ (ז)
jasje (bijv. een leren ~)	me'il katsar	מְעִיל קָצָר (ז)
regenjas (de)	me'il 'geʃem	מְעִיל גֶּשֶׁם (ז)
waterdicht (bn)	amid be'mayim	עָמִיד בְּמַיִם

31. Heren & dames kleding

overhemd (het)	xultsa	חוּלְצָה (נ)
broek (de)	mixna'sayim	מִכְנָסַיִם (ז"ר)
jeans (de)	mixnesei 'dʒins	מִכְנְסֵי גִ'ינְס (ז"ר)
colbert (de)	ʒaket	זָ'קֵט (ז)
kostuum (het)	xalifa	חֲלִיפָה (נ)
jurk (de)	simla	שִׂמְלָה (נ)
rok (de)	xatsa'it	חֲצָאִית (נ)
blouse (de)	xultsa	חוּלְצָה (נ)
wollen vest (de)	ʒaket 'tsemer	זָ'קֵט צֶמֶר (ז)
blazer (kort jasje)	ʒaket	זָ'קֵט (ז)
T-shirt (het)	ti ʃert	טִי שֶׁרְט (ז)
shorts (mv.)	mixna'sayim ktsarim	מִכְנָסַיִם קְצָרִים (ז"ר)
trainingspak (het)	'trening	טְרֶנִינג (ז)
badjas (de)	xaluk raxatsa	חָלוּק רַחְצָה (ז)
pyjama (de)	pi'dʒama	פִּיגָ'מָה (נ)
sweater (de)	'sveder	סְוֶודֶר (ז)
pullover (de)	afuda	אֲפוּדָה (נ)
gilet (het)	vest	וֶסְט (ז)
rokkostuum (het)	frak	פְרָאק (ז)
smoking (de)	tuk'sido	טוּקְסִידוֹ (ז)
uniform (het)	madim	מַדִּים (ז"ר)
werkkleding (de)	bigdei avoda	בִּגְדֵי עֲבוֹדָה (ז"ר)
overall (de)	sarbal	סַרְבָּל (ז)
doktersjas (de)	xaluk	חָלוּק (ז)

32. Kleding. Ondergoed

ondergoed (het)	levanim	לְבָנִים (ז"ר)
herenslip (de)	taxtonim	תַחְתּוֹנִים (ז"ר)
slipjes (mv.)	taxtonim	תַחְתּוֹנִים (ז"ר)
onderhemd (het)	gufiya	גּוּפִיָּה (נ)
sokken (mv.)	gar'bayim	גַּרְבַּיִם (ז"ר)

nachthemd (het)	'ktonet 'laila	כְּתוֹנֶת לַיְלָה (נ)
beha (de)	xaziya	חֲזִיָּה (נ)
kniekousen (mv.)	birkon	בִּרְכּוֹן (ז)
panty (de)	garbonim	גַּרְבּוֹנִים (ז"ר)
nylonkousen (mv.)	garbei 'nailon	גַּרְבֵּי נַיְלוֹן (ז"ר)
badpak (het)	'beged yam	בֶּגֶד יָם (ז)

33. Hoofddeksels

hoed (de)	'kova	כּוֹבַע (ז)
deukhoed (de)	'kova 'leved	כּוֹבַע לֶבֶד (ז)
honkbalpet (de)	'kova 'beisbol	כּוֹבַע בֵּייסְבּוֹל (ז)
kleppet (de)	'kova mitsxiya	כּוֹבַע מִצְחִיָּה (ז)

baret (de)	baret	בֶּרֶט (ז)
kap (de)	bardas	בַּרְדָּס (ז)
panamahoed (de)	'kova 'tembel	כּוֹבַע טֶמְבֶּל (ז)
gebreide muts (de)	'kova 'gerev	כּוֹבַע גֶּרֶב (ז)

hoofddoek (de)	mit'paxat	מִטְפַּחַת (נ)
dameshoed (de)	'kova	כּוֹבַע (ז)

veiligheidshelm (de)	kasda	קַסְדָּה (נ)
veldmuts (de)	kumta	כּוּמְתָּה (נ)
helm, valhelm (de)	kasda	קַסְדָּה (נ)

bolhoed (de)	mig'ba'at me'u'gelet	מִגְבַּעַת מְעוּגֶּלֶת (נ)
hoge hoed (de)	tsi'linder	צִילִינְדֶר (ז)

34. Schoeisel

schoeisel (het)	han'ala	הַנְעָלָה (נ)
schoenen (mv.)	na'a'layim	נַעֲלַיִים (נ"ר)
vrouwenschoenen (mv.)	na'a'layim	נַעֲלַיִים (נ"ר)
laarzen (mv.)	maga'fayim	מַגָּפַיִים (ז"ר)
pantoffels (mv.)	na'alei 'bayit	נַעֲלֵי בַּיִת (נ"ר)

sportschoenen (mv.)	na'alei sport	נַעֲלֵי סְפּוֹרְט (נ"ר)
sneakers (mv.)	na'alei sport	נַעֲלֵי סְפּוֹרְט (נ"ר)
sandalen (mv.)	sandalim	סַנְדָּלִים (ז"ר)

schoenlapper (de)	sandlar	סַנְדְּלָר (ז)
hiel (de)	akev	עָקֵב (ז)

paar (een ~ schoenen)	zug	זוּג (ז)
veter (de)	sroχ	שְׂרוֹךְ (ז)
rijgen (schoenen ~)	lisroχ	לִשְׂרוֹךְ
schoenlepel (de)	kaf na'a'layim	כַּף נַעֲלַיִם (נ)
schoensmeer (de/het)	miʃχat na'a'layim	מִשְׁחַת נַעֲלַיִם (נ)

35. Textiel. Weefsel

katoen (de/het)	kutna	כּוּתְנָה (נ)
katoenen (bn)	mikutna	מִכּוּתְנָה
vlas (het)	piʃtan	פִּשְׁתָּן (ז)
vlas-, van vlas (bn)	mipiʃtan	מִפִּשְׁתָּן

zijde (de)	'meʃi	מֶשִׁי (ז)
zijden (bn)	miʃyi	מֶשְׁיִי
wol (de)	'tsemer	צֶמֶר (ז)
wollen (bn)	tsamri	צַמְרִי

fluweel (het)	ktifa	קְטִיפָה (נ)
suède (de)	zamʃ	זָמֶשׁ (ז)
ribfluweel (het)	'korderoi	קוֹרְדְרוֹי (ז)

nylon (de/het)	'nailon	נַיְילוֹן (ז)
nylon-, van nylon (bn)	mi'nailon	מִנַיְילוֹן
polyester (het)	poli''ester	פּוֹלִיאֶסְטֶר (ז)
polyester- (abn)	mipoli''ester	מִפּוֹלִיאֶסְטֶר

leer (het)	or	עוֹר (ז)
leren (van leer gemaak)	me'or	מֵעוֹר
bont (het)	parva	פַּרְוָה (נ)
bont- (abn)	miparva	מִפַּרְוָה

36. Persoonlijke accessoires

handschoenen (mv.)	kfafot	כְּפָפוֹת (נ"ר)
wanten (mv.)	kfafot	כְּפָפוֹת (נ"ר)
sjaal (fleece ~)	tsa'if	צָעִיף (ז)

bril (de)	miʃka'fayim	מִשְׁקָפַיִים (ז"ר)
brilmontuur (het)	mis'geret	מִסְגֶרֶת (נ)
paraplu (de)	mitriya	מִטְרִיָה (נ)
wandelstok (de)	makel haliχa	מַקֵל הֲלִיכָה (ז)
haarborstel (de)	miv'reʃet se'ar	מִבְרֶשֶׁת שֵׂיעָר (נ)
waaier (de)	menifa	מְנִיפָה (נ)

das (de)	aniva	עֲנִיבָה (נ)
strikje (het)	anivat parpar	עֲנִיבַת פַּרְפַּר (נ)
bretels (mv.)	ktefiyot	כְּתֵפִיוֹת (נ"ר)
zakdoek (de)	mimχata	מִמְחָטָה (נ)

kam (de)	masrek	מַסְרֵק (ז)
haarspeldje (het)	sikat roʃ	סִיכַּת רֹאשׁ (נ)

39

schuifspeldje (het)	sikat se'ar	סִיכַּת שֵׂעָר (נ)
gesp (de)	avzam	אַבְזָם (ז)
broekriem (de)	χagora	חֲגוֹרָה (נ)
draagriem (de)	retsu'at katef	רְצוּעַת כָּתֵף (נ)
handtas (de)	tik	תִּיק (ז)
damestas (de)	tik	תִּיק (ז)
rugzak (de)	tarmil	תַּרְמִיל (ז)

37. Kleding. Diversen

mode (de)	ofna	אוֹפְנָה (נ)
de mode (bn)	ofnati	אוֹפְנָתִי
kledingstilist (de)	me'atsev ofna	מְעַצֵּב אוֹפְנָה (ז)
kraag (de)	tsavaron	צַוָּארוֹן (ז)
zak (de)	kis	כִּיס (ז)
zak- (abn)	ʃel kis	שֶׁל כִּיס
mouw (de)	ʃarvul	שַׁרְווּל (ז)
lusje (het)	mitle	מִתְלֶה (ז)
gulp (de)	χanut	חֲנוּת (נ)
rits (de)	roχsan	רוֹכְסָן (ז)
sluiting (de)	'keres	קֶרֶס (ז)
knoop (de)	kaftor	כַּפְתּוֹר (ז)
knoopsgat (het)	lula'a	לוּלָאָה (נ)
losraken (bijv. knopen)	lehitaleʃ	לְהִיתָּלֵשׁ
naaien (kleren, enz.)	litpor	לִתְפּוֹר
borduren (ww)	lirkom	לִרְקוֹם
borduursel (het)	rikma	רִקְמָה (נ)
naald (de)	'maχat tfira	מַחַט תְּפִירָה (נ)
draad (de)	χut	חוּט (ז)
naad (de)	'tefer	תֶּפֶר (ז)
vies worden (ww)	lehitlaχleχ	לְהִתְלַכְלֵךְ
vlek (de)	'ketem	כֶּתֶם (ז)
gekreukt raken (ov. kleren)	lehitkamet	לְהִתְקַמֵּט
scheuren (ov.ww.)	lik'ro'a	לִקְרוֹעַ
mot (de)	aʃ	עָשׁ (ז)

38. Persoonlijke verzorging. Schoonheidsmiddelen

tandpasta (de)	miʃχat ʃi'nayim	מִשְׁחַת שִׁנַּיִים (נ)
tandenborstel (de)	miv'reʃet ʃi'nayim	מִבְרֶשֶׁת שִׁנַּיִים (נ)
tanden poetsen (ww)	letsaχ'tseaχ ʃi'nayim	לְצַחְצֵחַ שִׁנַּיִים
scheermes (het)	'ta'ar	תַּעַר (ז)
scheerschuim (het)	'ketsef gi'luaχ	קֶצֶף גִּילוּחַ (ז)
zich scheren (ww)	lehitga'leaχ	לְהִתְגַּלֵּחַ
zeep (de)	sabon	סַבּוֹן (ז)

shampoo (de)	ʃampu	שַׁמְפּוּ (ז)
schaar (de)	mispa'rayim	מִסְפָּרַיִם (ז"ר)
nagelvijl (de)	ptsira	פְּצִירָה (נ)
nagelknipper (de)	gozez tsipor'nayim	גּוֹזֵז צִיפּוֹרְנַיִים (ז)
pincet (het)	pin'tseta	פִּינְצֶטָה (נ)

cosmetica (de)	tamrukim	תַּמְרוּקִים (ז"ר)
masker (het)	maseχa	מַסֵכָה (נ)
manicure (de)	manikur	מָנִיקוּר (ז)
manicure doen	la'asot manikur	לַעֲשׂוֹת מָנִיקוּר
pedicure (de)	pedikur	פֶּדִיקוּר (ז)

cosmetica tasje (het)	tik ipur	תִּיק אִיפּוּר (ז)
poeder (de/het)	'pudra	פּוּדְרָה (נ)
poederdoos (de)	pudriya	פּוּדְרִיָּה (נ)
rouge (de)	'somek	סוֹמֶק (ז)

parfum (de/het)	'bosem	בּוֹשֶׂם (ז)
eau de toilet (de)	mei 'bosem	מֵי בּוֹשֶׂם (ז"ר)
lotion (de)	mei panim	מֵי פָּנִים (ז"ר)
eau de cologne (de)	mei 'bosem	מֵי בּוֹשֶׂם (ז"ר)

oogschaduw (de)	tslalit	צְלָלִית (נ)
oogpotlood (het)	ai 'lainer	אַי לַיינֶר (ז)
mascara (de)	'maskara	מַסְקָרָה (נ)

lippenstift (de)	sfaton	שְׂפָתוֹן (ז)
nagellak (de)	'laka letsipor'nayim	לַכָּה לְצִיפּוֹרְנַיִים (נ)
haarlak (de)	tarsis lese'ar	תַּרְסִיס לְשֵׂיעָר (ז)
deodorant (de)	de'odo'rant	דֵאוֹדוֹרַנְט (ז)

crème (de)	krem	קְרֶם (ז)
gezichtscrème (de)	krem panim	קְרֶם פָּנִים (ז)
handcrème (de)	krem ya'dayim	קְרֶם יָדַיִים (ז)
antirimpelcrème (de)	krem 'neged kmatim	קְרֶם נֶגֶד קְמָטִים (ז)
dagcrème (de)	krem yom	קְרֶם יוֹם (ז)
nachtcrème (de)	krem 'laila	קְרֶם לַיְלָה (ז)
dag- (abn)	yomi	יוֹמִי
nacht- (abn)	leili	לֵילִי

tampon (de)	tampon	טַמְפּוֹן (ז)
toiletpapier (het)	neyar tu'alet	נְיָיר טוּאָלֶט (ז)
föhn (de)	meyabeʃ se'ar	מְיַיבֵּשׁ שֵׂיעָר (ז)

39. Juwelen

sieraden (mv.)	taχʃitim	תַּכְשִׁיטִים (ז"ר)
edel (bijv. ~ stenen)	yekar 'ereχ	יְקַר עֵרֶך
keurmerk (het)	tav tsorfim, bχina	תָּו צוֹרְפִים (ז), בְּחִינָה (נ)

ring (de)	ta'ba'at	טַבַּעַת (נ)
trouwring (de)	ta'ba'at nisu'in	טַבַּעַת נִישׂוּאִין (נ)
armband (de)	tsamid	צָמִיד (ז)
oorringen (mv.)	agilim	עֲגִילִים (ז"ר)

halssnoer (het)	max'rozet	מַחֲרוֹזֶת (נ)
kroon (de)	'keter	כֶּתֶר (ז)
kralen snoer (het)	max'rozet	מַחֲרוֹזֶת (נ)

diamant (de)	yahalom	יַהֲלוֹם (ז)
smaragd (de)	ba'reket	בָּרֶקֶת (נ)
robijn (de)	'odem	אֹדֶם (ז)
saffier (de)	sapir	סַפִּיר (ז)
parel (de)	pnina	פְּנִינָה (נ)
barnsteen (de)	inbar	עִנְבָּר (ז)

40. Horloges. Klokken

polshorloge (het)	ʃe'on yad	שְׁעוֹן יָד (ז)
wijzerplaat (de)	'luax ʃa'on	לוּחַ שָׁעוֹן (ז)
wijzer (de)	maxog	מָחוֹג (ז)
metalen horlogeband (de)	tsamid	צָמִיד (ז)
horlogebandje (het)	retsu'a leʃa'on	רְצוּעָה לְשָׁעוֹן (נ)

batterij (de)	solela	סוֹלְלָה (נ)
leeg zijn (ww)	lehitroken	לְהִתְרוֹקֵן
batterij vervangen	lehaxlif	לְהַחֲלִיף
voorlopen (ww)	lemaher	לְמַהֵר
achterlopen (ww)	lefager	לְפַגֵּר

wandklok (de)	ʃe'on kir	שְׁעוֹן קִיר (ז)
zandloper (de)	ʃe'on xol	שְׁעוֹן חוֹל (ז)
zonnewijzer (de)	ʃe'on 'ʃemeʃ	שְׁעוֹן שֶׁמֶשׁ (ז)
wekker (de)	ʃa'on me'orer	שְׁעוֹן מְעוֹרֵר (ז)
horlogemaker (de)	ʃa'an	שָׁעָן (ז)
repareren (ww)	letaken	לְתַקֵּן

Voedsel. Voeding

41. Voedsel

vlees (het)	basar	בָּשָׂר (ז)
kip (de)	of	עוֹף (ז)
kuiken (het)	pargit	פַּרְגִּית (נ)
eend (de)	barvaz	בַּרְוָז (ז)
gans (de)	avaz	אַוָּז (ז)
wild (het)	'tsayid	צַיִד (ז)
kalkoen (de)	'hodu	הוֹדוּ (ז)
varkensvlees (het)	basar χazir	בָּשָׂר חֲזִיר (ז)
kalfsvlees (het)	basar 'egel	בָּשָׂר עֵגֶל (ז)
schapenvlees (het)	basar 'keves	בָּשָׂר כֶּבֶשׂ (ז)
rundvlees (het)	bakar	בָּקָר (ז)
konijnenvlees (het)	arnav	אַרְנָב (ז)
worst (de)	naknik	נַקְנִיק (ז)
saucijs (de)	naknikiya	נַקְנִיקִיָּה (נ)
spek (het)	'kotel χazir	קוֹתֶל חֲזִיר (ז)
ham (de)	basar χazir me'uʃan	בָּשָׂר חֲזִיר מְעוּשָׁן (ז)
gerookte achterham (de)	'kotel χazir me'uʃan	קוֹתֶל חֲזִיר מְעוּשָׁן (ז)
paté, pastei (de)	pate	פָּטֶה (ז)
lever (de)	kaved	כָּבֵד (ז)
gehakt (het)	basar taχun	בָּשָׂר טָחוּן (ז)
tong (de)	laʃon	לָשׁוֹן (נ)
ei (het)	beitsa	בֵּיצָה (נ)
eieren (mv.)	beitsim	בֵּיצִים (נ״ר)
eiwit (het)	χelbon	חֶלְבּוֹן (ז)
eigeel (het)	χelmon	חֶלְמוֹן (ז)
vis (de)	dag	דָּג (ז)
zeevruchten (mv.)	perot yam	פֵּירוֹת יָם (ז״ר)
schaaldieren (mv.)	sartana'im	סַרְטָנָאִים (ז״ר)
kaviaar (de)	kavyar	קָווִיאָר (ז)
krab (de)	sartan yam	סַרְטָן יָם (ז)
garnaal (de)	ʃrimps	שְׁרִימְפְּס (ז״ר)
oester (de)	tsidpat ma'aχal	צִדְפַּת מַאֲכָל (נ)
langoest (de)	'lobster kotsani	לוֹבְּסְטֶר קוֹצָנִי (ז)
octopus (de)	tamnun	תַּמְנוּן (ז)
inktvis (de)	kala'mari	קָלָמָארִי (ז)
steur (de)	basar haχidkan	בָּשָׂר הַחִדְקָן (ז)
zalm (de)	'salmon	סַלְמוֹן (ז)
heilbot (de)	putit	פּוּטִית (נ)
kabeljauw (de)	ʃibut	שִׁיבּוּט (ז)

43

makreel (de)	kolyas	קוֹלְיָס (ז)
tonijn (de)	'tuna	טוּנָה (נ)
paling (de)	tslofaχ	צְלוֹפָח (ז)

forel (de)	forel	פוֹרֶל (ז)
sardine (de)	sardin	סַרְדִּין (ז)
snoek (de)	ze'ev 'mayim	זְאֵב מַיִם (ז)
haring (de)	ma'liaχ	מָלִיחַ (ז)

brood (het)	'leχem	לֶחֶם (ז)
kaas (de)	gvina	גְּבִינָה (נ)
suiker (de)	sukar	סוּכָּר (ז)
zout (het)	'melaχ	מֶלַח (ז)

rijst (de)	'orez	אוֹרֶז (ז)
pasta (de)	'pasta	פַּסְטָה (נ)
noedels (mv.)	irtiyot	אִטְרִיּוֹת (נ"ר)

boter (de)	χem'a	חֶמְאָה (נ)
plantaardige olie (de)	'ʃemen tsimχi	שֶׁמֶן צִמְחִי (ז)
zonnebloemolie (de)	'ʃemen χamaniyot	שֶׁמֶן חַמָּנִיּוֹת (ז)
margarine (de)	marga'rina	מַרְגָּרִינָה (נ)

olijven (mv.)	zeitim	זֵיתִים (ז"ר)
olijfolie (de)	'ʃemen 'zayit	שֶׁמֶן זַיִת (ז)

melk (de)	χalav	חָלָב (ז)
gecondenseerde melk (de)	χalav merukaz	חָלָב מְרוּכָּז (ז)
yoghurt (de)	'yogurt	יוֹגוּרְט (ז)
zure room (de)	ʃa'menet	שַׁמֶּנֶת (נ)
room (de)	ʃa'menet	שַׁמֶּנֶת (נ)

mayonaise (de)	mayonez	מָיוֹנֵז (ז)
crème (de)	ka'tsefet χem'a	קַצֶּפֶת חֶמְאָה (נ)

graan (het)	grisim	גְּרִיסִים (ז"ר)
meel (het), bloem (de)	'kemaχ	קֶמַח (ז)
conserven (mv.)	ʃimurim	שִׁימוּרִים (ז"ר)

maïsvlokken (mv.)	ptitei 'tiras	פְּתִיתֵי תִּירָס (ז"ר)
honing (de)	dvaʃ	דְּבַשׁ (ז)
jam (de)	riba	רִיבָּה (נ)
kauwgom (de)	'mastik	מַסְטִיק (ז)

42. Drankjes

water (het)	'mayim	מַיִם (ז"ר)
drinkwater (het)	mei ʃtiya	מֵי שְׁתִיָּה (ז"ר)
mineraalwater (het)	'mayim mine'raliyim	מַיִם מִינֶרָלִיִּים (ז"ר)

zonder gas	lo mugaz	לֹא מוּגָז
koolzuurhoudend (bn)	mugaz	מוּגָז
bruisend (bn)	mugaz	מוּגָז
IJs (het)	'keraχ	קֶרַח (ז)

met ijs	im 'keraχ	עִם קֶרַח
alcohol vrij (bn)	natul alkohol	נָטוּל אַלְכּוֹהוֹל
alcohol vrije drank (de)	maʃke kal	מַשְׁקֶה קַל (ז)
frisdrank (de)	maʃke mera'anen	מַשְׁקֶה מְרַעֲנֵן (ז)
limonade (de)	limo'nada	לִימוֹנָדָה (נ)

alcoholische dranken (mv.)	maʃka'ot χarifim	מַשְׁקָאוֹת חֲרִיפִים (ז"ר)
wijn (de)	'yayin	יַיִן (ז)
witte wijn (de)	'yayin lavan	יַיִן לָבָן (ז)
rode wijn (de)	'yayin adom	יַיִן אָדֹם (ז)

likeur (de)	liker	לִיקֶר (ז)
champagne (de)	ʃam'panya	שַׁמְפַּנְיָה (נ)
vermout (de)	'vermut	וֶרְמוּט (ז)

whisky (de)	'viski	וִיסְקִי (ז)
wodka (de)	'vodka	ווֹדְקָה (נ)
gin (de)	dʒin	גִ'ין (ז)
cognac (de)	'konyak	קוֹנְיָאק (ז)
rum (de)	rom	רוֹם (ז)

koffie (de)	kafe	קָפֶה (ז)
zwarte koffie (de)	kafe ʃaχor	קָפֶה שָׁחוֹר (ז)
koffie (de) met melk	kafe hafuχ	קָפֶה הָפוּךְ (ז)
cappuccino (de)	kapu'tʃino	קָפּוּצִ'ינוֹ (ז)
oploskoffie (de)	kafe names	קָפֶה נָמֵס (ז)

melk (de)	χalav	חָלָב (ז)
cocktail (de)	kokteil	קוֹקְטֵיל (ז)
milkshake (de)	'milkʃeik	מִילְקְשֵׁייק (ז)

sap (het)	mits	מִיץ (ז)
tomatensap (het)	mits agvaniyot	מִיץ עַגְבָנִיּוֹת (ז)
sinaasappelsap (het)	mits tapuzim	מִיץ תַּפּוּזִים (ז)
vers geperst sap (het)	mits saχut	מִיץ סָחוּט (ז)

bier (het)	'bira	בִּירָה (נ)
licht bier (het)	'bira bahira	בִּירָה בָּהִירָה (נ)
donker bier (het)	'bira keha	בִּירָה כֵּהָה (נ)

thee (de)	te	תֵּה (ז)
zwarte thee (de)	te ʃaχor	תֵּה שָׁחוֹר (ז)
groene thee (de)	te yarok	תֵּה יָרֹק (ז)

43. Groenten

| groenten (mv.) | yerakot | יְרָקוֹת (ז"ר) |
| verse kruiden (mv.) | 'yerek | יֶרֶק (ז) |

tomaat (de)	agvaniya	עַגְבָנִיָּה (נ)
augurk (de)	melafefon	מְלָפְפוֹן (ז)
wortel (de)	'gezer	גֶּזֶר (ז)
aardappel (de)	ta'puaχ adama	תַּפּוּחַ אֲדָמָה (ז)
ui (de)	batsal	בָּצָל (ז)

knoflook (de)	ʃum	שׁוּם (ז)
kool (de)	kruv	כְּרוּב (ז)
bloemkool (de)	kruvit	כְּרוּבִית (נ)
spruitkool (de)	kruv nitsanim	כְּרוּב נִצָנִים (ז)
broccoli (de)	'brokoli	בְּרוֹקוֹלִי (ז)

rode biet (de)	'selek	סֶלֶק (ז)
aubergine (de)	χatsil	חָצִיל (ז)
courgette (de)	kiʃu	קִישׁוּא (ז)
pompoen (de)	'dla'at	דְלַעַת (נ)
raap (de)	'lefet	לֶפֶת (נ)

peterselie (de)	petro'zilya	פֶּטרוֹזִילְיָה (נ)
dille (de)	ʃamir	שָׁמִיר (ז)
sla (de)	'χasa	חַסָה (נ)
selderij (de)	'seleri	סֶלֶרִי (ז)
asperge (de)	aspa'ragos	אַסְפָּרָגוֹס (ז)
spinazie (de)	'tered	תֶרֶד (ז)

erwt (de)	afuna	אֲפוּנָה (נ)
bonen (mv.)	pol	פּוֹל (ז)
maïs (de)	'tiras	תִירָס (ז)
boon (de)	ʃu'it	שְׁעוּעִית (נ)

peper (de)	'pilpel	פִּלְפֵּל (ז)
radijs (de)	tsnonit	צְנוֹנִית (נ)
artisjok (de)	artiʃok	אַרְטִישׁוֹק (ז)

44. Vruchten. Noten

vrucht (de)	pri	פְּרִי (ז)
appel (de)	ta'puaχ	תַפוּחַ (ז)
peer (de)	agas	אַגָס (ז)
citroen (de)	limon	לִימוֹן (ז)
sinaasappel (de)	tapuz	תַפוּז (ז)
aardbei (de)	tut sade	תוּת שָׂדֶה (ז)

mandarijn (de)	klemen'tina	קְלֶמֶנְטִינָה (נ)
pruim (de)	ʃezif	שְׁזִיף (ז)
perzik (de)	afarsek	אֲפַרְסֵק (ז)
abrikoos (de)	'miʃmeʃ	מִשְׁמֵשׁ (ז)
framboos (de)	'petel	פֶּטֶל (ז)
ananas (de)	'ananas	אָנָנָס (ז)

banaan (de)	ba'nana	בַּנָנָה (נ)
watermeloen (de)	ava'tiaχ	אֲבַטִיחַ (ז)
druif (de)	anavim	עֲנָבִים (ז״ר)
zure kers (de)	duvdevan	דוּבְדְבָן (ז)
zoete kers (de)	gudgedan	גוּדְגְדָן (ז)
meloen (de)	melon	מֶלוֹן (ז)

grapefruit (de)	eʃkolit	אֶשְׁכּוֹלִית (נ)
avocado (de)	avo'kado	אָבוֹקָדוֹ (ז)
papaja (de)	pa'paya	פַּפָּאיָה (נ)

mango (de)	'mango	מַנְגּוֹ (ז)
granaatappel (de)	rimon	רִימוֹן (ז)

rode bes (de)	dumdemanit aduma	דוּמְדְּמָנִית אֲדוּמָה (נ)
zwarte bes (de)	dumdemanit ʃχora	דוּמְדְּמָנִית שְחוֹרָה (נ)
kruisbes (de)	χazarzar	חֻזַרְזַר (ז)
bosbes (de)	uχmanit	אוּכְמָנִית (נ)
braambes (de)	'petel ʃaχor	פֶּטֶל שָׁחוֹר (ז)

rozijn (de)	tsimukim	צִימוּקִים (ז״ר)
vijg (de)	te'ena	תְּאֵנָה (נ)
dadel (de)	tamar	תָּמָר (ז)

pinda (de)	botnim	בּוֹטְנִים (ז״ר)
amandel (de)	ʃaked	שָׁקֵד (ז)
walnoot (de)	egoz 'meleχ	אֱגוֹז מֶלֶךְ (ז)
hazelnoot (de)	egoz ilsar	אֱגוֹז אִלְסָר (ז)
kokosnoot (de)	'kokus	קוֹקוּס (ז)
pistaches (mv.)	'fistuk	פִּיסְטוּק (ז)

45. Brood. Snoep

suikerbakkerij (de)	mutsrei kondi'torya	מוּצְרֵי קוֹנְדִּיטוֹרְיָה (ז״ר)
brood (het)	'leχem	לֶחֶם (ז)
koekje (het)	ugiya	עוּגִיָּה (נ)

chocolade (de)	'ʃokolad	שׁוֹקוֹלָד (ז)
chocolade- (abn)	mi'ʃokolad	מְשׁוֹקוֹלָד
snoepje (het)	sukariya	סוּכָּרְיָּיה (נ)
cakeje (het)	uga	עוּגָה (נ)
taart (bijv. verjaardags~)	uga	עוּגָה (נ)

pastei (de)	pai	פַּאי (ז)
vulling (de)	milui	מִילוּי (ז)

confituur (de)	riba	רִיבָּה (נ)
marmelade (de)	marme'lada	מַרְמָלָדָה (נ)
wafel (de)	'vaflim	וָפְלִים (ז״ר)
IJsje (het)	'glida	גְּלִידָה (נ)
pudding (de)	'puding	פּוּדִינְג (ז)

46. Bereide gerechten

gerecht (het)	mana	מָנָה (נ)
keuken (bijv. Franse ~)	mitbaχ	מִטְבָּח (ז)
recept (het)	matkon	מַתְכּוֹן (ז)
portie (de)	mana	מָנָה (נ)

salade (de)	salat	סָלָט (ז)
soep (de)	marak	מָרָק (ז)
bouillon (de)	marak tsaχ, tsir	מָרָק צַח, צִיר (ז)
boterham (de)	kariχ	כָּרִיךְ (ז)

spiegelei (het)	beitsat ain	בֵּיצַת עַיִן (נ)
hamburger (de)	'hamburger	הַמְבּוּרְגֶּר (ז)
biefstuk (de)	umtsa, steik	אוּמְצָה (נ), סְטֵייק (ז)

garnering (de)	to'sefet	תּוֹסֶפֶת (נ)
spaghetti (de)	spa'geti	סְפָּגֶטִי (ז)
aardappelpuree (de)	meχit tapuχei adama	מְחִית תַּפּוּחֵי אֲדָמָה (נ)
pizza (de)	'pitsa	פִּיצָה (נ)
pap (de)	daysa	דַּייסָה (נ)
omelet (de)	χavita	חֲבִיתָה (נ)

gekookt (in water)	mevuʃal	מְבוּשָּׁל
gerookt (bn)	me'uʃan	מְעוּשָּׁן
gebakken (bn)	metugan	מְטוּגָּן
gedroogd (bn)	meyubaʃ	מְיוּבָּשׁ
diepvries (bn)	kafu	קָפוּא
gemarineerd (bn)	kavuʃ	כָּבוּשׁ

zoet (bn)	matok	מָתוֹק
gezouten (bn)	ma'luaχ	מָלוּחַ
koud (bn)	kar	קַר
heet (bn)	χam	חַם
bitter (bn)	marir	מָרִיר
lekker (bn)	ta'im	טָעִים

koken (in kokend water)	levaʃel be'mayim rotχim	לְבַשֵּׁל בְּמַיִם רוֹתְחִים
bereiden (avondmaaltijd ~)	levaʃel	לְבַשֵּׁל
bakken (ww)	letagen	לְטַגֵּן
opwarmen (ww)	leχamem	לְחַמֵּם

zouten (ww)	leham'liaχ	לְהַמְלִיחַ
peperen (ww)	lefalpel	לְפַלְפֵּל
raspen (ww)	lerasek	לְרַסֵּק
schil (de)	klipa	קְלִיפָּה (נ)
schillen (ww)	lekalef	לְקַלֵּף

47. Kruiden

zout (het)	'melaχ	מֶלַח (ז)
gezouten (bn)	ma'luaχ	מָלוּחַ
zouten (ww)	leham'liaχ	לְהַמְלִיחַ

zwarte peper (de)	'pilpel ʃaχor	פִּלְפֵּל שָׁחוֹר (ז)
rode peper (de)	'pilpel adom	פִּלְפֵּל אָדוֹם (ז)
mosterd (de)	χardal	חַרְדָּל (ז)
mierikswortel (de)	χa'zeret	חֲזֶרֶת (נ)

condiment (het)	'rotev	רוֹטֶב (ז)
specerij ,kruiderij (de)	tavlin	תַּבְלִין (ז)
saus (de)	'rotev	רוֹטֶב (ז)
azijn (de)	'χomets	חוֹמֶץ (ז)

| anijs (de) | kamnon | כַּמְנוֹן (ז) |
| basilicum (de) | reχan | רֵיחָן (ז) |

kruidnagel (de)	tsi'poren	צִיפּוֹרֶן (ז)
gember (de)	'dʒindʒer	גִ'ינגֶ'ר (ז)
koriander (de)	'kusbara	כּוּסְבָּרָה (נ)
kaneel (de/het)	kinamon	קִינָמוֹן (ז)

sesamzaad (het)	'ʃumʃum	שׁוּמְשׁוּם (ז)
laurierblad (het)	ale dafna	עֲלֵה דַפְנָה (ז)
paprika (de)	'paprika	פַּפְּרִיקָה (נ)
komijn (de)	'kimel	קִימֶל (ז)
saffraan (de)	ze'afran	זַעֲפְרָן (ז)

48. Maaltijden

eten (het)	'oχel	אוֹכֶל (ז)
eten (ww)	le'eχol	לֶאֱכוֹל

ontbijt (het)	aruχat 'boker	אֲרוּחַת בּוֹקֶר (נ)
ontbijten (ww)	le'eχol aruχat 'boker	לֶאֱכוֹל אֲרוּחַת בּוֹקֶר
lunch (de)	aruχat tsaha'rayim	אֲרוּחַת צָהֳרַיִים (נ)
lunchen (ww)	le'eχol aruχat tsaha'rayim	לֶאֱכוֹל אֲרוּחַת צָהֳרַיִים
avondeten (het)	aruχat 'erev	אֲרוּחַת עֶרֶב (נ)
souperen (ww)	le'eχol aruχat 'erev	לֶאֱכוֹל אֲרוּחַת עֶרֶב

eetlust (de)	te'avon	תֵּיאָבוֹן (ז)
Eet smakelijk!	betei'avon!	בְּתֵיאָבוֹן!

openen (een fles ~)	lif'toaχ	לִפְתּוֹחַ
morsen (koffie, enz.)	liʃpoχ	לִשְׁפּוֹךְ
zijn gemorst	lehiʃapeχ	לְהִישָׁפֵךְ

koken (water kookt bij 100°C)	lir'toaχ	לִרְתּוֹחַ
koken (Hoe om water te ~)	lehar'tiaχ	לְהַרְתִּיחַ
gekookt (~ water)	ra'tuaχ	רָתוּחַ

afkoelen (koeler maken)	lekarer	לְקָרֵר
afkoelen (koeler worden)	lehitkarer	לְהִתְקָרֵר

smaak (de)	'ta'am	טַעַם (ז)
nasmaak (de)	'ta'am levai	טַעַם לְוַואי (ז)

volgen een dieet	lirzot	לִרְזוֹת
dieet (het)	di''eta	דִיאֶטָה (נ)
vitamine (de)	vitamin	וִיטָמִין (ז)
calorie (de)	ka'lorya	קָלוֹרְיָה (נ)

vegetariër (de)	tsimχoni	צִמְחוֹנִי (ז)
vegetarisch (bn)	tsimχoni	צִמְחוֹנִי

vetten (mv.)	ʃumanim	שׁוּמָנִים (ז"ר)
eiwitten (mv.)	χelbonim	חֶלְבּוֹנִים (ז"ר)
koolhydraten (mv.)	paχmema	פַּחְמֵימָה (נ)
snede (de)	prusa	פְּרוּסָה (נ)
stuk (bijv. een ~ taart)	χatiχa	חֲתִיכָה (נ)
kruimel (de)	perur	פֵּירוּר (ז)

49. Tafelschikking

lepel (de)	kaf	כַּף (ז)
mes (het)	sakin	סַכִּין (ז, נ)
vork (de)	mazleg	מַזְלֵג (ז)
kopje (het)	'sefel	סֵפֶל (ז)
bord (het)	tsa'laxat	צַלַּחַת (נ)
schoteltje (het)	taxtit	תַּחְתִּית (נ)
servet (het)	mapit	מַפִּית (נ)
tandenstoker (de)	keisam ʃi'nayim	קֵיסָם שִׁינַיִים (ז)

50. Restaurant

restaurant (het)	mis'ada	מִסְעָדָה (נ)
koffiehuis (het)	beit kafe	בֵּית קָפֶה (ז)
bar (de)	bar, pab	בָּר, פָּאבּ (ז)
tearoom (de)	beit te	בֵּית תֵּה (ז)
kelner, ober (de)	meltsar	מֶלְצָר (ז)
serveerster (de)	meltsarit	מֶלְצָרִית (נ)
barman (de)	'barmen	בַּרְמָן (ז)
menu (het)	tafrit	תַּפְרִיט (ז)
wijnkaart (de)	reʃimat yeynot	רְשִׁימַת יֵינוֹת (נ)
een tafel reserveren	lehazmin ʃulxan	לְהַזְמִין שׁוּלְחָן
gerecht (het)	mana	מָנָה (נ)
bestellen (eten ~)	lehazmin	לְהַזְמִין
een bestelling maken	lehazmin	לְהַזְמִין
aperitief (de/het)	maʃke meta'aven	מַשְׁקֶה מְתָאַבֵּן (ז)
voorgerecht (het)	meta'aven	מְתָאַבֵּן (ז)
dessert (het)	ki'nuax	קִינּוּחַ (ז)
rekening (de)	xeʃbon	חֶשְׁבּוֹן (ז)
de rekening betalen	leʃalem	לְשַׁלֵּם
wisselgeld teruggeven	latet 'odef	לָתֵת עוֹדֶף
fooi (de)	tip	טִיפּ (ז)

Familie, verwanten en vrienden

51. Persoonlijke informatie. Formulieren

naam (de)	ʃem	שֵׁם (ז)
achternaam (de)	ʃem miʃpaχa	שֵׁם מִשְׁפָּחָה (ז)
geboortedatum (de)	ta'ariχ leda	תַּאֲרִיך לֵידָה (ז)
geboorteplaats (de)	mekom leda	מְקוֹם לֵידָה (ז)
nationaliteit (de)	le'om	לְאוֹם (ז)
woonplaats (de)	mekom megurim	מְקוֹם מְגוּרִים (ז)
land (het)	medina	מְדִינָה (נ)
beroep (het)	mik'tso'a	מִקצוֹעַ (ז)
geslacht	min	מִין (ז)
(ov. het vrouwelijk ~)		
lengte (de)	'gova	גּוֹבַה (ז)
gewicht (het)	miʃkal	מִשׁקָל (ז)

52. Familieleden. Verwanten

moeder (de)	em	אֵם (נ)
vader (de)	av	אָב (ז)
zoon (de)	ben	בֵּן (ז)
dochter (de)	bat	בַּת (נ)
jongste dochter (de)	habat haktana	הַבַּת הַקְטַנָה (נ)
jongste zoon (de)	haben hakatan	הַבֵּן הַקָטָן (ז)
oudste dochter (de)	habat habχora	הַבַּת הַבְּכוֹרָה (נ)
oudste zoon (de)	haben habχor	הַבֵּן הַבְּכוֹר (ז)
broer (de)	aχ	אָח (ז)
oudere broer (de)	aχ gadol	אָח גָדוֹל (ז)
jongere broer (de)	aχ katan	אָח קָטָן (ז)
zuster (de)	aχot	אָחוֹת (נ)
oudere zuster (de)	aχot gdola	אָחוֹת גְדוֹלָה (נ)
jongere zuster (de)	aχot ktana	אָחוֹת קְטַנָה (נ)
neef (zoon van oom, tante)	ben dod	בֵּן דוֹד (ז)
nicht (dochter van oom, tante)	bat 'doda	בַּת דוֹדָה (נ)
mama (de)	'ima	אִמָא (נ)
papa (de)	'aba	אַבָּא (ז)
ouders (mv.)	horim	הוֹרִים (ז"ר)
kind (het)	'yeled	יֶלֶד (ז)
kinderen (mv.)	yeladim	יְלָדִים (ז"ר)
oma (de)	'savta	סַבתָא (נ)
opa (de)	'saba	סַבָּא (ז)

kleinzoon (de)	'neχed	נֶכֶד (ז)
kleindochter (de)	neχda	נֶכְדָּה (נ)
kleinkinderen (mv.)	neχadim	נְכָדִים (ז״ר)

oom (de)	dod	דּוֹד (ז)
tante (de)	'doda	דּוֹדָה (נ)
neef (zoon van broer, zus)	aχyan	אַחְיָן (ז)
nicht (dochter van broer, zus)	aχyanit	אַחְיָנִית (נ)

schoonmoeder (de)	χamot	חָמוֹת (נ)
schoonvader (de)	χam	חָם (ז)
schoonzoon (de)	χatan	חָתָן (ז)
stiefmoeder (de)	em χoreget	אֵם חוֹרֶגֶת (נ)
stiefvader (de)	av χoreg	אָב חוֹרֵג (ז)

zuigeling (de)	tinok	תִּינוֹק (ז)
wiegenkind (het)	tinok	תִּינוֹק (ז)
kleuter (de)	pa'ot	פָּעוֹט (ז)

vrouw (de)	iʃa	אִשָּׁה (נ)
man (de)	'ba‘al	בַּעַל (ז)
echtgenoot (de)	ben zug	בֶּן זוּג (ז)
echtgenote (de)	bat zug	בַּת זוּג (נ)

gehuwd (mann.)	nasui	נָשׂוּי
gehuwd (vrouw.)	nesu'a	נְשׂוּאָה
ongehuwd (mann.)	ravak	רַוָּק
vrijgezel (de)	ravak	רַוָּק (ז)
gescheiden (bn)	garuʃ	גָּרוּשׁ
weduwe (de)	almana	אַלְמָנָה (נ)
weduwnaar (de)	alman	אַלְמָן (ז)

familielid (het)	karov miʃpaχa	קָרוֹב מִשְׁפָּחָה (ז)
dichte familielid (het)	karov miʃpaχa	קָרוֹב מִשְׁפָּחָה (ז)
verre familielid (het)	karov raχok	קָרוֹב רָחוֹק (ז)
familieleden (mv.)	krovei miʃpaχa	קְרוֹבֵי מִשְׁפָּחָה (ז״ר)

wees (de), weeskind (het)	yatom	יָתוֹם (ז)
wees (weesjongen)	yatom	יָתוֹם (ז)
wees (weesmeisje)	yetoma	יְתוֹמָה (נ)
voogd (de)	apo'tropos	אַפּוֹטְרוֹפּוֹס (ז)
adopteren (een jongen te ~)	le'amets	לְאַמֵּץ

53. Vrienden. Collega's

vriend (de)	χaver	חָבֵר (ז)
vriendin (de)	χavera	חֲבֵרָה (נ)
vriendschap (de)	yedidut	יְדִידוּת (נ)
bevriend zijn (ww)	lihyot yadidim	לִהְיוֹת יָדִידִים

makker (de)	χaver	חָבֵר (ז)
vriendin (de)	χavera	חֲבֵרָה (נ)
partner (de)	ʃutaf	שׁוּתָף (ז)
chef (de)	menahel, roʃ	מְנַהֵל (ז), רֹאשׁ (ז)

baas (de)	memune	מְמוּנֶה (ז)
eigenaar (de)	be'alim	בְּעָלִים (ז)
ondergeschikte (de)	kafuf le	כָּפוּף לְ (ז)
collega (de)	amit	עָמִית (ז)

kennis (de)	makar	מַכָּר (ז)
medereiziger (de)	ben levaya	בֶּן לְוָיָה (ז)
klasgenoot (de)	xaver lekita	חָבֵר לַכִּיתָה (ז)

buurman (de)	ʃaχen	שָׁכֵן (ז)
buurvrouw (de)	ʃχena	שְׁכֵנָה (נ)
buren (mv.)	ʃχenim	שְׁכֵנִים (ז"ר)

54. Man. Vrouw

vrouw (de)	iʃa	אִשָּׁה (נ)
meisje (het)	baχura	בַּחוּרָה (נ)
bruid (de)	kala	כַּלָּה (נ)

mooi(e) (vrouw, meisje)	yafa	יָפָה
groot, grote (vrouw, meisje)	gvoha	גְּבוֹהָה
slank(e) (vrouw, meisje)	tmira	תְּמִירָה
korte, kleine (vrouw, meisje)	namuχ	נָמוּךְ

| blondine (de) | blon'dinit | בְּלוֹנְדִינִית (נ) |
| brunette (de) | bru'netit | בְּרוּנֶטִית (נ) |

dames- (abn)	ʃel naʃim	שֶׁל נָשִׁים
maagd (de)	betula	בְּתוּלָה (נ)
zwanger (bn)	hara	הָרָה

man (de)	'gever	גֶּבֶר (ז)
blonde man (de)	blon'dini	בְּלוֹנְדִינִי (ז)
bruinharige man (de)	ʃχarχar	שְׁחַרְחַר
groot (bn)	ga'voha	גָּבוֹהַּ
klein (bn)	namuχ	נָמוּךְ

onbeleefd (bn)	gas	גַּס
gedrongen (bn)	guʦ	גּוּץ
robuust (bn)	χason	חָסוֹן
sterk (bn)	χazak	חָזָק
sterkte (de)	'koaχ	כּוֹחַ (ז)

mollig (bn)	ʃamen	שָׁמֵן
getaand (bn)	ʃaχum	שָׁחוּם
slank (bn)	tamir	תָּמִיר
elegant (bn)	ele'ganti	אֶלֶגַנְטִי

55. Leeftijd

| leeftijd (de) | gil | גִּיל (ז) |
| jeugd (de) | ne'urim | נְעוּרִים (ז"ר) |

jong (bn)	tsa'ir	צָעִיר
jonger (bn)	tsa'ir yoter	צָעִיר יוֹתֵר
ouder (bn)	mevugar yoter	מְבוּגָר יוֹתֵר

jongen (de)	baxur	בָּחוּר (ז)
tiener, adolescent (de)	'na'ar	נַעַר (ז)
kerel (de)	baxur	בָּחוּר (ז)

| oude man (de) | zaken | זָקֵן (ז) |
| oude vrouw (de) | zkena | זְקֵנָה (נ) |

volwassen (bn)	mevugar	מְבוּגָר (ז)
van middelbare leeftijd (bn)	bagil ha'amida	בְּגִיל הָעֲמִידָה
bejaard (bn)	zaken	זָקֵן
oud (bn)	zaken	זָקֵן

pensioen (het)	'pensya	פֶּנְסְיָה (נ)
met pensioen gaan	latset legimla'ot	לָצֵאת לְגִימְלָאוֹת
gepensioneerde (de)	pensyoner	פֶּנְסִיוֹנֶר (ז)

56. Kinderen

kind (het)	'yeled	יֶלֶד (ז)
kinderen (mv.)	yeladim	יְלָדִים (ז"ר)
tweeling (de)	te'omim	תְאוֹמִים (ז"ר)

wieg (de)	arisa	עֲרִיסָה (נ)
rammelaar (de)	ra'a∫an	רַעֲשָׁן (ז)
luier (de)	xitul	חִיתוּל (ז)

speen (de)	motsets	מוֹצֵץ (ז)
kinderwagen (de)	agala	עֲגָלָה (נ)
kleuterschool (de)	gan yeladim	גַן יְלָדִים (ז)
babysitter (de)	beibi'siter	בֵּיבִּיסִיטֶר (ז, נ)

kindertijd (de)	yaldut	יַלְדוּת (נ)
pop (de)	buba	בּוּבָּה (נ)
speelgoed (het)	tsa'a'tsu'a	צַעֲצוּעַ (ז)
bouwspeelgoed (het)	misxak harkava	מִשְׂחַק הַרְכָּבָה (ז)
welopgevoed (bn)	mexunax	מְחוּנָךְ
onopgevoed (bn)	lo mexunax	לֹא מְחוּנָךְ
verwend (bn)	mefunak	מְפוּנָק

stout zijn (ww)	lehi∫tovev	לְהִשְׁתּוֹבֵב
stout (bn)	∫ovav	שׁוֹבָב
stoutheid (de)	ma'ase 'kundes	מַעֲשֵׂה קוּנְדֶס (ז)
stouterd (de)	'yeled ∫ovav	יֶלֶד שׁוֹבָב (ז)

| gehoorzaam (bn) | tsaytan | צַיְּתָן |
| ongehoorzaam (bn) | lo memu∫ma | לֹא מְמוּשְׁמָע |

braaf (bn)	ka'nu'a	כָּנוּעַ
slim (verstandig)	xaxam	חָכָם
wonderkind (het)	'yeled 'pele	יֶלֶד פֶּלֶא (ז)

57. Gehuwde paren. Gezinsleven

Nederlands	Transliteratie	עברית
kussen (een kus geven)	lenaʃek	לְנַשֵׁק
elkaar kussen (ww)	lehitnaʃek	לְהִתְנַשֵׁק
gezin (het)	miʃpaχa	מִשְׁפָּחָה (נ)
gezins- (abn)	miʃpaχti	מִשְׁפַּחְתִּי
paar (het)	zug	זוּג (ז)
huwelijk (het)	nisu'im	נִישׂוּאִים (ז"ר)
thuis (het)	aχ, ken	אָח (ז), קֵן (ז)
dynastie (de)	ʃo'ʃelet	שׁוֹשֶׁלֶת (נ)

date (de)	deit	דֵּייט (ז)
zoen (de)	neʃika	נְשִׁיקָה (נ)

liefde (de)	ahava	אַהֲבָה (נ)
liefhebben (ww)	le'ehov	לֶאֱהוֹב
geliefde (bn)	ahuv	אָהוּב

tederheid (de)	roχ	רוֹךְ (ז)
teder (bn)	adin, raχ	עָדִין, רַךְ
trouw (de)	ne'emanut	נָאֱמָנוּת (נ)
trouw (bn)	masur	מָסוּר
zorg (bijv. bejaarden~)	de'aga	דְּאָגָה (נ)
zorgzaam (bn)	do'eg	דּוֹאֵג

jonggehuwden (mv.)	zug tsa'ir	זוּג צָעִיר (ז)
wittebroodsweken (mv.)	ya'reaχ dvaʃ	יָרֵחַ דְּבַשׁ (ז)
trouwen (vrouw)	lehitχaten	לְהִתְחַתֵּן
trouwen (man)	lehitχaten	לְהִתְחַתֵּן

bruiloft (de)	χatuna	חַתוּנָה (נ)
gouden bruiloft (de)	χatunat hazahav	חַתוּנַת הַזָּהָב (נ)
verjaardag (de)	yom nisu'in	יוֹם נִישׂוּאִין (ז)

minnaar (de)	me'ahev	מְאַהֵב (ז)
minnares (de)	mea'hevet	מְאַהֶבֶת (נ)

overspel (het)	bgida	בְּגִידָה (נ)
overspel plegen (ww)	livgod be...	לִבְגּוֹד בְּ...
jaloers (bn)	kanai	קַנַּאי
jaloers zijn (echtgenoot, enz.)	lekane	לְקַנֵּא
echtscheiding (de)	geruʃin	גֵּרוּשִׁין (ז"ר)
scheiden (ww)	lehitgareʃ mi...	לְהִתְגָּרֵשׁ מ...

ruzie hebben (ww)	lariv	לָרִיב
vrede sluiten (ww)	lehitpayes	לְהִתְפַּייֵס
samen (bw)	be'yaχad	בְּיַחַד
seks (de)	min	מִין (ז)

geluk (het)	'oʃer	אוֹשֶׁר (ז)
gelukkig (bn)	me'uʃar	מְאוּשָׁר
ongeluk (het)	ason	אָסוֹן (ז)
ongelukkig (bn)	umlal	אוּמְלָל

Karakter. Gevoelens. Emoties

58. Gevoelens. Emoties

gevoel (het)	'regeʃ	רֶגֶשׁ (ז)
gevoelens (mv.)	regaʃot	רְגָשׁוֹת (ז"ר)
voelen (ww)	lehargiʃ	לְהַרְגִישׁ

honger (de)	'ra'av	רָעָב (ז)
honger hebben (ww)	lihyot ra'ev	לִהְיוֹת רָעֵב
dorst (de)	tsima'on	צִמָּאוֹן (ז)
dorst hebben	lihyot tsame	לִהְיוֹת צָמֵא
slaperigheid (de)	yaʃnuniyut	יַשְׁנוּנִיוּת (נ)
willen slapen	lirtsot liʃon	לִרְצוֹת לִישׁוֹן

moeheid (de)	ayefut	עֲיֵיפוּת (נ)
moe (bn)	ayef	עָיֵיף
vermoeid raken (ww)	lehit'ayef	לְהִתְעַיֵיף

stemming (de)	matsav 'ruax	מַצַב רוּחַ (ז)
verveling (de)	ʃi'amum	שִׁעֲמוּם (ז)
zich vervelen (ww)	lehiʃta'amem	לְהִשְׁתַעֲמֵם
afzondering (de)	hitbodedut	הִתְבּוֹדְדוּת (נ)
zich afzonderen (ww)	lehitboded	לְהִתְבּוֹדֵד

bezorgd maken (ww)	lehad'ig	לְהַדְאִיג
zich bezorgd maken	lid'og	לִדְאוֹג
zorg (bijv. geld~en)	de'aga	דְאָגָה (נ)
ongerustheid (de)	xarada	חֲרָדָה (נ)
ongerust (bn)	mutrad	מוּטְרָד
zenuwachtig zijn (ww)	lihyot atsbani	לִהְיוֹת עַצְבָּנִי
in paniek raken	lehibahel	לְהִיבָּהֵל

hoop (de)	tikva	תִקְוָה (נ)
hopen (ww)	lekavot	לְקַווֹת

zekerheid (de)	vada'ut	וַדָאוּת (נ)
zeker (bn)	vada'i	וַדָאִי
onzekerheid (de)	i vada'ut	אִי וַדָאוּת (נ)
onzeker (bn)	lo ba'tuax	לֹא בָּטוּחַ

dronken (bn)	ʃikor	שִׁיכּוֹר
nuchter (bn)	pi'keax	פִּיכֵּחַ
zwak (bn)	xalaʃ	חַלָשׁ
gelukkig (bn)	me'uʃar	מְאוּשָׁר
doen schrikken (ww)	lehafxid	לְהַפְחִיד
toorn (de)	teruf	טֵירוּף
woede (de)	'za'am	זַעַם (ז)
depressie (de)	dika'on	דִיכָּאוֹן (ז)
ongemak (het)	i noxut	אִי נוֹחוּת (נ)

gemak, comfort (het)	noχut	נוֹחוּת (נ)
spijt hebben (ww)	lehitsta'er	לְהִצְטַעֵר
spijt (de)	χarata	חֲרָטָה (נ)
pech (de)	'χoser mazal	חוֹסֶר מַזָל (ז)
bedroefdheid (de)	'etsev	עֶצֶב (ז)

schaamte (de)	buʃa	בּוּשָׁה (נ)
pret (de), plezier (het)	simχa	שִׂמְחָה (נ)
enthousiasme (het)	hitlahavut	הִתְלַהֲבוּת (נ)
enthousiasteling (de)	mitlahev	מִתְלַהֵב
enthousiasme vertonen	lehitlahev	לְהִתְלַהֵב

59. Karakter. Persoonlijkheid

karakter (het)	'ofi	אוֹפִי (ז)
karakterfout (de)	pgam be''ofi	פְּגָם בָּאוֹפִי (ז)
verstand (het)	'seχel	שֵׂכֶל (ז)
rede (de)	bina	בִּינָה (נ)

geweten (het)	matspun	מַצְפּוּן (ז)
gewoonte (de)	hergel	הֶרְגֵּל (ז)
bekwaamheid (de)	ye'χolet	יְכוֹלֶת (נ)
kunnen (bijv., ~ zwemmen)	la'da'at	לָדַעַת

geduldig (bn)	savlan	סַבְלָן
ongeduldig (bn)	χasar savlanut	חֲסַר סַבְלָנוּת
nieuwsgierig (bn)	sakran	סַקְרָן
nieuwsgierigheid (de)	sakranut	סַקְרָנוּת (נ)

bescheidenheid (de)	tsni'ut	צְנִיעוּת (נ)
bescheiden (bn)	tsa'nu'a	צָנוּעַ
onbescheiden (bn)	lo tsa'nu'a	לֹא צָנוּעַ

luiheid (de)	atslut	עַצְלוּת (נ)
lui (bn)	atsel	עָצֵל
luiwammes (de)	atslan	עַצְלָן (ז)

sluwheid (de)	armumiyut	עַרְמוּמִיוּת (נ)
sluw (bn)	armumi	עַרְמוּמִי
wantrouwen (het)	'χoser emun	חוֹסֶר אֱמוּן (ז)
wantrouwig (bn)	χadʃani	חַדְשָׁנִי

gulheid (de)	nedivut	נְדִיבוּת (נ)
gul (bn)	nadiv	נָדִיב
talentrijk (bn)	muχʃar	מוּכְשָׁר
talent (het)	kiʃaron	כִּישָׁרוֹן (ז)

moedig (bn)	amits	אַמִיץ
moed (de)	'omets	אוֹמֶץ (ז)
eerlijk (bn)	yaʃar	יָשָׁר
eerlijkheid (de)	'yoʃer	יוֹשֶׁר (ז)

voorzichtig (bn)	zahir	זָהִיר
manhaftig (bn)	amits	אַמִיץ

ernstig (bn)	retsini	רְצִינִי
streng (bn)	χamur	חָמוּר
resoluut (bn)	neχrats	נֶחֱרָץ
onzeker, irresoluut (bn)	hasesan	הַסְסָן
schuchter (bn)	baiʃan	בַּיְישָׁן
schuchterheid (de)	baiʃanut	בַּיְישָׁנוּת (נ)
vertrouwen (het)	emun	אֵמוּן (ז)
vertrouwen (ww)	leha'amin	לְהַאֲמִין
goedgelovig (bn)	tam	תָּם
oprecht (bw)	beχenut	בְּכֵנוּת
oprecht (bn)	ken	כֵּן
oprechtheid (de)	kenut	כֵּנוּת (נ)
open (bn)	pa'tuaχ	פָּתוּחַ
rustig (bn)	ʃalev	שָׁלֵו
openhartig (bn)	glui lev	גְּלוּי לֵב
naïef (bn)	na"ivi	נָאִיבִי
verstrooid (bn)	mefuzar	מְפֻזָּר
leuk, grappig (bn)	matsχik	מַצְחִיק
gierigheid (de)	ta'avat 'betsa	תַּאֲוַות בֶּצַע (נ)
gierig (bn)	rodef 'betsa	רוֹדֵף בֶּצַע
inhalig (bn)	kamtsan	קַמְצָן
kwaad (bn)	raʃa	רָשָׁע
koppig (bn)	akʃan	עַקְשָׁן
onaangenaam (bn)	lo na'im	לֹא נָעִים
egoïst (de)	ego'ist	אֶגוֹאִיסְט (ז)
egoïstisch (bn)	anoχi	אֲנוֹכִי
lafaard (de)	paχdan	פַּחְדָן (ז)
laf (bn)	paχdani	פַּחְדָנִי

60. Slaap. Dromen

slapen (ww)	liʃon	לִישׁוֹן
slaap (in ~ vallen)	ʃena	שֵׁינָה (נ)
droom (de)	χalom	חֲלוֹם (ז)
dromen (in de slaap)	laχalom	לַחֲלוֹם
slaperig (bn)	radum	רָדוּם
bed (het)	mita	מִיטָה (נ)
matras (de)	mizran	מִזְרָן (ז)
deken (de)	smiχa	שְׂמִיכָה (נ)
kussen (het)	karit	כָּרִית (נ)
laken (het)	sadin	סָדִין (ז)
slapeloosheid (de)	nedudei ʃena	נְדוּדֵי שֵׁינָה (ז"ר)
slapeloos (bn)	χasar ʃena	חֲסַר שֵׁינָה
slaapmiddel (het)	kadur ʃena	כַּדּוּר שֵׁינָה (ז)
slaapmiddel innemen	la'kaχat kadur ʃena	לָקַחַת כַּדּוּר שֵׁינָה
willen slapen	lirtsot liʃon	לִרְצוֹת לִישׁוֹן

geeuwen (ww)	lefahek	לְפַהֵק
gaan slapen	la'leχet liʃon	לָלֶכֶת לִישׁוֹן
het bed opmaken	leha'tsi'a mita	לְהַצִּיעַ מִיטָה
inslapen (ww)	leheradem	לְהֵירָדֵם

nachtmerrie (de)	siyut	סִיּוּט (ז)
gesnurk (het)	neχira	נְחִירָה (נ)
snurken (ww)	linχor	לִנְחוֹר

wekker (de)	ʃa'on me'orer	שָׁעוֹן מְעוֹרֵר (ז)
wekken (ww)	leha'ir	לְהָעִיר
wakker worden (ww)	lehit'orer	לְהִתְעוֹרֵר
opstaan (ww)	lakum	לָקוּם
zich wassen (ww)	lehitraχets	לְהִתְרַחֵץ

61. Humor. Gelach. Blijdschap

humor (de)	humor	הוּמוֹר (ז)
gevoel (het) voor humor	χuʃ humor	חוּשׁ הוּמוֹר (ז)
plezier hebben (ww)	lehanot	לֵיהָנוֹת
vrolijk (bn)	sa'meaχ	שָׂמֵחַ
pret (de), plezier (het)	alitsut	עֲלִיצוּת (נ)

glimlach (de)	χiyuχ	חִיּוּךְ (ז)
glimlachen (ww)	leχayeχ	לְחַיֵּיךְ
beginnen te lachen (ww)	lifrots bitsχok	לִפְרוֹץ בִּצְחוֹק
lachen (ww)	litsχok	לִצְחוֹק
lach (de)	tsχok	צְחוֹק (ז)

mop (de)	anek'dota	אֲנֶקְדוֹטָה (נ)
grappig (een ~ verhaal)	matsχik	מַצְחִיק
grappig (~e clown)	meʃa'a'ʃe'a	מְשַׁעֲשֵׁעַ

grappen maken (ww)	lehitba'deaχ	לְהִתְבַּדֵּחַ
grap (de)	bdiχa	בְּדִיחָה (נ)
blijheid (de)	simχa	שִׂמְחָה (נ)
blij zijn (ww)	lis'moaχ	לִשְׂמוֹחַ
blij (bn)	sa'meaχ	שָׂמֵחַ

62. Discussie, conversatie. Deel 1

communicatie (de)	'keʃer	קֶשֶׁר (ז)
communiceren (ww)	letakʃer	לְתַקְשֵׁר

conversatie (de)	siχa	שִׂיחָה (נ)
dialoog (de)	du 'siaχ	דּוּ-שִׂיחַ (ז)
discussie (de)	diyun	דִּיּוּן (ז)
debat (het)	vi'kuaχ	וִיכּוּחַ (ז)
debatteren, twisten (ww)	lehitva'keaχ	לְהִתְוַוכֵּחַ

gesprekspartner (de)	ben 'siaχ	בֶּן שִׂיחַ (ז)
thema (het)	nose	נוֹשֵׂא (ז)

standpunt (het)	nekudat mabat	נְקוּדַת מַבָּט (ג)
mening (de)	de'a	דֵּעָה (ג)
toespraak (de)	ne'um	נְאוּם (ז)

bespreking (de)	diyun	דִּיּוּן (ז)
bespreken (spreken over)	ladun	לָדוּן
gesprek (het)	siχa	שִׂיחָה (ג)
spreken (converseren)	leso'χeaχ	לְשׂוֹחֵחַ
ontmoeting (de)	pgiʃa	פְּגִישָׁה (ג)
ontmoeten (ww)	lehipageʃ	לְהִיפָּגֵשׁ

spreekwoord (het)	pitgam	פִּתְגָּם (ז)
gezegde (het)	pitgam	פִּתְגָּם (ז)
raadsel (het)	χida	חִידָה (ג)
een raadsel opgeven	laχud χida	לָחוּד חִידָה
wachtwoord (het)	sisma	סִיסְמָה (ג)
geheim (het)	sod	סוֹד (ז)

eed (de)	ʃvu'a	שְׁבוּעָה (ג)
zweren (een eed doen)	lehiʃava	לְהִישָּׁבַע
belofte (de)	havtaχa	הַבְטָחָה (ג)
beloven (ww)	lehav'tiaχ	לְהַבְטִיחַ

advies (het)	etsa	עֵצָה (ג)
adviseren (ww)	leya'ets	לְיַיֵּעַץ
advies volgen (iemands ~)	lif'ol lefi ha'etsa	לִפְעוֹל לְפִי הָעֵצָה
luisteren (gehoorzamen)	lehiʃama	לְהִישָּׁמַע

nieuws (het)	χadaʃot	חֲדָשׁוֹת (נ"ר)
sensatie (de)	sen'satsya	סֶנְסַצְיָה (ג)
informatie (de)	meida	מֵידָע (ז)
conclusie (de)	maskana	מַסְקָנָה (ג)
stem (de)	kol	קוֹל (ז)
compliment (het)	maχma'a	מַחְמָאָה (ג)
vriendelijk (bn)	adiv	אָדִיב

woord (het)	mila	מִילָה (ג)
zin (de), zinsdeel (het)	miʃpat	מִשְׁפָּט (ז)
antwoord (het)	tʃuva	תשוּבָה (ג)

| waarheid (de) | emet | אֱמֶת (ג) |
| leugen (de) | 'ʃeker | שֶׁקֶר (ז) |

gedachte (de)	maχʃava	מַחֲשָׁבָה (ג)
idee (de/het)	ra'ayon	רַעֲיוֹן (ז)
fantasie (de)	fan'tazya	פַנְטַזְיָה (ג)

63. Discussie, conversatie. Deel 2

gerespecteerd (bn)	meχubad	מְכוּבָּד
respecteren (ww)	leχabed	לְכַבֵּד
respect (het)	kavod	כָּבוֹד (ז)
Geachte ... (brief)	hayakar ...	הַיָּקָר ...
voorstellen (Mag ik jullie ~)	la'asot hekerut	לַעֲשׂוֹת הֶיכֵּרוּת

kennismaken (met …)	lehakir	לְהַכִּיר
intentie (de)	kavana	כַּוָּנָה (נ)
intentie hebben (ww)	lehitkaven	לְהִתְכַּוֵּן
wens (de)	iχul	אִיחוּל (ז)
wensen (ww)	le'aχel	לְאַחֵל
verbazing (de)	hafta'a	הַפְתָּעָה (נ)
verbazen (verwonderen)	lehaf'ti'a	לְהַפְתִּיעַ
verbaasd zijn (ww)	lehitpale	לְהִתְפַּלֵּא
geven (ww)	latet	לָתֵת
nemen (ww)	la'kaχat	לָקַחַת
teruggeven (ww)	lehaχzir	לְהַחְזִיר
retourneren (ww)	lehaʃiv	לְהָשִׁיב
zich verontschuldigen	lehitnatsel	לְהִתְנַצֵּל
verontschuldiging (de)	hitnatslut	הִתְנַצְּלוּת (נ)
vergeven (ww)	lis'loaχ	לִסְלוֹחַ
spreken (ww)	ledaber	לְדַבֵּר
luisteren (ww)	lehakʃiv	לְהַקְשִׁיב
aanhoren (ww)	liʃ'mo'a	לִשְׁמוֹעַ
begrijpen (ww)	lehavin	לְהָבִין
tonen (ww)	lehar'ot	לְהַרְאוֹת
kijken naar …	lehistakel	לְהִסְתַּכֵּל
roepen (vragen te komen)	likro le…	לִקְרוֹא לְ…
afleiden (storen)	lehaf'ri'a	לְהַפְרִיעַ
storen (lastigvallen)	lehaf'ri'a	לְהַפְרִיעַ
doorgeven (ww)	limsor	לִמְסוֹר
verzoek (het)	bakaʃa	בַּקָּשָׁה (נ)
verzoeken (ww)	levakeʃ	לְבַקֵּשׁ
eis (de)	driʃa	דְּרִישָׁה (נ)
eisen (met klem vragen)	lidroʃ	לִדְרוֹשׁ
beledigen (beledigende namen geven)	lehitgarot	לְהִתְגָּרוֹת
uitlachen (ww)	lil'og	לִלְעוֹג
spot (de)	'la'ag	לַעַג (ז)
bijnaam (de)	kinui	כִּינוּי (ז)
zinspeling (de)	'remez	רֶמֶז (ז)
zinspelen (ww)	lirmoz	לִרְמוֹז
impliceren (duiden op)	lehitkaven le…	לְהִתְכַּוֵּן לְ…
beschrijving (de)	te'ur	תִּיאוּר (ז)
beschrijven (ww)	leta'er	לְתָאֵר
lof (de)	'ʃevaχ	שֶׁבַח (ז)
loven (ww)	leʃa'beaχ	לְשַׁבֵּחַ
teleurstelling (de)	aχzava	אַכְזָבָה (נ)
teleurstellen (ww)	le'aχzev	לְאַכְזֵב
teleurgesteld zijn (ww)	lehit'aχzev	לְהִתְאַכְזֵב
veronderstelling (de)	hanaχa	הַנָּחָה (נ)
veronderstellen (ww)	leʃa'er	לְשַׁעֵר

| waarschuwing (de) | azhara | אַזְהָרָה (נ) |
| waarschuwen (ww) | lehazhir | לְהַזְהִיר |

64. Discussie, conversatie. Deel 3

| aanpraten (ww) | leʃaχ'ne'a | לְשַׁכְנֵעַ |
| kalmeren (kalm maken) | lehar'gi'a | לְהַרְגִּיעַ |

stilte (de)	ʃtika	שְׁתִיקָה (נ)
zwijgen (ww)	liʃtok	לִשְׁתֹּק
fluisteren (ww)	lilχoʃ	לִלְחֹשׁ
gefluister (het)	leχiʃa	לְחִישָׁה (נ)

| open, eerlijk (bw) | beχenut | בְּכֵנוּת |
| volgens mij … | leda'ati … | לְדַעְתִּי … |

detail (het)	prat	פְּרָט (ז)
gedetailleerd (bn)	meforat	מְפוֹרָט
gedetailleerd (bw)	bimfurat	בִּמְפוֹרָט

| hint (de) | 'remez | רֶמֶז (ז) |
| een hint geven | lirmoz | לִרְמֹז |

blik (de)	mabat	מַבָּט (ז)
een kijkje nemen	lehabit	לְהַבִּיט
strak (een ~ke blik)	kafu	קָפוּא
knipperen (ww)	lematsmets	לְמַצְמֵץ
knipogen (ww)	likrots	לִקְרוֹץ
knikken (ww)	lehanhen	לְהַנְהֵן

zucht (de)	anaχa	אֲנָחָה (נ)
zuchten (ww)	lehe'anaχ	לְהֵאָנַח
huiveren (ww)	lir'od	לִרְעֹד
gebaar (het)	meχva	מֶחֱוָה (נ)
aanraken (ww)	la'ga'at be…	לָגַעַת בְּ…
grijpen (ww)	litfos	לִתְפֹּס
een schouderklopje geven	lit'poaχ	לִטְפֹּחַ

Kijk uit!	zehirut!	זְהִירוּת!
Echt?	be'emet?	בֶּאֱמֶת?
Bent je er zeker van?	ata ba'tuaχ?	אַתָּה בָּטוּחַ?
Succes!	behatslaχa!	בְּהַצְלָחָה!
Juist, ja!	muvan!	מוּבָן!
Wat jammer!	χaval!	חֲבָל!

65. Overeenstemming. Weigering

instemming (het)	haskama	הַסְכָּמָה (נ)
instemmen (akkoord gaan)	lehaskim	לְהַסְכִּים
goedkeuring (de)	iʃur	אִישׁוּר (ז)
goedkeuren (ww)	le'aʃer	לְאַשֵׁר
weigering (de)	siruv	סֵירוּב (ז)

weigeren (ww)	lesarev	לְסָרֵב
Geweldig!	metsuyan!	מְצוּיָן!
Goed!	tov!	טוֹב!
Akkoord!	be'seder!	בְּסֵדָר!

verboden (bn)	asur	אָסוּר
het is verboden	asur	אָסוּר
het is onmogelijk	'bilti efʃari	בִּלְתִי אֶפְשָׁרִי
onjuist (bn)	ʃagui	שָׁגוּי

afwijzen (ww)	lidχot	לִדְחוֹת
steunen	litmoχ be...	לִתְמוֹךְ בְּ...
(een goed doel, enz.)		
aanvaarden (excuses ~)	lekabel	לְקַבֵּל

bevestigen (ww)	le'aʃer	לְאַשֵׁר
bevestiging (de)	iʃur	אִישׁוּר (ז)
toestemming (de)	reʃut	רְשׁוּת (נ)
toestaan (ww)	leharʃot	לְהַרְשׁוֹת
beslissing (de)	haχlata	הַחְלָטָה (נ)
z'n mond houden (ww)	liʃtok	לִשְׁתוֹק

voorwaarde (de)	tnai	תְנַאי (ז)
smoes (de)	teruts	תֵירוּץ (ז)
lof (de)	'ʃevaχ	שֶׁבַח (ז)
loven (ww)	leʃa'beaχ	לְשַׁבֵּחַ

66. Succes. Veel geluk. Mislukking

succes (het)	hatsala	הַצְלָחָה (נ)
succesvol (bw)	behatslaχa	בְּהַצְלָחָה
succesvol (bn)	mutslaχ	מוּצְלָח

geluk (het)	mazal	מַזָל (ז)
Succes!	behatslaχa!	בְּהַצְלָחָה!
geluks- (bn)	mutslaχ	מוּצְלָח
gelukkig (fortuinlijk)	bar mazal	בַּר מַזָל

mislukking (de)	kiʃalon	כִּישָׁלוֹן (ז)
tegenslag (de)	'χoser mazal	חוֹסֶר מַזָל (ז)
pech (de)	'χoser mazal	חוֹסֶר מַזָל (ז)
zonder succes (bn)	lo mutslaχ	לֹא מוּצְלָח
catastrofe (de)	ason	אָסוֹן (ז)

fierheid (de)	ga'ava	גַאֲוָה (נ)
fier (bn)	ge'e	גֵאָה
fier zijn (ww)	lehitga'ot	לְהִתְגָאוֹת

winnaar (de)	zoχe	זוֹכֶה (ז)
winnen (ww)	lena'tseaχ	לְנַצֵחַ
verliezen (ww)	lehafsid	לְהַפְסִיד
poging (de)	nisayon	נִיסָיוֹן (ז)
pogen, proberen (ww)	lenasot	לְנַסוֹת
kans (de)	hizdamnut	הִזְדַמְנוּת (נ)

67. Ruzies. Negatieve emoties

schreeuw (de)	tse'aka	צְעָקָה (נ)
schreeuwen (ww)	lits'ok	לִצְעוֹק
beginnen te schreeuwen	lehatχil lits'ok	לְהַתְחִיל לִצְעוֹק
ruzie (de)	riv	רִיב (ז)
ruzie hebben (ww)	lariv	לָרִיב
schandaal (het)	riv	רִיב (ז)
schandaal maken (ww)	lariv	לָרִיב
conflict (het)	siχsuχ	סִכְסוּך (ז)
misverstand (het)	i havana	אִי הֲבָנָה (נ)
belediging (de)	elbon	עֶלְבּוֹן (ז)
beledigen (met scheldwoorden)	leha'aliv	לְהַעֲלִיב
beledigd (bn)	ne'elav	נֶעֱלָב
krenking (de)	tina	טִינָה (נ)
krenken (beledigen)	lif'go'a	לִפְגּוֹעַ
gekwetst worden (ww)	lehipaga	לְהִיפָּגַע
verontwaardiging (de)	hitmarmerut	הִתְמַרְמְרוּת (נ)
verontwaardigd zijn (ww)	lehitra'em	לְהִתְרַעֵם
klacht (de)	tluna	תְּלוּנָה (נ)
klagen (ww)	lehitlonen	לְהִתְלוֹנֵן
verontschuldiging (de)	hitnatslut	הִתְנַצְּלוּת (נ)
zich verontschuldigen	lehitnatsel	לְהִתְנַצֵּל
excuus vragen	levakeʃ sliχa	לְבַקֵּשׁ סְלִיחָה
kritiek (de)	bi'koret	בִּיקּוֹרֶת (נ)
bekritiseren (ww)	levaker	לְבַקֵּר
beschuldiging (de)	ha'aʃama	הַאֲשָׁמָה (נ)
beschuldigen (ww)	leha'aʃim	לְהַאֲשִׁים
wraak (de)	nekama	נְקָמָה (נ)
wreken (ww)	linkom	לִנְקוֹם
wraak nemen (ww)	lehaχzir	לְהַחֲזִיר
minachting (de)	zilzul	זִלְזוּל (ז)
minachten (ww)	lezalzel be...	לְזַלְזֵל בְּ...
haat (de)	sin'a	שִׂנְאָה (נ)
haten (ww)	lisno	לִשְׂנוֹא
zenuwachtig (bn)	atsbani	עַצְבָּנִי
zenuwachtig zijn (ww)	lihyot atsbani	לִהְיוֹת עַצְבָּנִי
boos (bn)	ka'us	כָּעוּס
boos maken (ww)	lehargiz	לְהַרְגִּיז
vernedering (de)	haʃpala	הַשְׁפָּלָה (נ)
vernederen (ww)	lehaʃpil	לְהַשְׁפִּיל
zich vernederen (ww)	lehaʃpil et atsmo	לְהַשְׁפִּיל אֶת עַצְמוֹ
schok (de)	'helem	הֶלֶם (ז)
schokken (ww)	leza'a'ze'a	לְזַעֲזֵעַ

onaangenaamheid (de)	tsara	צָרָה (נ)
onaangenaam (bn)	lo na'im	לֹא נָעִים

vrees (de)	'paχad	פַּחַד (ז)
vreselijk (bijv. ~ onweer)	nora	נוֹרָא
eng (bn)	mafχid	מַפְחִיד
gruwel (de)	zva'a	זְוָעָה (נ)
vreselijk (~ nieuws)	ayom	אָיוֹם

beginnen te beven	lehera'ed	לְהֵירָעֵד
huilen (wenen)	livkot	לִבְכּוֹת
beginnen te huilen (wenen)	lehatχil livkot	לְהַתְחִיל לִבְכּוֹת
traan (de)	dim'a	דִּמְעָה (נ)

schuld (~ geven aan)	aʃma	אַשְׁמָה (נ)
schuldgevoel (het)	rigʃei aʃam	רִגְשֵׁי אָשָׁם (ז"ר)
schande (de)	χerpa	חֶרְפָּה (נ)
protest (het)	meχa'a	מְחָאָה (נ)
stress (de)	'laχats	לַחַץ (ז)

storen (lastigvallen)	lehaf'ri'a	לְהַפְרִיעַ
kwaad zijn (ww)	liχ'os	לִכְעוֹס
kwaad (bn)	zo'em	זוֹעֵם
beëindigen (een relatie ~)	lesayem	לְסַיֵּים
vloeken (ww)	lekalel	לְקַלֵּל

schrikken (schrik krijgen)	lehibahel	לְהִיבָּהֵל
slaan (iemand ~)	lehakot	לְהַכּוֹת
vechten (ww)	lehitkotet	לְהִתְקוֹטֵט

regelen (conflict)	lehasdir	לְהַסְדִּיר
ontevreden (bn)	lo merutse	לֹא מְרוּצֶה
woedend (bn)	metoraf	מְטוֹרָף

Dat is niet goed!	ze lo tov!	זֶה לֹא טוֹב!
Dat is slecht!	ze ra!	זֶה רַע!

Geneeskunde

68. Ziekten

ziekte (de)	maxala	מַחֲלָה (נ)
ziek zijn (ww)	lihyot xole	לִהְיוֹת חוֹלֶה
gezondheid (de)	bri'ut	בְּרִיאוּת (נ)
snotneus (de)	na'zelet	נַזֶלֶת (נ)
angina (de)	da'leket ʃkedim	דַלֶקֶת שְקֵדִים (נ)
verkoudheid (de)	hitstanenut	הִצְטַנְנוּת (נ)
verkouden raken (ww)	lehitstanen	לְהִצְטַנֵן
bronchitis (de)	bron'xitis	בְּרוֹנְכִיטִיס (ז)
longontsteking (de)	da'leket re'ot	דַלֶקֶת רֵיאוֹת (נ)
griep (de)	ʃa'pa'at	שַפַּעַת (נ)
bijziend (bn)	ktsar re'iya	קְצַר רְאִיָה
verziend (bn)	rexok re'iya	רְחוֹק־רְאִיָה
scheelheid (de)	pzila	פְּזִילָה (נ)
scheel (bn)	pozel	פּוֹזֵל
grauwe staar (de)	katarakt	קָטָרַקְט (ז)
glaucoom (het)	gla'u'koma	גְלָאוּקוֹמָה (נ)
beroerte (de)	ʃavats moxi	שָבָץ מוֹחִי (ז)
hartinfarct (het)	hetkef lev	הֶתְקֵף לֵב (ז)
myocardiaal infarct (het)	'otem ʃrir halev	אוֹטֶם שְרִיר הַלֵב (ז)
verlamming (de)	ʃituk	שִיתוּק (ז)
verlammen (ww)	leʃatek	לְשַתֵק
allergie (de)	a'lergya	אַלֶרְגְיָה (נ)
astma (de/het)	'astma, ka'tseret	אַסְתְמָה, קַצֶרֶת (נ)
diabetes (de)	su'keret	סוּכֶּרֶת (נ)
tandpijn (de)	ke'ev ʃi'nayim	כְּאֵב שִינַיִים (ז)
tandbederf (het)	a'ʃeʃet	עַשֶשֶת (נ)
diarree (de)	ʃilʃul	שִלְשוּל (ז)
constipatie (de)	atsirut	עֲצִירוּת (נ)
maagstoornis (de)	kilkul keiva	קִלְקוּל קֵיבָה (ז)
voedselvergiftiging (de)	har'alat mazon	הַרְעָלַת מָזוֹן (נ)
voedselvergiftiging oplopen	laxatof har'alat mazon	לַחְטוֹף הַרְעָלַת מָזוֹן
artritis (de)	da'leket mifrakim	דַלֶקֶת מִפְרָקִים (נ)
rachitis (de)	ra'kexet	רַכֶּכֶת (נ)
reuma (het)	ʃigaron	שִיגָרוֹן (ז)
arteriosclerose (de)	ar'teryo skle'rosis	אַרְטֶרְיוֹ־סְקְלֶרוֹסִיס (ז)
gastritis (de)	da'leket keiva	דַלֶקֶת קֵיבָה (נ)
blindedarmontsteking (de)	da'leket toseftan	דַלֶקֶת תוֹסֶפְתָן (נ)

| galblaasontsteking (de) | da'leket kis hamara | דַּלֶּקֶת כִּיס הַמָּרָה (נ) |
| zweer (de) | 'ulkus, kiv | אוּלְקוּס, כִּיב (ז) |

mazelen (mv.)	xa'tsevet	חַצֶּבֶת (נ)
rodehond (de)	a'demet	אֲדֶמֶת (נ)
geelzucht (de)	tsa'hevet	צַהֶבֶת (נ)
leverontsteking (de)	da'leket kaved	דַּלֶּקֶת כָּבֵד (נ)

schizofrenie (de)	sxizo'frenya	סְכִיזוֹפְרֶנְיָה (נ)
dolheid (de)	ka'levet	כַּלֶּבֶת (נ)
neurose (de)	noi'roza	נוֹירוֹזָה (נ)
hersenschudding (de)	za'a'zu'a 'moax	זַעֲזוּעַ מוֹחַ (ז)

kanker (de)	sartan	סַרְטָן (ז)
sclerose (de)	ta'reʃet	טָרֶשֶׁת (נ)
multiple sclerose (de)	ta'reʃet nefotsa	טָרֶשֶׁת נְפוֹצָה (נ)

alcoholisme (het)	alkoholizm	אַלְכּוֹהוֹלִיזְם (ז)
alcoholicus (de)	alkoholist	אַלְכּוֹהוֹלִיסְט (ז)
syfilis (de)	a'gevet	עַגֶּבֶת (נ)
AIDS (de)	eids	אֵיידְס (ז)

tumor (de)	gidul	גִּידוּל (ז)
kwaadaardig (bn)	mam'ir	מַמְאִיר
goedaardig (bn)	ʃapir	שַׁפִּיר

koorts (de)	ka'daxat	קַדַּחַת (נ)
malaria (de)	ma'larya	מָלַרְיָה (נ)
gangreen (het)	gan'grena	גַּנְגְּרֶנָה (נ)
zeeziekte (de)	maxalat yam	מַחֲלַת יָם (נ)
epilepsie (de)	maxalat hanefila	מַחֲלַת הַנְּפִילָה (נ)

epidemie (de)	magefa	מַגֵּיפָה (נ)
tyfus (de)	'tifus	טִיפוּס (ז)
tuberculose (de)	ʃa'xefet	שַׁחֶפֶת (נ)
cholera (de)	ko'lera	כּוֹלֵרָה (נ)
pest (de)	davar	דֶּבֶר (ז)

69. Symptomen. Behandelingen. Deel 1

symptoom (het)	simptom	סִימְפְּטוֹם (ז)
temperatuur (de)	xom	חוֹם (ז)
verhoogde temperatuur (de)	xom ga'voha	חוֹם גָּבוֹהַ (ז)
polsslag (de)	'dofek	דּוֹפֶק (ז)

duizeling (de)	sxar'xoret	סְחַרְחוֹרֶת (נ)
heet (erg warm)	xam	חַם
koude rillingen (mv.)	tsmar'moret	צְמַרְמוֹרֶת (נ)
bleek (bn)	xiver	חִיוֵּר

hoest (de)	ʃi'ul	שִׁיעוּל (ז)
hoesten (ww)	lehiʃta'el	לְהִשְׁתַּעֵל
niezen (ww)	lehit'ateʃ	לְהִתְעַטֵּשׁ
flauwte (de)	ilafon	עִילָפוֹן (ז)

flauwvallen (ww)	lehit'alef	לְהִתְעַלֵּף
blauwe plek (de)	χabura	חַבּוּרָה (נ)
buil (de)	blita	בְּלִיטָה (נ)
zich stoten (ww)	lekabel maka	לְקַבֵּל מַכָּה
kneuzing (de)	maka	מַכָּה (נ)
kneuzen (gekneusd zijn)	lekabel maka	לְקַבֵּל מַכָּה

hinken (ww)	lits'lo'a	לִצְלוֹעַ
verstuiking (de)	'neka	נֶקַע (ז)
verstuiken (enkel, enz.)	lin'ko'a	לִנְקוֹעַ
breuk (de)	'ʃever	שֶׁבֶר (ז)
een breuk oplopen	liʃbor	לִשְׁבּוֹר

snijwond (de)	χataχ	חָתָךְ (ז)
zich snijden (ww)	lehiχateχ	לְהֵיחָתֵךְ
bloeding (de)	dimum	דִּימוּם (ז)

| brandwond (de) | kviya | כְּוִויָּה (נ) |
| zich branden (ww) | laχatof kviya | לַחֲטוֹף כְּוִויָּה |

prikken (ww)	lidkor	לִדְקוֹר
zich prikken (ww)	lehidaker	לְהִידָּקֵר
blesseren (ww)	lif'tso'a	לִפְצוֹעַ
blessure (letsel)	ptsi'a	פְּצִיעָה (נ)
wond (de)	'petsa	פֶּצַע (ז)
trauma (het)	'tra'uma	טְרָאוּמָה (נ)

IJlen (ww)	lahazot	לַהֲזוֹת
stotteren (ww)	legamgem	לְגַמְגֵּם
zonnesteek (de)	makat 'ʃemeʃ	מַכַּת שֶׁמֶשׁ (נ)

70. Symptomen. Behandelingen. Deel 2

| pijn (de) | ke'ev | כְּאֵב (ז) |
| splinter (de) | kots | קוֹץ (ז) |

zweet (het)	ze'a	זֵיעָה (נ)
zweten (ww)	leha'zi'a	לְהַזִּיעַ
braking (de)	haka'a	הֲקָאָה (נ)
stuiptrekkingen (mv.)	pirkusim	פִּירְכּוּסִים (ז״ר)

zwanger (bn)	hara	הָרָה
geboren worden (ww)	lehivaled	לְהִיוָּלֵד
geboorte (de)	leda	לֵידָה (נ)
baren (ww)	la'ledet	לָלֶדֶת
abortus (de)	hapala	הַפָּלָה (נ)

ademhaling (de)	neʃima	נְשִׁימָה (נ)
inademing (de)	ʃe'ifa	שְׁאִיפָה (נ)
uitademing (de)	neʃifa	נְשִׁיפָה (נ)
uitademen (ww)	linʃof	לִנְשׁוֹף
inademen (ww)	liʃof	לִשְׁאוֹף
invalide (de)	naχe	נָכֶה (ז)
gehandicapte (de)	naχe	נָכֶה (ז)

drugsverslaafde (de)	narkoman	נַרקוֹמָן (ז)
doof (bn)	χereʃ	חֵירֵשׁ
stom (bn)	ilem	אִילֵם
doofstom (bn)	χereʃ-ilem	חֵירֵשׁ־אִילֵם

krankzinnig (bn)	meʃuga	מְשׁוּגָּע
krankzinnige (man)	meʃuga	מְשׁוּגָּע (ז)
krankzinnige (vrouw)	meʃu'ga'at	מְשׁוּגַּעַת (נ)
krankzinnig worden	lehiʃta'ge'a	לְהִשְׁתַּגֵּעַ

gen (het)	gen	גֵּן (ז)
immuniteit (de)	χasinut	חֲסִינוּת (נ)
erfelijk (bn)	toraʃti	תּוֹרַשְׁתִּי
aangeboren (bn)	mulad	מוּלָד

virus (het)	'virus	וִירוּס (ז)
microbe (de)	χaidak	חַיְדָּק (ז)
bacterie (de)	bak'terya	בַּקְטֶרְיָה (נ)
infectie (de)	zihum	זִיהוּם (ז)

71. Symptomen. Behandelingen. Deel 3

ziekenhuis (het)	beit χolim	בֵּית חוֹלִים (ז)
patiënt (de)	metupal	מְטוּפָּל (ז)

diagnose (de)	avχana	אַבְחָנָה (נ)
genezing (de)	ripui	רִיפּוּי (ז)
medische behandeling (de)	tipul refu'i	טִיפּוּל רְפוּאִי (ז)
onder behandeling zijn	lekabel tipul	לְקַבֵּל טִיפּוּל
behandelen (ww)	letapel be...	לְטַפֵּל בְּ...
zorgen (zieken ~)	letapel be...	לְטַפֵּל בְּ...
ziekenzorg (de)	tipul	טִיפּוּל (ז)

operatie (de)	ni'tuaχ	נִיתּוּחַ (ז)
verbinden (een arm ~)	laχboʃ	לַחְבּוֹשׁ
verband (het)	χaviʃa	חֲבִישָׁה (נ)

vaccin (het)	χisun	חִיסּוּן (ז)
inenten (vaccineren)	leχasen	לְחַסֵּן
injectie (de)	zrika	זְרִיקָה (נ)
een injectie geven	lehazrik	לְהַזְרִיק

aanval (de)	hetkef	הֶתְקֵף (ז)
amputatie (de)	kti'a	קְטִיעָה (נ)
amputeren (ww)	lik'to'a	לִקְטוֹעַ
coma (het)	tar'demet	תַּרְדֶּמֶת (נ)
in coma liggen	lihyot betar'demet	לִהְיוֹת בְּתַרְדֶּמֶת
intensieve zorg, ICU (de)	tipul nimrats	טִיפּוּל נִמְרָץ (ז)

zich herstellen (ww)	lehaχlim	לְהַחְלִים
toestand (de)	matsav	מַצָּב (ז)
bewustzijn (het)	hakara	הַכָּרָה (נ)
geheugen (het)	zikaron	זִיכָּרוֹן (ז)
trekken (een kies ~)	la'akor	לַעֲקוֹר

| vulling (de) | stima | סְתִימָה (נ) |
| vullen (ww) | la'asot stima | לַעֲשׂוֹת סְתִימָה |

| hypnose (de) | hip'noza | הִיפְּנוֹזָה (נ) |
| hypnotiseren (ww) | lehapnet | לְהַפְנֵט |

72. Artsen

dokter, arts (de)	rofe	רוֹפֵא (ז)
ziekenzuster (de)	aχot	אָחוֹת (נ)
lijfarts (de)	rofe iʃi	רוֹפֵא אִישִׁי (ז)

tandarts (de)	rofe ʃi'nayim	רוֹפֵא שִׁינַיִים (ז)
oogarts (de)	rofe ei'nayim	רוֹפֵא עֵינַיִים (ז)
therapeut (de)	rofe pnimi	רוֹפֵא פְּנִימִי (ז)
chirurg (de)	kirurg	כִּירוּרְג (ז)

psychiater (de)	psiχi''ater	פְּסִיכִיאָטֶר (ז)
pediater (de)	rofe yeladim	רוֹפֵא יְלָדִים (ז)
psycholoog (de)	psiχolog	פְּסִיכוֹלוֹג (ז)
gynaecoloog (de)	rofe naʃim	רוֹפֵא נָשִׁים (ז)
cardioloog (de)	kardyolog	קַרְדִיוֹלוֹג (ז)

73. Geneeskunde. Medicijnen. Accessoires

geneesmiddel (het)	trufa	תְּרוּפָה (נ)
middel (het)	trufa	תְּרוּפָה (נ)
voorschrijven (ww)	lirʃom	לִרְשׁוֹם
recept (het)	mirʃam	מִרְשָׁם (ז)

tablet (de/het)	kadur	כַּדוּר (ז)
zalf (de)	miʃχa	מִשְׁחָה (נ)
ampul (de)	'ampula	אַמְפּוּלָה (נ)
drank (de)	ta'a'rovet	תַעֲרוֹבֶת (נ)
siroop (de)	sirop	סִירוֹפּ (ז)
pil (de)	gluya	גְלוּיָה (נ)
poeder (de/het)	avka	אַבְקָה (נ)

verband (het)	taχ'boʃet 'gaza	תַחְבּוֹשֶׁת גָאזָה (ז)
watten (mv.)	'tsemer 'gefen	צֶמֶר גֶּפֶן (ז)
jodium (het)	yod	יוֹד (ז)

pleister (de)	'plaster	פְּלַסְטֶר (ז)
pipet (de)	taf'tefet	טַפְטֶפֶת (נ)
thermometer (de)	madχom	מַדְחוֹם (ז)
spuit (de)	mazrek	מַזְרֵק (ז)

| rolstoel (de) | kise galgalim | כִּיסֵא גַלְגַלִים (ז) |
| krukken (mv.) | ka'bayim | קַבַּיִים (ז"ר) |

| pijnstiller (de) | meʃakeχ ke'evim | מְשַׁכֵּךְ כְּאֵבִים (ז) |
| laxeermiddel (het) | trufa meʃal'ʃelet | תְּרוּפָה מְשַׁלְשֶׁלֶת (נ) |

spiritus (de)	'kohal	כֹּהַל (ז)
medicinale kruiden (mv.)	isvei marpe	עִשְׂבֵי מַרְפֵּא (ז"ר)
kruiden- (abn)	ʃel asavim	שֶׁל עֲשָׂבִים

74. Roken. Tabaksproducten

tabak (de)	'tabak	טַבָּק (ז)
sigaret (de)	si'garya	סִיגַרְיָה (נ)
sigaar (de)	sigar	סִיגָר (ז)
pijp (de)	mik'teret	מִקְטֶרֶת (נ)
pakje (~ sigaretten)	χafisa	חֲפִיסָה (נ)

lucifers (mv.)	gafrurim	גַּפְרוּרִים (ז"ר)
luciferdoosje (het)	kufsat gafrurim	קוּפְסַת גַּפְרוּרִים (נ)
aansteker (de)	matsit	מַצִּית (ז)
asbak (de)	ma'afera	מַאֲפֵרָה (נ)
sigarettendoosje (het)	nartik lesi'garyot	נַרְתִּיק לְסִיגַרְיוֹת (ז)

| sigarettenpijpje (het) | piya | פִּיָּה (נ) |
| filter (de/het) | 'filter | פִילְטֶר (ז) |

roken (ww)	le'aʃen	לְעַשֵּׁן
een sigaret opsteken	lehadlik si'garya	לְהַדְלִיק סִיגַרְיָה
roken (het)	iʃun	עִישׁוּן (ז)
roker (de)	me'aʃen	מְעַשֵּׁן (ז)

peuk (de)	bdal si'garya	בְּדַל סִיגַרְיָה (ז)
rook (de)	aʃan	עָשָׁן (ז)
as (de)	'efer	אֵפֶר (ז)

HET MENSELIJKE LEEFGEBIED

Stad

75. Stad. Het leven in de stad

stad (de)	ir	עִיר (נ)
hoofdstad (de)	ir bira	עִיר בִּירָה (נ)
dorp (het)	kfar	כְּפָר (ז)
plattegrond (de)	mapat ha'ir	מַפַּת הָעִיר (נ)
centrum (ov. een stad)	merkaz ha'ir	מֶרְכַּז הָעִיר (ז)
voorstad (de)	parvar	פַּרְווָר (ז)
voorstads- (abn)	parvari	פַּרְווָרִי
randgemeente (de)	parvar	פַּרְווָר (ז)
omgeving (de)	svivot	סְבִיבוֹת (נ"ר)
blok (huizenblok)	ʃχuna	שְׁכוּנָה (נ)
woonwijk (de)	ʃχunat megurim	שְׁכוּנַת מְגוּרִים (נ)
verkeer (het)	tnu'a	תְּנוּעָה (נ)
verkeerslicht (het)	ramzor	רַמְזוֹר (ז)
openbaar vervoer (het)	taχbura tsiburit	תַּחְבּוּרָה צִיבּוּרִית (נ)
kruispunt (het)	'tsomet	צוֹמֶת (ז)
zebrapad (oversteekplaats)	ma'avar χatsaya	מַעֲבַר חֲצָיָה (ז)
onderdoorgang (de)	ma'avar tat karka'i	מַעֲבָר תַּת־קַרְקָעִי (ז)
oversteken (de straat ~)	laχatsot	לַחֲצוֹת
voetganger (de)	holeχ 'regel	הוֹלֵךְ רֶגֶל (ז)
trottoir (het)	midraχa	מִדְרָכָה (נ)
brug (de)	'geʃer	גֶּשֶׁר (ז)
dijk (de)	ta'yelet	טַיֶּלֶת (נ)
fontein (de)	mizraka	מִזְרָקָה (נ)
allee (de)	sdera	שְׂדֵרָה (נ)
park (het)	park	פָּארְק (ז)
boulevard (de)	sdera	שְׂדֵרָה (נ)
plein (het)	kikar	כִּיכָּר (נ)
laan (de)	reχov raʃi	רְחוֹב רָאשִׁי (ז)
straat (de)	reχov	רְחוֹב (ז)
zijstraat (de)	simta	סִמְטָה (נ)
doodlopende straat (de)	mavoi satum	מָבוֹי סָתוּם (ז)
huis (het)	'bayit	בַּיִת (ז)
gebouw (het)	binyan	בִּנְיָן (ז)
wolkenkrabber (de)	gored ʃχakim	גּוֹרֵד שְׁחָקִים (ז)
gevel (de)	χazit	חֲזִית (נ)
dak (het)	gag	גַּג (ז)

venster (het)	χalon	חַלּוֹן (ז)
boog (de)	'keʃet	קֶשֶׁת (נ)
pilaar (de)	amud	עַמּוּד (ז)
hoek (ov. een gebouw)	pina	פִּינָה (נ)

vitrine (de)	χalon ra'ava	חַלּוֹן רַאֲוָה (ז)
gevelreclame (de)	'ʃelet	שֶׁלֶט (ז)
affiche (de/het)	kraza	כְּרָזָה (נ)
reclameposter (de)	'poster	פּוֹסְטֶר (ז)
aanplakbord (het)	'luaχ pirsum	לוּחַ פִּרְסוּם (ז)

vuilnis (de/het)	'zevel	זֶבֶל (ז)
vuilnisbak (de)	paχ aʃpa	פַּח אַשְׁפָּה (ז)
afval weggooien (ww)	lelaχleχ	לְלַכְלֵךְ
stortplaats (de)	mizbala	מִזְבָּלָה (נ)

telefooncel (de)	ta 'telefon	תָּא טֶלֶפוֹן (ז)
straatlicht (het)	amud panas	עַמּוּד פָּנָס (ז)
bank (de)	safsal	סַפְסָל (ז)

politieagent (de)	ʃoter	שׁוֹטֵר (ז)
politie (de)	miʃtara	מִשְׁטָרָה (נ)
zwerver (de)	kabtsan	קַבְּצָן (ז)
dakloze (de)	χasar 'bayit	חֲסַר בַּיִת (ז)

76. Stedelijke instellingen

winkel (de)	χanut	חָנוּת (נ)
apotheek (de)	beit mir'kaχat	בֵּית מִרְקַחַת (ז)
optiek (de)	χanut miʃka'fayim	חָנוּת מִשְׁקָפַיִים (נ)
winkelcentrum (het)	kanyon	קַנְיוֹן (ז)
supermarkt (de)	super'market	סוּפֶּרְמַרְקֶט (ז)

bakkerij (de)	ma'afiya	מַאֲפִיָּה (נ)
bakker (de)	ofe	אוֹפֶה (ז)
banketbakkerij (de)	χanut mamtakim	חָנוּת מַמְתַּקִּים (נ)
kruidenier (de)	ma'kolet	מַכּוֹלֶת (נ)
slagerij (de)	itliz	אִטְלִיז (ז)

| groentewinkel (de) | χanut perot viyerakot | חָנוּת פֵּירוֹת וִירָקוֹת (נ) |
| markt (de) | ʃuk | שׁוּק (ז) |

koffiehuis (het)	beit kafe	בֵּית קָפֶה (ז)
restaurant (het)	mis'ada	מִסְעָדָה (נ)
bar (de)	pab	פָּאבּ (ז)
pizzeria (de)	pi'tseriya	פִּיצֵרִייָה (נ)

kapperssalon (de/het)	mispara	מִסְפָּרָה (נ)
postkantoor (het)	'do'ar	דּוֹאַר (ז)
stomerij (de)	nikui yaveʃ	נִיקּוּי יָבֵשׁ (ז)
fotostudio (de)	'studyo letsilum	סְטוּדִיוֹ לְצִילוּם (ז)

| schoenwinkel (de) | χanut na'a'layim | חָנוּת נַעֲלַיִים (נ) |
| boekhandel (de) | χanut sfarim | חָנוּת סְפָרִים (נ) |

sportwinkel (de)	χanut sport	חֲנוּת סְפּוֹרְט (נ)
kledingreparatie (de)	χanut tikun bgadim	חֲנוּת תִּיקוּן בְּגָדִים (נ)
kledingverhuur (de)	χanut haskarat bgadim	חֲנוּת הַשְׂכָּרַת בְּגָדִים (נ)
videotheek (de)	χanut haʃalat sratim	חֲנוּת הַשְׁאָלַת סְרָטִים (נ)

circus (de/het)	kirkas	קִרְקָס (ז)
dierentuin (de)	gan hayot	גַּן חַיּוֹת (ז)
bioscoop (de)	kol'no'a	קוֹלְנוֹעַ (ז)
museum (het)	muze'on	מוּזֵיאוֹן (ז)
bibliotheek (de)	sifriya	סִפְרִיָּה (נ)

theater (het)	te'atron	תֵּיאַטְרוֹן (ז)
opera (de)	beit 'opera	בֵּית אוֹפֵּרָה (ז)
nachtclub (de)	mo'adon 'laila	מוֹעֲדוֹן לַיְלָה (ז)
casino (het)	ka'zino	קָזִינוֹ (ז)

moskee (de)	misgad	מִסְגָּד (ז)
synagoge (de)	beit 'kneset	בֵּית כְּנֶסֶת (ז)
kathedraal (de)	kated'rala	קָתֶדְרָלָה (נ)
tempel (de)	mikdaʃ	מִקְדָּשׁ (ז)
kerk (de)	knesiya	כְּנֵסִיָּה (נ)

instituut (het)	miχlala	מִכְלָלָה (נ)
universiteit (de)	uni'versita	אוּנִיבֶרְסִיטָה (נ)
school (de)	beit 'sefer	בֵּית סֵפֶר (ז)

gemeentehuis (het)	maχoz	מָחוֹז (ז)
stadhuis (het)	iriya	עִירִיָּה (נ)
hotel (het)	beit malon	בֵּית מָלוֹן (ז)
bank (de)	bank	בַּנְק (ז)

ambassade (de)	ʃagrirut	שַׁגְרִירוּת (נ)
reisbureau (het)	soχnut nesi'ot	סוֹכְנוּת נְסִיעוֹת (נ)
informatieloket (het)	modi'in	מוֹדִיעִין (ז)
wisselkantoor (het)	misrad hamarat mat'be'a	מִשְׂרַד הֲמָרַת מַטְבֵּעַ (ז)

metro (de)	ra'kevet taχtit	רַכֶּבֶת תַּחְתִּית (נ)
ziekenhuis (het)	beit χolim	בֵּית חוֹלִים (ז)

benzinestation (het)	taχanat 'delek	תַּחֲנַת דֶּלֶק (נ)
parking (de)	migraʃ χanaya	מִגְרַשׁ חֲנָיָה (ז)

77. Stedelijk vervoer

bus, autobus (de)	'otobus	אוֹטוֹבּוּס (ז)
tram (de)	ra'kevet kala	רַכֶּבֶת קַלָּה (נ)
trolleybus (de)	tro'leibus	טְרוֹלֵיבּוּס (ז)
route (de)	maslul	מַסְלוּל (ז)
nummer (busnummer, enz.)	mispar	מִסְפָּר (ז)

rijden met …	lin'so'a be…	לִנְסוֹעַ בְּ...
stappen (in de bus ~)	la'alot	לַעֲלוֹת
afstappen (ww)	la'redet mi…	לָרֶדֶת מ...
halte (de)	taχana	תַּחֲנָה (נ)

volgende halte (de)	hataχana haba'a	הַתַחֲנָה הַבָּאָה (נ)
eindpunt (het)	hataχana ha'aχrona	הַתַחֲנָה הָאַחֲרוֹנָה (נ)
dienstregeling (de)	'luaχ zmanim	לוּחַ זְמַנִים (ז)
wachten (ww)	lehamtin	לְהַמְתִין

kaartje (het)	kartis	כַּרְטִיס (ז)
reiskosten (de)	meχir hanesiya	מְחִיר הַנְסִיעָה (ז)

kassier (de)	kupai	קוּפַּאי (ז)
kaartcontrole (de)	bi'koret kartisim	בִּיקוֹרֶת כַּרְטִיסִים (נ)
controleur (de)	mevaker	מְבַקֵר (ז)

te laat zijn (ww)	le'aχer	לְאַחֵר
missen (de bus ~)	lefasfes	לְפַסְפֵס
zich haasten (ww)	lemaher	לְמַהֵר

taxi (de)	monit	מוֹנִית (נ)
taxichauffeur (de)	nahag monit	נַהַג מוֹנִית (ז)
met de taxi (bw)	bemonit	בְּמוֹנִית
taxistandplaats (de)	taχanat moniyot	תַחֲנַת מוֹנִיוֹת (נ)
een taxi bestellen	lehazmin monit	לְהַזְמִין מוֹנִית
een taxi nemen	la'kaχat monit	לָקַחַת מוֹנִית

verkeer (het)	tnu'a	תְנוּעָה (נ)
file (de)	pkak	פְּקָק (ז)
spitsuur (het)	ʃa'ot 'omes	שְעוֹת עוֹמֶס (נ"ר)
parkeren (on.ww.)	laχanot	לַחֲנוֹת
parkeren (ov.ww.)	lehaχnot	לְהַחֲנוֹת
parking (de)	χanaya	חֲנָיָה (נ)

metro (de)	ra'kevet taχtit	רַכֶּבֶת תַחְתִית (נ)
halte (bijv. kleine treinhalte)	taχana	תַחֲנָה (נ)
de metro nemen	lin'so'a betaχtit	לִנְסוֹעַ בְּתַחְתִית
trein (de)	ra'kevet	רַכֶּבֶת (נ)
station (treinstation)	taχanat ra'kevet	תַחֲנַת רַכֶּבֶת (נ)

78. Bezienswaardigheden

monument (het)	an'darta	אַנְדַרְטָה (נ)
vesting (de)	mivtsar	מִבְצָר (ז)
paleis (het)	armon	אַרְמוֹן (ז)
kasteel (het)	tira	טִירָה (נ)
toren (de)	migdal	מִגְדָל (ז)
mausoleum (het)	ma'uzo'le'um	מָאוּזוֹלֵיאוּם (ז)

architectuur (de)	adriχalut	אַדְרִיכָלוּת (נ)
middeleeuws (bn)	benaimi	בֵּינַיימִי
oud (bn)	atik	עַתִיק
nationaal (bn)	le'umi	לְאוּמִי
bekend (bn)	mefursam	מְפוּרְסָם

toerist (de)	tayar	תַיָיר (ז)
gids (de)	madriχ tiyulim	מַדְרִיך טִיוּלִים (ז)
rondleiding (de)	tiyul	טִיוּל (ז)

| tonen (ww) | lehar'ot | לְהַרְאוֹת |
| vertellen (ww) | lesaper | לְסַפֵּר |

vinden (ww)	limtso	לִמְצוֹא
verdwalen (de weg kwijt zijn)	la'leχet le'ibud	לָלֶכֶת לְאִיבּוּד
plattegrond (~ van de metro)	mapa	מַפָּה (נ)
plattegrond (~ van de stad)	tarʃim	תַרְשִׁים (ז)

souvenir (het)	maz'keret	מַזְכֶּרֶת (נ)
souvenirwinkel (de)	χanut matanot	חֲנוּת מַתָּנוֹת (נ)
een foto maken (ww)	letsalem	לְצַלֵם
zich laten fotograferen	lehitstalem	לְהִצְטַלֵם

79. Winkelen

kopen (ww)	liknot	לִקְנוֹת
aankoop (de)	kniya	קְנִיָּה (נ)
winkelen (ww)	la'leχet lekniyot	לָלֶכֶת לִקְנִיּוֹת
winkelen (het)	ariχat kniyot	עֲרִיכַת קְנִיּוֹת (נ)

| open zijn (ov. een winkel, enz.) | pa'tuaχ | פָּתוּחַ |
| gesloten zijn (ww) | sagur | סָגוּר |

schoeisel (het)	na'a'layim	נַעֲלַיִם (נ"ר)
kleren (mv.)	bgadim	בְּגָדִים (ז"ר)
cosmetica (de)	tamrukim	תַמְרוּקִים (ז"ר)
voedingswaren (mv.)	mutsrei mazon	מוּצְרֵי מָזוֹן (ז"ר)
geschenk (het)	matana	מַתָּנָה (נ)

| verkoper (de) | moχer | מוֹכֵר (ז) |
| verkoopster (de) | mo'χeret | מוֹכֶרֶת (נ) |

kassa (de)	kupa	קוּפָּה (נ)
spiegel (de)	mar'a	מַרְאָה (נ)
toonbank (de)	duχan	דוּכָן (ז)
paskamer (de)	'χeder halbaʃa	חֶדֶר הַלְבָּשָׁה (ז)

aanpassen (ww)	limdod	לִמְדוֹד
passen (ov. kleren)	lehat'im	לְהַתְאִים
bevallen (prettig vinden)	limtso χen be'ei'nayim	לִמְצוֹא חֵן בְּעֵינַיִם

prijs (de)	meχir	מְחִיר (ז)
prijskaartje (het)	tag meχir	תַג מְחִיר (ז)
kosten (ww)	la'alot	לַעֲלוֹת
Hoeveel?	'kama?	כַּמָה?
korting (de)	hanaχa	הֲנָחָה (נ)

niet duur (bn)	lo yakar	לֹא יָקָר
goedkoop (bn)	zol	זוֹל
duur (bn)	yakar	יָקָר
Dat is duur.	ze yakar	זֶה יָקָר
verhuur (de)	haskara	הַשְׂכָּרָה (נ)
huren (smoking, enz.)	liskor	לִשְׂכּוֹר

krediet (het)   aʃrai   אַשְׁרַאי (ז)
op krediet (bw)   be'aʃrai   בְּאַשְׁרַאי

80. Geld

geld (het)	'kesef	כֶּסֶף (ז)
ruil (de)	hamara	הַמָרָה (נ)
koers (de)	'ʃa'ar χalifin	שַׁעַר חֲלִיפִין (ז)
geldautomaat (de)	kaspomat	כַּספּוֹמָט (ז)
muntstuk (de)	mat'be'a	מַטְבֵּעַ (ז)

| dollar (de) | 'dolar | דּוֹלָר (ז) |
| euro (de) | 'eiro | אֵירוֹ (ז) |

lire (de)	'lira	לִירָה (נ)
Duitse mark (de)	mark germani	מַרק גֶּרְמָנִי (ז)
frank (de)	frank	פְרַנק (ז)
pond sterling (het)	'lira 'sterling	לִירָה שְׁטֶרְלִינג (נ)
yen (de)	yen	יֶן (ז)

schuld (geldbedrag)	χov	חוֹב (ז)
schuldenaar (de)	'ba'al χov	בַּעַל חוֹב (ז)
uitlenen (ww)	lehalvot	לְהַלווֹת
lenen (geld ~)	lilvot	לִלווֹת

bank (de)	bank	בַּנק (ז)
bankrekening (de)	χeʃbon	חֶשׁבּוֹן (ז)
storten (ww)	lehafkid	לְהַפְקִיד
op rekening storten	lehafkid leχeʃbon	לְהַפְקִיד לְחֶשׁבּוֹן
opnemen (ww)	limʃoχ meχeʃbon	לִמְשׁוֹך מֵחֶשׁבּוֹן

kredietkaart (de)	kartis aʃrai	כַּרטִיס אַשְׁרַאי (ז)
baar geld (het)	mezuman	מְזוּמָן
cheque (de)	tʃek	צֶ׳ק (ז)
een cheque uitschrijven	liχtov tʃek	לִכְתוֹב צֶ׳ק
chequeboekje (het)	pinkas 'tʃekim	פִּנקָס צֶ׳קִים (ז)

portefeuille (de)	arnak	אַרנָק (ז)
geldbeugel (de)	arnak lematbe''ot	אַרנָק לְמַטְבְּעוֹת (ז)
safe (de)	ka'sefet	כַּסֶּפֶת (נ)

erfgenaam (de)	yoreʃ	יוֹרֵשׁ (ז)
erfenis (de)	yeruʃa	יְרוּשָׁה (נ)
fortuin (het)	'oʃer	עוֹשֶׁר (ז)

huur (de)	χoze sχirut	חוֹזֶה שׂכִירוּת (ז)
huurprijs (de)	sχar dira	שׂכַר דִּירָה (ז)
huren (huis, kamer)	liskor	לִשׂכּוֹר

prijs (de)	meχir	מְחִיר (ז)
kostprijs (de)	alut	עֲלוּת (נ)
som (de)	sχum	סְכוּם (ז)
uitgeven (geld besteden)	lehotsi	לְהוֹצִיא
kosten (mv.)	hotsa'ot	הוֹצָאוֹת (נ״ר)

bezuinigen (ww)	laχasoχ	לַחֲסוֹךְ
zuinig (bn)	χesχoni	חֶסְכוֹנִי
betalen (ww)	leʃalem	לְשַׁלֵם
betaling (de)	taʃlum	תַּשְׁלוּם (ז)
wisselgeld (het)	'odef	עוֹדֶף (ז)
belasting (de)	mas	מַס (ז)
boete (de)	knas	קְנָס (ז)
beboeten (bekeuren)	liknos	לִקְנוֹס

81. Post. Postkantoor

postkantoor (het)	'do'ar	דוֹאַר (ז)
post (de)	'do'ar	דוֹאַר (ז)
postbode (de)	davar	דַּוָּר (ז)
openingsuren (mv.)	ʃa'ot avoda	שְׁעוֹת עֲבוֹדָה (נ"ר)
brief (de)	miχtav	מִכְתָּב (ז)
aangetekende brief (de)	miχtav raʃum	מִכְתָּב רָשׁוּם (ז)
briefkaart (de)	gluya	גְּלוּיָה (נ)
telegram (het)	mivrak	מִבְרָק (ז)
postpakket (het)	χavila	חֲבִילָה (נ)
overschrijving (de)	ha'avarat ksafim	הַעֲבָרַת כְּסָפִים (נ)
ontvangen (ww)	lekabel	לְקַבֵּל
sturen (zenden)	liʃloaχ	לִשְׁלוֹחַ
verzending (de)	ʃliχa	שְׁלִיחָה (ז)
adres (het)	'ktovet	כְּתוֹבֶת (נ)
postcode (de)	mikud	מִיקוּד (ז)
verzender (de)	ʃo'leaχ	שׁוֹלֵחַ (ז)
ontvanger (de)	nim'an	נִמְעָן (ז)
naam (de)	ʃem prati	שֵׁם פְּרָטִי (ז)
achternaam (de)	ʃem miʃpaχa	שֵׁם מִשְׁפָּחָה (ז)
tarief (het)	ta'arif	תַּעֲרִיף (ז)
standaard (bn)	ragil	רָגִיל
zuinig (bn)	χesχoni	חֶסְכוֹנִי
gewicht (het)	miʃkal	מִשְׁקָל (ז)
afwegen (op de weegschaal)	liʃkol	לִשְׁקוֹל
envelop (de)	ma'atafa	מַעֲטָפָה (נ)
postzegel (de)	bul 'do'ar	בּוּל דּוֹאַר (ז)
een postzegel plakken op	lehadbik bul	לְהַדְבִּיק בּוּל

Woning. Huis. Thuis

82. Huis. Woning

huis (het)	'bayit	בַּיִת (ז)
thuis (bw)	ba'bayit	בַּבַּיִת
cour (de)	χatser	חָצֵר (נ)
omheining (de)	gader	גָּדֵר (נ)

baksteen (de)	levena	לְבֵנָה (נ)
van bakstenen	milevenim	מִלְבֵנִים
steen (de)	'even	אֶבֶן (נ)
stenen (bn)	me''even	מֵאֶבֶן
beton (het)	beton	בָּטוֹן (ז)
van beton	mibeton	מִבָּטוֹן

nieuw (bn)	χadaʃ	חָדָשׁ
oud (bn)	yaʃan	יָשָׁן
vervallen (bn)	balui	בָּלוּי
modern (bn)	mo'derni	מוֹדֶרְנִי
met veel verdiepingen	rav komot	רַב־קוֹמוֹת
hoog (bn)	ga'voha	גָּבוֹהַ

verdieping (de)	'koma	קוֹמָה (נ)
met een verdieping	χad komati	חַד־קוֹמָתִי

laagste verdieping (de)	komat 'karka	קוֹמַת קַרְקַע (נ)
bovenverdieping (de)	hakoma ha'elyona	הַקּוֹמָה הָעֶלְיוֹנָה (נ)

dak (het)	gag	גַּג (ז)
schoorsteen (de)	aruba	אֲרוּבָּה (נ)

dakpan (de)	'ra'af	רַעַף (ז)
pannen- (abn)	mere'afim	מֵרְעָפִים
zolder (de)	aliyat gag	עֲלִיַּת גַּג (נ)

venster (het)	χalon	חַלּוֹן (ז)
glas (het)	zχuχit	זְכוּכִית (נ)

vensterbank (de)	'eden χalon	אֶדֶן חַלּוֹן (ז)
luiken (mv.)	trisim	תְּרִיסִים (ז"ר)

muur (de)	kir	קִיר (ז)
balkon (het)	mir'peset	מִרְפֶּסֶת (נ)
regenpijp (de)	marzev	מַרְזֵב (ז)

boven (bw)	le'mala	לְמַעְלָה
naar boven gaan (ww)	la'alot bemadregot	לַעֲלוֹת בְּמַדְרֵגוֹת
afdalen (on.ww.)	la'redet bemadregot	לָרֶדֶת בְּמַדְרֵגוֹת
verhuizen (ww)	la'avor	לַעֲבוֹר

83. Huis. Ingang. Lift

Nederlands	Transcriptie	עברית
ingang (de)	knisa	כְּנִיסָה (נ)
trap (de)	madregot	מַדְרֵגוֹת (נ"ר)
treden (mv.)	madregot	מַדְרֵגוֹת (נ"ר)
trapleuning (de)	ma'ake	מַעֲקֶה (ז)
hal (de)	'lobi	לוֹבִּי (ז)
postbus (de)	teivat 'do'ar	תֵּיבַת דּוֹאַר (נ)
vuilnisbak (de)	paχ 'zevel	פַּח זֶבֶל (ז)
vuilniskoker (de)	merik aʃpa	מֵרִיק אַשְׁפָּה (ז)
lift (de)	ma'alit	מַעֲלִית (נ)
goederenlift (de)	ma'alit masa	מַעֲלִית מַשָּׂא (נ)
liftcabine (de)	ta ma'alit	תָּא מַעֲלִית (ז)
de lift nemen	lin'so'a bema'alit	לִנְסוֹעַ בְּמַעֲלִית
appartement (het)	dira	דִּירָה (נ)
bewoners (mv.)	dayarim	דַּיָּרִים (ז"ר)
buurman (de)	ʃaχen	שָׁכֵן (ז)
buurvrouw (de)	ʃχena	שְׁכֵנָה (נ)
buren (mv.)	ʃχenim	שְׁכֵנִים (ז"ר)

84. Huis. Deuren. Sloten

Nederlands	Transcriptie	עברית
deur (de)	'delet	דֶּלֶת (נ)
toegangspoort (de)	'ʃa'ar	שַׁעַר (ז)
deurkruk (de)	yadit	יָדִית (נ)
ontsluiten (ontgrendelen)	lif'toaχ	לִפְתּוֹחַ
openen (ww)	lif'toaχ	לִפְתּוֹחַ
sluiten (ww)	lisgor	לִסְגּוֹר
sleutel (de)	maf'teaχ	מַפְתֵּחַ (ז)
sleutelbos (de)	tsror mafteχot	צְרוֹר מַפְתְּחוֹת (ז)
knarsen (bijv. scharnier)	laχarok	לַחֲרוֹק
knarsgeluid (het)	χarika	חֲרִיקָה (נ)
scharnier (het)	tsir	צִיר (ז)
deurmat (de)	ʃtiχon	שְׁטִיחוֹן (ז)
slot (het)	man'ul	מַנְעוּל (ז)
sleutelgat (het)	χor haman'ul	חוֹר הַמַּנְעוּל (ז)
grendel (de)	'briaχ	בְּרִיחַ (ז)
schuif (de)	'briaχ	בְּרִיחַ (ז)
hangslot (het)	man'ul	מַנְעוּל (ז)
aanbellen (ww)	letsaltsel	לְצַלְצֵל
bel (geluid)	tsiltsul	צִלְצוּל (ז)
deurbel (de)	pa'amon	פַּעֲמוֹן (ז)
belknop (de)	kaftor	כַּפְתּוֹר (ז)
geklop (het)	hakaʃa	הַקָּשָׁה (נ)
kloppen (ww)	lehakiʃ	לְהַקִּישׁ

code (de)	kod	קוֹד (ז)
cijferslot (het)	man'ul kod	מַנְעוּל קוֹד (ז)
parlofoon (de)	'interkom	אִינְטֶרְקוֹם (ז)
nummer (het)	mispar	מִסְפָּר (ז)
naambordje (het)	luχit	לוּחִית (נ)
deurspion (de)	einit	עֵינִית (נ)

85. Huis op het platteland

dorp (het)	kfar	כְּפָר (ז)
moestuin (de)	gan yarak	גַּן יָרָק (ז)
hek (het)	gader	גָּדֵר (נ)
houten hekwerk (het)	gader yetedot	גָּדֵר יְתֵדוֹת (נ)
tuinpoortje (het)	piʃpaʃ	פִּשְׁפָּשׁ (ז)

graanschuur (de)	asam	אָסָם (ז)
wortelkelder (de)	martef	מַרְתֵּף (ז)
schuur (de)	maχsan	מַחְסָן (ז)
waterput (de)	be'er	בְּאֵר (נ)

kachel (de)	aχ	אָח (נ)
de kachel stoken	lehasik et ha'aχ	לְהַסִּיק אֶת הָאָח
brandhout (het)	aʦei hasaka	עֲצֵי הַסָּקָה (ז״ר)
houtblok (het)	bul eʦ	בּוּל עֵץ (ז)

veranda (de)	mir'peset mekora	מִרְפֶּסֶת מְקוֹרָה (נ)
terras (het)	mir'peset	מִרְפֶּסֶת (נ)
bordes (het)	madregot ba'petaχ 'bayit	מַדְרֵגוֹת בַּפֶּתַח בַּיִת (נ״ר)
schommel (de)	nadneda	נַדְנֵדָה (נ)

86. Kasteel. Paleis

kasteel (het)	tira	טִירָה (נ)
paleis (het)	armon	אַרְמוֹן (ז)
vesting (de)	mivʦar	מִבְצָר (ז)

ringmuur (de)	χoma	חוֹמָה (נ)
toren (de)	migdal	מִגְדָּל (ז)
donjon (de)	migdal merkazi	מִגְדָּל מֶרְכָּזִי (ז)

valhek (het)	ʃa'ar anaχi	שַׁעַר אֲנָכִי (ז)
onderaardse gang (de)	ma'avar tat karka'i	מַעֲבָר תַּת־קַרְקָעִי (ז)
slotgracht (de)	χafir	חָפִיר (ז)

| ketting (de) | ʃal'ʃelet | שַׁלְשֶׁלֶת (נ) |
| schietgat (het) | eʃnav 'yeri | אֶשְׁנָב יְרִי (ז) |

| prachtig (bn) | mefo'ar | מְפוֹאָר |
| majestueus (bn) | malχuti | מַלְכוּתִי |

| onneembaar (bn) | 'bilti χadir | בִּלְתִּי חָדִיר |
| middeleeuws (bn) | benaimi | בֵּינַיימִי |

87. Appartement

appartement (het)	dira	דִּירָה (נ)
kamer (de)	'xeder	חֶדֶר (ז)
slaapkamer (de)	xadar ʃena	חֲדַר שֵׁינָה (ז)
eetkamer (de)	pinat 'oxel	פִּינַת אוֹכֶל (נ)
salon (de)	salon	סָלוֹן (ז)
studeerkamer (de)	xadar avoda	חֲדַר עֲבוֹדָה (ז)
gang (de)	prozdor	פְּרוֹזְדּוֹר (ז)
badkamer (de)	xadar am'batya	חֲדַר אַמְבַּטְיָה (ז)
toilet (het)	ʃerutim	שֵׁירוּתִים (ז"ר)
plafond (het)	tikra	תִּקְרָה (נ)
vloer (de)	ritspa	רִצְפָּה (נ)
hoek (de)	pina	פִּינָה (נ)

88. Appartement. Schoonmaken

schoonmaken (ww)	lenakot	לְנַקּוֹת
opbergen (in de kast, enz.)	lefanot	לְפַנּוֹת
stof (het)	avak	אָבָק (ז)
stoffig (bn)	me'ubak	מְאוּבָּק
stoffen (ww)	lenakot avak	לְנַקּוֹת אָבָק
stofzuiger (de)	ʃo'ev avak	שׁוֹאֵב אָבָק (ז)
stofzuigen (ww)	liʃov avak	לִשְׁאוֹב אָבָק
vegen (de vloer ~)	letate	לְטַאטֵא
veegsel (het)	'psolet ti'tu	פְּסוֹלֶת טְאטוּא (נ)
orde (de)	'seder	סֵדֶר (ז)
wanorde (de)	i 'seder	אִי סֵדֶר (ז)
zwabber (de)	magev im smartut	מַגֵּב עִם סְמַרְטוּט (ז)
poetsdoek (de)	smartut avak	סְמַרְטוּט אָבָק (ז)
veger (de)	mat'ate katan	מַטְאֲטֵא קָטָן (ז)
stofblik (het)	ya'e	יָעֶה (ז)

89. Meubels. Interieur

meubels (mv.)	rehitim	רָהִיטִים (ז"ר)
tafel (de)	ʃulxan	שׁוּלְחָן (ז)
stoel (de)	kise	כִּסֵּא (ז)
bed (het)	mita	מִיטָה (נ)
bankstel (het)	sapa	סַפָּה (נ)
fauteuil (de)	kursa	כּוּרְסָה (נ)
boekenkast (de)	aron sfarim	אָרוֹן סְפָרִים (ז)
boekenrek (het)	madaf	מַדָּף (ז)
kledingkast (de)	aron bgadim	אָרוֹן בְּגָדִים (ז)
kapstok (de)	mitle	מִתְלֶה (ז)

staande kapstok (de)	mitle	מִתְלֶה (ז)
commode (de)	ʃida	שִׁידָה (נ)
salontafeltje (het)	ʃulχan itonim	שׁוֹלחָן עִיתּוֹנִים (ז)

spiegel (de)	mar'a	מַראָה (נ)
tapijt (het)	ʃa'tiaχ	שָׁטִיחַ (ז)
tapijtje (het)	ʃa'tiaχ	שָׁטִיחַ (ז)

haard (de)	aχ	אָח (נ)
kaars (de)	ner	נֵר (ז)
kandelaar (de)	pamot	פָּמוֹט (ז)

gordijnen (mv.)	vilonot	וִילוֹנוֹת (ז"ר)
behang (het)	tapet	טַפֶּט (ז)
jaloezie (de)	trisim	תּרִיסִים (ז"ר)

bureaulamp (de)	menorat ʃulχan	מְנוֹרַת שׁוּלחָן (נ)
wandlamp (de)	menorat kir	מְנוֹרַת קִיר (נ)
staande lamp (de)	menora o'medet	מְנוֹרָה עוֹמֶדֶת (נ)
luchter (de)	niv'reʃet	נִברֶשֶׁת (נ)

poot (ov. een tafel, enz.)	'regel	רֶגֶל (נ)
armleuning (de)	miʃ'enet yad	מִשׁעֶנֶת יָד (נ)
rugleuning (de)	miʃ'enet	מִשׁעֶנֶת (נ)
la (de)	megera	מְגֵירָה (נ)

90. Beddengoed

beddengoed (het)	matsa'im	מַצָעִים (ז"ר)
kussen (het)	karit	כָּרִית (נ)
kussenovertrek (de)	tsipit	צִיפִית (נ)
deken (de)	smiχa	שׂמִיכָה (נ)
laken (het)	sadin	סָדִין (ז)
sprei (de)	kisui mita	כִּיסוּי מִיטָה (ז)

91. Keuken

keuken (de)	mitbaχ	מִטבָּח (ז)
gas (het)	gaz	גַז (ז)
gasfornuis (het)	tanur gaz	תַּנוּר גַז (ז)
elektrisch fornuis (het)	tanur χaʃmali	תַּנוּר חַשׁמַלִי (ז)
oven (de)	tanur afiya	תַּנוּר אֲפִייָה (ז)
magnetronoven (de)	mikrogal	מִיקרוֹגַל (ז)

koelkast (de)	mekarer	מְקָרֵר (ז)
diepvriezer (de)	makpi	מַקפִּיא (ז)
vaatwasmachine (de)	me'diaχ kelim	מֵדִיחַ כֵּלִים (ז)

vleesmolen (de)	matχenat basar	מַטחֲנַת בָּשָׂר (נ)
vruchtenpers (de)	masχeta	מַסחֵטָה (נ)
toaster (de)	'toster	טוֹסטֶר (ז)
mixer (de)	'mikser	מִיקסֶר (ז)

83

koffiemachine (de)	meχonat kafe	מְכוֹנַת קָפֶה (נ)
koffiepot (de)	findʒan	פִינגָ'אן (ז)
koffiemolen (de)	matχenat kafe	מַטחֶנַת קָפֶה (נ)

fluitketel (de)	kumkum	קוּמקוּם (ז)
theepot (de)	kumkum	קוּמקוּם (ז)
deksel (de/het)	miχse	מִכסֶה (ז)
theezeefje (het)	mis'nenet te	מְסַנֶנֶת תֵה (נ)

lepel (de)	kaf	כַּף (נ)
theelepeltje (het)	kapit	כַּפִית (נ)
eetlepel (de)	kaf	כַּף (נ)
vork (de)	mazleg	מַזלֵג (ז)
mes (het)	sakin	סַכִּין (ז, נ)

vaatwerk (het)	kelim	כֵּלִים (ז"ר)
bord (het)	tsa'laχat	צַלַחַת (נ)
schoteltje (het)	taχtit	תַחתִית (נ)

likeurglas (het)	kosit	כּוֹסִית (נ)
glas (het)	kos	כּוֹס (נ)
kopje (het)	'sefel	סֵפֶל (ז)

suikerpot (de)	mis'keret	מִסכֶּרֶת (נ)
zoutvat (het)	milχiya	מִלחִייָה (נ)
pepervat (het)	pilpeliya	פִּלפְּלִייָה (נ)
boterschaaltje (het)	maχame'a	מַחמָאָה (נ)

steelpan (de)	sir	סִיר (ז)
bakpan (de)	maχvat	מַחבַת (נ)
pollepel (de)	tarvad	תַרווָד (ז)
vergiet (de/het)	mis'nenet	מְסַנֶנֶת (נ)
dienblad (het)	magaʃ	מַגָש (ז)

fles (de)	bakbuk	בַּקבּוּק (ז)
glazen pot (de)	tsin'tsenet	צִנצֶנֶת (נ)
blik (conserven~)	paχit	פַחִית (נ)

flesopener (de)	potχan bakbukim	פּוֹתחָן בַּקבּוּקִים (ז)
blikopener (de)	potχan kufsa'ot	פּוֹתחָן קוּפסָאוֹת (ז)
kurkentrekker (de)	maχlets	מַחלֵץ (ז)
filter (de/het)	'filter	פִילטֶר (ז)
filteren (ww)	lesanen	לְסַנֵן

| huisvuil (het) | 'zevel | זֶבֶל (ז) |
| vuilnisemmer (de) | paχ 'zevel | פַח זֶבֶל (ז) |

92. Badkamer

badkamer (de)	χadar am'batya	חֲדַר אַמבַּטיָה (ז)
water (het)	'mayim	מַיִם (ז"ר)
kraan (de)	'berez	בֶּרֶז (ז)
warm water (het)	'mayim χamim	מַיִם חָמִים (ז"ר)
koud water (het)	'mayim karim	מַיִם קָרִים (ז"ר)

tandpasta (de)	miʃχat ʃi'nayim	מִשְׁחַת שִׁנַּיִם (נ)
tanden poetsen (ww)	letsaχ'tseaχ ʃi'nayim	לְצַחְצֵחַ שִׁנַּיִם
tandenborstel (de)	miv'reʃet ʃi'nayim	מִבְרֶשֶׁת שִׁנַּיִם (נ)
zich scheren (ww)	lehitga'leaχ	לְהִתְגַּלֵּחַ
scheercrème (de)	'ketsef gi'luaχ	קֶצֶף גִּלּוּחַ (ז)
scheermes (het)	'ta'ar	תַּעַר (ז)
wassen (ww)	liʃtof	לִשְׁטוֹף
een bad nemen	lehitraχets	לְהִתְרַחֵץ
douche (de)	mik'laχat	מִקְלַחַת (נ)
een douche nemen	lehitka'leaχ	לְהִתְקַלֵּחַ
bad (het)	am'batya	אַמְבַּטְיָה (נ)
toiletpot (de)	asla	אַסְלָה (נ)
wastafel (de)	kiyor	כִּיּוֹר (ז)
zeep (de)	sabon	סַבּוֹן (ז)
zeepbakje (het)	saboniya	סַבּוֹנִיָּה (נ)
spons (de)	sfog 'lifa	סְפוֹג לִיפָה (ז)
shampoo (de)	ʃampu	שַׁמְפּוּ (ז)
handdoek (de)	ma'gevet	מַגֶּבֶת (נ)
badjas (de)	χaluk raχatsa	חֲלוּק רַחְצָה (ז)
was (bijv. handwas)	kvisa	כְּבִיסָה (נ)
wasmachine (de)	meχonat kvisa	מְכוֹנַת כְּבִיסָה (נ)
de was doen	leχabes	לְכַבֵּס
waspoeder (de)	avkat kvisa	אַבְקַת כְּבִיסָה (נ)

93. Huishoudelijke apparaten

televisie (de)	tele'vizya	טֶלֶוִיזְיָה (נ)
cassettespeler (de)	teip	טֵייפ (ז)
videorecorder (de)	maχʃir 'vide'o	מַכְשִׁיר וִידֵאוֹ (ז)
radio (de)	'radyo	רַדְיוֹ (ז)
speler (de)	nagan	נַגָּן (ז)
videoprojector (de)	makren	מַקְרֵן (ז)
home theater systeem (het)	kol'no'a beiti	קוֹלְנוֹעַ בֵּיתִי (ז)
DVD-speler (de)	nagan dividi	נַגָּן DVD (ז)
versterker (de)	magber	מַגְבֵּר (ז)
spelconsole (de)	maχʃir plei'steiʃen	מַכְשִׁיר פְּלֵייסְטֵיישָׁן (ז)
videocamera (de)	matslemat 'vide'o	מַצְלֵמַת וִידֵאוֹ (נ)
fotocamera (de)	matslema	מַצְלֵמָה (נ)
digitale camera (de)	matslema digi'talit	מַצְלֵמָה דִּיגִיטָלִית (נ)
stofzuiger (de)	ʃo'ev avak	שׁוֹאֵב אָבָק (ז)
strijkijzer (het)	maghets	מַגְהֵץ (ז)
strijkplank (de)	'kereʃ gihuts	קֶרֶשׁ גִּיהוּץ (ז)
telefoon (de)	'telefon	טֶלֶפוֹן (ז)
mobieltje (het)	'telefon nayad	טֶלֶפוֹן נַיָּד (ז)

schrijfmachine (de)	meχonat ktiva	מְכוֹנַת כְּתִיבָה (נ)
naaimachine (de)	meχonat tfira	מְכוֹנַת תְּפִירָה (נ)

microfoon (de)	mikrofon	מִיקְרוֹפוֹן (ז)
koptelefoon (de)	ozniyot	אוֹזְנִיוֹת (נ"ר)
afstandsbediening (de)	'ʃelet	שֶׁלֶט (ז)

CD (de)	taklitor	תַּקְלִיטוֹר (ז)
cassette (de)	ka'letet	קַלֶטֶת (נ)
vinylplaat (de)	taklit	תַּקְלִיט (ז)

94. Reparaties. Renovatie

renovatie (de)	ʃiputs	שִׁיפּוּץ (ז)
renoveren (ww)	leʃapets	לְשַׁפֵּץ
repareren (ww)	letaken	לְתַקֵן
op orde brengen	lesader	לְסַדֵר
overdoen (ww)	la'asot meχadaʃ	לַעֲשׂוֹת מֵחָדָשׁ

verf (de)	'tseva	צֶבַע (ז)
verven (muur ~)	lits'bo'a	לִצְבּוֹעַ
schilder (de)	tsaba'i	צַבָּעִי (ז)
kwast (de)	mikχol	מִכְחוֹל (ז)

kalk (de)	sid	סִיד (ז)
kalken (ww)	lesayed	לְסַיֵד

behang (het)	tapet	טַפֶּט (ז)
behangen (ww)	lehadbik ta'petim	לְהַדְבִּיק טַפֶּטִים
lak (de/het)	'laka	לַכָּה (נ)
lakken (ww)	lim'roaχ 'laka	לִמְרוֹחַ לַכָּה

95. Loodgieterswerk

water (het)	'mayim	מַיִם (ז"ר)
warm water (het)	'mayim χamim	מַיִם חָמִים (ז"ר)
koud water (het)	'mayim karim	מַיִם קָרִים (ז"ר)
kraan (de)	'berez	בֶּרֶז (ז)

druppel (de)	tipa	טִיפָּה (נ)
druppelen (ww)	letaftef	לְטַפְטֵף
lekken (een lek hebben)	lidlof	לִדְלוֹף
lekkage (de)	dlifa	דְלִיפָה (נ)
plasje (het)	ʃlulit	שְׁלוּלִית (נ)

buis, leiding (de)	tsinor	צִינוֹר (ז)
stopkraan (de)	'berez	בֶּרֶז (ז)
verstopt raken (ww)	lehisatem	לְהִיסָתֵם

gereedschap (het)	klei avoda	כְּלֵי עֲבוֹדָה (ז"ר)
Engelse sleutel (de)	maf'teaχ mitkavnen	מַפְתֵחַ מִתְכַּוֵונֵן (ז)
losschroeven (ww)	lif'toaχ	לִפְתוֹחַ

aanschroeven (ww)	lehavrig	לְהַבְרִיג
ontstoppen (riool, enz.)	lif'toaχ et hastima	לִפְתוֹחַ אֶת הַסְתִימָה
loodgieter (de)	ʃravrav	שְׁרַבְרָב (ז)
kelder (de)	martef	מַרְתֵּף (ז)
riolering (de)	biyuv	בִּיוּב (ז)

96. Brand. Vuurzee

vuur (het)	srefa	שְׂרֵיפָה (נ)
vlam (de)	lehava	לֶהָבָה (נ)
vonk (de)	nitsots	נִיצוֹץ (ז)
rook (de)	aʃan	עָשָׁן (ז)
fakkel (de)	lapid	לַפִּיד (ז)
kampvuur (het)	medura	מְדוּרָה (נ)

benzine (de)	'delek	דֶּלֶק (ז)
kerosine (de)	kerosin	קֵרוֹסִין (ז)
brandbaar (bn)	dalik	דָּלִיק
ontplofbaar (bn)	nafits	נָפִיץ
VERBODEN TE ROKEN!	asur le'aʃen!	אָסוּר לְעַשֵּׁן!

veiligheid (de)	betiχut	בְּטִיחוּת (נ)
gevaar (het)	sakana	סַכָּנָה (נ)
gevaarlijk (bn)	mesukan	מְסֻכָּן

in brand vliegen (ww)	lehidalek	לְהִידָלֵק
explosie (de)	pitsuts	פִּיצוּץ (ז)
in brand steken (ww)	lehatsit	לְהַצִּית
brandstichter (de)	matsit	מַצִּית (ז)
brandstichting (de)	hatsata	הַצָּתָה (נ)

vlammen (ww)	liv'or	לִבְעוֹר
branden (ww)	la'alot be'eʃ	לַעֲלוֹת בָּאֵשׁ
afbranden (ww)	lehisaref	לְהִישָׂרֵף

de brandweer bellen	lehazmin meχabei eʃ	לְהַזְמִין מְכַבֵּי אֵשׁ
brandweerman (de)	kabai	כַּבַּאי (ז)
brandweerwagen (de)	'reχev kibui	רֶכֶב כִּיבּוּי (ז)
brandweer (de)	meχabei eʃ	מְכַבֵּי אֵשׁ (ז"ר)
uitschuifbare ladder (de)	sulam kaba'im	סוּלָם כַּבָּאִים (ז)

brandslang (de)	zarnuk	זַרְנוּק (ז)
brandblusser (de)	mataf	מַטָּף (ז)
helm (de)	kasda	קַסְדָּה (נ)
sirene (de)	tsofar	צוֹפָר (ז)

roepen (ww)	lits'ok	לִצְעוֹק
hulp roepen	likro le'ezra	לִקְרוֹא לְעֶזְרָה
redder (de)	matsil	מַצִּיל (ז)
redden (ww)	lehatsil	לְהַצִּיל

aankomen (per auto, enz.)	leha'gi'a	לְהַגִּיעַ
blussen (ww)	leχabot	לְכַבּוֹת
water (het)	'mayim	מַיִם (ז"ר)

zand (het)	χol	חוֹל (ז)
ruïnes (mv.)	χoravot	חוֹרָבוֹת (נ״ר)
instorten (gebouw, enz.)	likros	לִקְרוֹס
ineenstorten (ww)	likros	לִקְרוֹס
inzakken (ww)	lehitmotet	לְהִתְמוֹטֵט
brokstuk (het)	pisat χoravot	פִּיסַת חוֹרָבוֹת (נ)
as (de)	'efer	אֵפֶר (ז)
verstikken (ww)	lehiχanek	לְהֵיחָנֵק
omkomen (ww)	lehihareg	לְהֵיהָרֵג

MENSELIJKE ACTIVITEITEN

Baan. Business. Deel 1

97. Bankieren

| bank (de) | bank | בַּנק (ז) |
| bankfiliaal (het) | snif | סְנִיף (ז) |

| bankbediende (de) | yo'ets | יוֹעֵץ (ז) |
| manager (de) | menahel | מְנַהֵל (ז) |

bankrekening (de)	xeʃbon	חֶשְׁבּוֹן (ז)
rekeningnummer (het)	mispar xeʃbon	מִסְפַּר חֶשְׁבּוֹן (ז)
lopende rekening (de)	xeʃbon over vaʃav	חֶשְׁבּוֹן עוֹבֵר וָשָׁב (ז)
spaarrekening (de)	xeʃbon xisaxon	חֶשְׁבּוֹן חִסָכוֹן (ז)

een rekening openen	lif'toax xeʃbon	לִפְתּוֹחַ חֶשְׁבּוֹן
de rekening sluiten	lisgor xeʃbon	לִסְגוֹר חֶשְׁבּוֹן
op rekening storten	lehafkid lexeʃbon	לְהַפְקִיד לְחֶשְׁבּוֹן
opnemen (ww)	limʃox mexeʃbon	לִמְשׁוֹךְ מֵחֶשְׁבּוֹן

| storting (de) | pikadon | פִּיקָדוֹן (ז) |
| een storting maken | lehafkid | לְהַפְקִיד |

| overschrijving (de) | ha'avara banka'it | הַעֲבָרָה בַּנקָאִית (נ) |
| een overschrijving maken | leha'avir 'kesef | לְהַעֲבִיר כֶּסֶף |

| som (de) | sxum | סְכוּם (ז) |
| Hoeveel? | 'kama? | כַּמָה? |

| handtekening (de) | xatima | חֲתִימָה (נ) |
| ondertekenen (ww) | laxtom | לַחְתּוֹם |

| kredietkaart (de) | kartis aʃrai | כַּרְטִיס אַשְׁרַאי (ז) |
| code (de) | kod | קוֹד (ז) |

| kredietkaartnummer (het) | mispar kartis aʃrai | מִסְפַּר כַּרְטִיס אַשְׁרַאי (ז) |
| geldautomaat (de) | kaspomat | כַּסְפּוֹמָט (ז) |

cheque (de)	tʃek	צֶ'ק (ז)
een cheque uitschrijven	lixtov tʃek	לִכְתּוֹב צֶ'ק
chequeboekje (het)	pinkas 'tʃekim	פִּנקָס צֶ'קִים (ז)

lening, krediet (de)	halva'a	הַלְוָאָה (נ)
een lening aanvragen	levakeʃ halva'a	לְבַקֵשׁ הַלְוָאָה
een lening nemen	lekabel halva'a	לְקַבֵּל הַלְוָאָה
een lening verlenen	lehalvot	לְהַלְווֹת
garantie (de)	arvut	עַרְבוּת (נ)

98. Telefoon. Telefoongesprek

telefoon (de)	'telefon	טֶלֶפוֹן (ז)
mobieltje (het)	'telefon nayad	טֶלֶפוֹן נַיָּיד (ז)
antwoordapparaat (het)	meʃivon	מְשִׁיבוֹן (ז)

bellen (ww)	leʦalʦel	לְצַלְצֵל
belletje (telefoontje)	siχat 'telefon	שִׂיחַת טֶלֶפוֹן (נ)

een nummer draaien	leχayeg mispar	לְחַיֵּיג מִסְפָּר
Hallo!	'halo!	הַלוֹ!
vragen (ww)	liʃol	לִשְׁאוֹל
antwoorden (ww)	la'anot	לַעֲנוֹת

horen (ww)	liʃmo'a	לִשְׁמוֹעַ
goed (bw)	tov	טוֹב
slecht (bw)	lo tov	לֹא טוֹב
storingen (mv.)	hafra'ot	הַפְרָעוֹת (נ"ר)

hoorn (de)	ʃfo'feret	שְׁפוֹפֶרֶת (נ)
opnemen (ww)	leharim ʃfo'feret	לְהָרִים שְׁפוֹפֶרֶת
ophangen (ww)	leha'niaχ ʃfo'feret	לְהַנִּיחַ שְׁפוֹפֶרֶת

bezet (bn)	tafus	תָּפוּס
overgaan (ww)	leʦalʦel	לְצַלְצֵל
telefoonboek (het)	'sefer tele'fonim	סֵפֶר טֶלֶפוֹנִים (ז)

lokaal (bn)	mekomi	מְקוֹמִי
lokaal gesprek (het)	siχa mekomit	שִׂיחָה מְקוֹמִית (נ)
interlokaal (bn)	bein ironi	בֵּין עִירוֹנִי
interlokaal gesprek (het)	siχa bein ironit	שִׂיחָה בֵּין עִירוֹנִית (נ)
buitenlands (bn)	benle'umi	בֵּינְלְאוּמִי
buitenlands gesprek (het)	siχa benle'umit	שִׂיחָה בֵּינְלְאוּמִית (נ)

99. Mobiele telefoon

mobieltje (het)	'telefon nayad	טֶלֶפוֹן נַיָּיד (ז)
scherm (het)	masaχ	מָסָךְ (ז)
toets, knop (de)	kaftor	כַּפְתּוֹר (ז)
simkaart (de)	kartis sim	כַּרְטִיס סִים (ז)

batterij (de)	solela	סוֹלְלָה (נ)
leeg zijn (ww)	lehitroken	לְהִתְרוֹקֵן
acculader (de)	mit'an	מִטְעָן (ז)

menu (het)	tafrit	תַּפְרִיט (ז)
instellingen (mv.)	hagdarot	הַגְדָּרוֹת (נ"ר)
melodie (beltoon)	mangina	מַנְגִּינָה (נ)
selecteren (ww)	livχor	לִבְחוֹר

rekenmachine (de)	maχʃevon	מַחְשְׁבוֹן (ז)
voicemail (de)	ta koli	תָּא קוֹלִי (ז)
wekker (de)	ʃa'on me'orer	שְׁעוֹן מְעוֹרֵר (ז)

contacten (mv.)	anʃei 'keʃer	אַנְשֵׁי קֶשֶׁר (ז"ר)
SMS-bericht (het)	misron	מִסְרוֹן (ז)
abonnee (de)	manui	מָנוּי (ז)

100. Schrijfbehoeften

| balpen (de) | et kaduri | עֵט כַּדּוּרִי (ז) |
| vulpen (de) | et no've'a | עֵט נוֹבֵעַ (ז) |

potlood (het)	iparon	עִיפָּרוֹן (ז)
marker (de)	'marker	מַרְקֵר (ז)
viltstift (de)	tuʃ	טוּשׁ (ז)

| notitieboekje (het) | pinkas | פִּנְקָס (ז) |
| agenda (boekje) | yoman | יוֹמָן (ז) |

liniaal (de/het)	sargel	סַרְגֵּל (ז)
rekenmachine (de)	maxʃevon	מַחְשְׁבוֹן (ז)
gom (de)	'maxak	מַחַק (ז)
punaise (de)	'na'ats	נַעַץ (ז)
paperclip (de)	mehadek	מְהַדֵּק (ז)

lijm (de)	'devek	דֶּבֶק (ז)
nietmachine (de)	ʃadxan	שַׁדְכָן (ז)
perforator (de)	menakev	מְנַקֵּב (ז)
potloodslijper (de)	maxded	מַחְדֵּד (ז)

Baan. Business. Deel 2

101. Massamedia

krant (de)	iton	עִיתּוֹן (ז)
tijdschrift (het)	ʒurnal	זׁ'וּרְנָל (ז)
pers (gedrukte media)	itonut	עִיתּוֹנוּת (נ)
radio (de)	'radyo	רַדְיוֹ (ז)
radiostation (het)	taχanat 'radyo	תַּחֲנַת רַדְיוֹ (נ)
televisie (de)	tele'vizya	טֶלֶוִויזְיָה (נ)

presentator (de)	manχe	מַנְחֶה (ז)
nieuwslezer (de)	karyan	קַרְיָן (ז)
commentator (de)	parʃan	פַּרְשָׁן (ז)

journalist (de)	itonai	עִיתּוֹנָאִי (ז)
correspondent (de)	katav	כַּתָּב (ז)
fotocorrespondent (de)	tsalam itonut	צַלָּם עִיתּוֹנוּת (ז)
reporter (de)	katav	כַּתָּב (ז)

| redacteur (de) | oreχ | עוֹרֵךְ (ז) |
| chef-redacteur (de) | oreχ raʃi | עוֹרֵךְ רָאשִׁי (ז) |

zich abonneren op	lehasdir manui	לְהַסְדִּיר מָנוּי
abonnement (het)	minui	מָנוּי (ז)
abonnee (de)	manui	מָנוּי (ז)
lezen (ww)	likro	לִקְרוֹא
lezer (de)	kore	קוֹרֵא (ז)

oplage (de)	tfutsa	תְּפוּצָה (נ)
maand-, maandelijks (bn)	χodʃi	חוֹדְשִׁי
wekelijks (bn)	ʃvu'i	שְׁבוּעִי
nummer (het)	gilayon	גִּילָיוֹן (ז)
vers (~ van de pers)	tari	טָרִי

kop (de)	ko'teret	כּוֹתֶרֶת (נ)
korte artikel (het)	katava ktsara	כַּתָּבָה קְצָרָה (נ)
rubriek (de)	tur	טוּר (ז)
artikel (het)	ma'amar	מַאֲמָר (ז)
pagina (de)	amud	עַמּוּד (ז)

reportage (de)	katava	כַּתָּבָה (נ)
gebeurtenis (de)	ei'ru'a	אֵירוּעַ (ז)
sensatie (de)	sen'satsya	סֶנְסַצְיָה (נ)
schandaal (het)	ʃa'aruriya	שַׁעֲרוּרִיָּה (נ)
schandalig (bn)	meviʃ	מֵבִישׁ
groot (~ schandaal, enz.)	gadol	גָּדוֹל

| programma (het) | toχnit | תּוֹכְנִית (נ) |
| interview (het) | ra'ayon | רַאֲיוֹן (ז) |

| live uitzending (de) | ʃidur χai | שִׁידוּר חַי (ז) |
| kanaal (het) | aruts | עָרוּץ (ז) |

102. Landbouw

landbouw (de)	χakla'ut	חַקְלָאוּת (נ)
boer (de)	ikar	אִיכָּר (ז)
boerin (de)	χakla'ut	חַקְלָאִית (נ)
landbouwer (de)	χavai	חַוַּאי (ז)

| tractor (de) | 'traktor | טְרַקְטוֹר (ז) |
| maaidorser (de) | kombain | קוֹמְבַּיִן (ז) |

ploeg (de)	maχreʃa	מַחֲרֵשָׁה (נ)
ploegen (ww)	laχaroʃ	לַחֲרוֹשׁ
akkerland (het)	sade χaruʃ	שָׂדֶה חָרוּשׁ (ז)
voor (de)	'telem	תֶּלֶם (ז)

zaaien (ww)	liz'ro'a	לִזְרוֹעַ
zaaimachine (de)	mazre'a	מַזְרֵעָה (נ)
zaaien (het)	zri'a	זְרִיעָה (נ)

| zeis (de) | χermeʃ | חֶרְמֵשׁ (ז) |
| maaien (ww) | liktsor | לִקְצוֹר |

| schop (de) | et | אֵת (ז) |
| spitten (ww) | leta'teaχ | לְתַתֵּחַ |

schoffel (de)	ma'ader	מַעְדֵּר (ז)
wieden (ww)	lenakeʃ	לְנַכֵּשׁ
onkruid (het)	'esev ʃote	עֵשֶׂב שׁוֹטֶה (ז)

gieter (de)	maʃpeχ	מַשְׁפֵּךְ (ז)
begieten (water geven)	lehaʃkot	לְהַשְׁקוֹת
bewatering (de)	haʃkaya	הַשְׁקָיָה (נ)

| riek, hooivork (de) | kilʃon | קִלְשׁוֹן (ז) |
| hark (de) | magrefa | מַגְרֵפָה (נ) |

meststof (de)	'deʃen	דֶּשֶׁן (ז)
bemesten (ww)	ledaʃen	לְדַשֵּׁן
mest (de)	'zevel	זֶבֶל (ז)

veld (het)	sade	שָׂדֶה (ז)
wei (de)	aχu	אָחוּ (ז)
moestuin (de)	gan yarak	גַּן יָרָק (ז)
boomgaard (de)	bustan	בּוּסְתָּן (ז)

weiden (ww)	lir'ot	לִרְעוֹת
herder (de)	ro'e tson	רוֹעֵה צֹאן (ז)
weiland (de)	mir'e	מִרְעֶה (ז)

| veehouderij (de) | gidul bakar | גִּידּוּל בָּקָר (ז) |
| schapenteelt (de) | gidul kvasim | גִּידּוּל כְּבָשִׂים (ז) |

plantage (de)	mata	מַטָע (ז)
rijtje (het)	aruga	עֲרוּגָה (נ)
broeikas (de)	χamama	חֲמָמָה (נ)

droogte (de)	ba'tsoret	בַּצוֹרֶת (נ)
droog (bn)	yaveʃ	יָבֵשׁ

graan (het)	tvu'a	תְבוּאָה (נ)
graangewassen (mv.)	gidulei dagan	גִידוּלֵי דָגָן (ז"ר)
oogsten (ww)	liktof	לִקְטוֹף

molenaar (de)	toχen	טוֹחֵן (ז)
molen (de)	taχanat 'kemaχ	טַחֲנַת קֶמַח (נ)
malen (graan ~)	litχon	לִטְחוֹן
bloem (bijv. tarwebloem)	'kemaχ	קֶמַח (ז)
stro (het)	kaʃ	קַשׁ (ז)

103. Gebouw. Bouwproces

bouwplaats (de)	atar bniya	אֲתַר בְּנִיָה (ז)
bouwen (ww)	livnot	לִבְנוֹת
bouwvakker (de)	banai	בַּנַאי (ז)

project (het)	proyekt	פְּרוֹיֶיקְט (ז)
architect (de)	adriχal	אַדְרִיכָל (ז)
arbeider (de)	po'el	פּוֹעֵל (ז)

fundering (de)	yesodot	יְסוֹדוֹת (ז"ר)
dak (het)	gag	גַג (ז)
heipaal (de)	amud yesod	עַמוּד יְסוֹד (ז)
muur (de)	kir	קִיר (ז)

betonstaal (het)	mot χizuk	מוֹט חִיזוּק (ז)
steigers (mv.)	pigumim	פִּיגוּמִים (ז"ר)

beton (het)	beton	בֶּטוֹן (ז)
graniet (het)	granit	גְרָנִיט (ז)
steen (de)	'even	אֶבֶן (נ)
baksteen (de)	levena	לְבֵנָה (נ)

zand (het)	χol	חוֹל (ז)
cement (de/het)	'melet	מֶלֶט (ז)
pleister (het)	'tiaχ	טִיח (ז)
pleisteren (ww)	leta'yeaχ	לְטַייֵח
verf (de)	'tseva	צֶבַע (ז)
verven (muur ~)	lits'bo'a	לִצְבּוֹעַ
ton (de)	χavit	חָבִית (נ)

kraan (de)	aguran	עֲגוּרָן (ז)
heffen, hijsen (ww)	lehanif	לְהָנִיף
neerlaten (ww)	lehorid	לְהוֹרִיד

bulldozer (de)	daχpor	דַחְפּוֹר (ז)
graafmachine (de)	maχper	מַחְפֵּר (ז)

graafbak (de)	ʃa'ov	שָׁאוֹב (ז)
graven (tunnel, enz.)	laχpor	לַחְפּוֹר
helm (de)	kasda	קַסְדָּה (נ)

Beroepen en ambachten

104. Zoeken naar werk. Ontslag

baan (de)	avoda	עֲבוֹדָה (נ)
werknemers (mv.)	'segel	סֶגֶל (ז)
personeel (het)	'segel	סֶגֶל (ז)
carrière (de)	kar'yera	קַרְיֶרָה (נ)
vooruitzichten (mv.)	efʃaruyot	אֶפְשָׁרֻיּוֹת (נ"ר)
meesterschap (het)	meyumanut	מְיֻמָּנוּת (נ)
keuze (de)	sinun	סִנּוּן (ז)
uitzendbureau (het)	soxnut 'koax adam	סוֹכְנוּת כּוֹחַ אָדָם (נ)
CV, curriculum vitae (het)	korot xayim	קוֹרוֹת חַיִּים (נ"ר)
sollicitatiegesprek (het)	ra'ayon avoda	רַאֲיוֹן עֲבוֹדָה (ז)
vacature (de)	misra pnuya	מִשְׂרָה פְּנוּיָה (נ)
salaris (het)	mas'koret	מַשְׂכּוֹרֶת (נ)
vaste salaris (het)	mas'koret kvu'a	מַשְׂכּוֹרֶת קְבוּעָה (נ)
loon (het)	taʃlum	תַּשְׁלוּם (ז)
betrekking (de)	tafkid	תַּפְקִיד (ז)
taak, plicht (de)	xova	חוֹבָה (נ)
takenpakket (het)	tχum axrayut	תְּחוּם אַחְרָיוּת (ז)
bezig (~ zijn)	asuk	עָסוּק
ontslagen (ww)	lefater	לְפַטֵּר
ontslag (het)	pitur	פִּיטוּר (ז)
werkloosheid (de)	avtala	אַבְטָלָה (נ)
werkloze (de)	muvtal	מוּבְטָל (ז)
pensioen (het)	'pensya	פֶּנְסְיָה (נ)
met pensioen gaan	latset legimla'ot	לָצֵאת לְגִימְלָאוֹת

105. Zakenmensen

directeur (de)	menahel	מְנַהֵל (ז)
beheerder (de)	menahel	מְנַהֵל (ז)
hoofd (het)	bos	בּוֹס (ז)
baas (de)	memune	מְמוּנֶה (ז)
superieuren (mv.)	memunim	מְמוּנִים (ז"ר)
president (de)	nasi	נָשִׂיא (ז)
voorzitter (de)	yoʃev roʃ	יוֹשֵׁב רֹאשׁ (ז)
adjunct (de)	sgan	סְגָן (ז)
assistent (de)	ozer	עוֹזֵר (ז)

| secretaris (de) | mazkir | מַזְכִּיר (ז) |
| persoonlijke assistent (de) | mazkir iʃi | מַזְכִּיר אִישִׁי (ז) |

zakenman (de)	iʃ asakim	אִישׁ עֲסָקִים (ז)
ondernemer (de)	yazam	יָזָם (ז)
oprichter (de)	meyased	מְיַסֵּד (ז)
oprichten	leyased	לְיַסֵּד
(een nieuw bedrijf ~)		

stichter (de)	meχonen	מְכוֹנֵן (ז)
partner (de)	ʃutaf	שׁוּתָף (ז)
aandeelhouder (de)	'ba'al menayot	בַּעַל מְנָיוֹת (ז)

miljonair (de)	milyoner	מִילְיוֹנֵר (ז)
miljardair (de)	milyarder	מִילְיַארְדֶּר (ז)
eigenaar (de)	be'alim	בְּעָלִים (ז)
landeigenaar (de)	'ba'al adamot	בַּעַל אֲדָמוֹת (ז)

klant (de)	la'koaχ	לָקוֹחַ (ז)
vaste klant (de)	la'koaχ ka'vu'a	לָקוֹחַ קָבוּעַ (ז)
koper (de)	kone	קוֹנֶה (ז)
bezoeker (de)	mevaker	מְבַקֵּר (ז)
professioneel (de)	miktso'an	מִקְצוֹעָן (ז)
expert (de)	mumχe	מוּמְחֶה (ז)
specialist (de)	mumχe	מוּמְחֶה (ז)

| bankier (de) | bankai | בַּנְקַאי (ז) |
| makelaar (de) | soχen | סוֹכֵן (ז) |

kassier (de)	kupai	קוּפַּאי (ז)
boekhouder (de)	menahel χeʃbonot	מְנַהֵל חֶשְׁבּוֹנוֹת (ז)
bewaker (de)	ʃomer	שׁוֹמֵר (ז)

investeerder (de)	maʃki'a	מַשְׁקִיעַ (ז)
schuldenaar (de)	'ba'al χov	בַּעַל חוֹב (ז)
crediteur (de)	malve	מַלְוֶה (ז)
lener (de)	love	לוֹוֶה (ז)

| importeur (de) | yevu'an | יְבוּאָן (ז) |
| exporteur (de) | yetsu'an | יְצוּאָן (ז) |

producent (de)	yatsran	יַצְרָן (ז)
distributeur (de)	mefits	מֵפִיץ (ז)
bemiddelaar (de)	metaveχ	מְתַוֵּוך (ז)

adviseur, consulent (de)	yo'ets	יוֹעֵץ (ז)
vertegenwoordiger (de)	natsig meχirot	נָצִיג מְכִירוֹת (ז)
agent (de)	soχen	סוֹכֵן (ז)
verzekeringsagent (de)	soχen bi'tuaχ	סוֹכֵן בִּיטוּחַ (ז)

106. Dienstverlenende beroepen

| kok (de) | tabaχ | טַבָּח (ז) |
| chef-kok (de) | ʃef | שֶׁף (ז) |

bakker (de)	ofe	אוֹפֶה (ז)
barman (de)	'barmen	בַּרְמֶן (ז)
kelner, ober (de)	meltsar	מֶלְצָר (ז)
serveerster (de)	meltsarit	מֶלְצָרִית (נ)

advocaat (de)	oreχ din	עוֹרֵךְ דִּין (ז)
jurist (de)	oreχ din	עוֹרֵךְ דִּין (ז)
notaris (de)	notaryon	נוֹטַרְיוֹן (ז)

elektricien (de)	χaʃmalai	חַשְׁמַלַּאי (ז)
loodgieter (de)	ʃravrav	שְׁרַבְרַב (ז)
timmerman (de)	nagar	נַגָּר (ז)

masseur (de)	ma'ase	מְעַסֶּה (ז)
masseuse (de)	masa'ʒistit	מְעַסְּ'יסְטִית (נ)
dokter, arts (de)	rofe	רוֹפֵא (ז)

taxichauffeur (de)	nahag monit	נֶהָג מוֹנִית (ז)
chauffeur (de)	nahag	נֶהָג (ז)
koerier (de)	ʃa'liaχ	שָׁלִיחַ (ז)

kamermeisje (het)	χadranit	חַדְרָנִית (נ)
bewaker (de)	ʃomer	שׁוֹמֵר (ז)
stewardess (de)	da'yelet	דַּיֶּלֶת (נ)

meester (de)	more	מוֹרֶה (ז)
bibliothecaris (de)	safran	סַפְרָן (ז)
vertaler (de)	metargem	מְתַרְגֵּם (ז)
tolk (de)	meturgeman	מְתוּרְגְּמָן (ז)
gids (de)	madriχ tiyulim	מַדְרִיךְ טִיּוּלִים (ז)

kapper (de)	sapar	סַפָּר (ז)
postbode (de)	davar	דַּוָּר (ז)
verkoper (de)	moχer	מוֹכֵר (ז)

tuinman (de)	ganan	גַּנָּן (ז)
huisbediende (de)	meʃaret	מְשָׁרֵת (ז)
dienstmeisje (het)	meʃa'retet	מְשָׁרֶתֶת (נ)
schoonmaakster (de)	menaka	מְנַקָּה (נ)

107. Militaire beroepen en rangen

soldaat (rang)	turai	טוּרַאי (ז)
sergeant (de)	samal	סַמָּל (ז)
luitenant (de)	'segen	סֶגֶן (ז)
kapitein (de)	'seren	סֶרֶן (ז)

majoor (de)	rav 'seren	רַב־סֶרֶן (ז)
kolonel (de)	aluf miʃne	אַלּוּף מִשְׁנֶה (ז)
generaal (de)	aluf	אַלּוּף (ז)
maarschalk (de)	'marʃal	מַרְשָׁל (ז)
admiraal (de)	admiral	אַדְמִירָל (ז)
militair (de)	iʃ tsava	אִישׁ צָבָא (ז)
soldaat (de)	χayal	חַיָּל (ז)

officier (de)	katsin	קָצִין (ז)
commandant (de)	mefaked	מְפַקֵד (ז)

grenswachter (de)	ʃomer gvul	שׁוֹמֵר גְבוּל (ז)
marconist (de)	alχutai	אַלְחוּטַאי (ז)
verkenner (de)	iʃ modi'in kravi	אִישׁ מוֹדִיעִין קְרָבִי (ז)
sappeur (de)	χablan	חַבְּלָן (ז)
schutter (de)	tsalaf	צַלָף (ז)
stuurman (de)	navat	נַוָט (ז)

108. Ambtenaren. Priesters

koning (de)	'meleχ	מֶלֶךְ (ז)
koningin (de)	malka	מַלְכָּה (נ)

prins (de)	nasiχ	נָסִיךְ (ז)
prinses (de)	nesiχa	נְסִיכָה (נ)

tsaar (de)	tsar	צָאר (ז)
tsarina (de)	tsa'rina	צָארִינָה (נ)

president (de)	nasi	נָשִׂיא (ז)
minister (de)	sar	שַׂר (ז)
eerste minister (de)	roʃ memʃala	רֹאשׁ מֶמְשָׁלָה (ז)
senator (de)	se'nator	סֶנָאטוֹר (ז)

diplomaat (de)	diplomat	דִיפְּלוֹמָט (ז)
consul (de)	'konsul	קוֹנְסוּל (ז)
ambassadeur (de)	ʃagrir	שַׁגְרִיר (ז)
adviseur (de)	yo'ets	יוֹעֵץ (ז)

ambtenaar (de)	pakid	פָּקִיד (ז)
prefect (de)	prefekt	פְּרֶפֶקְט (ז)
burgemeester (de)	roʃ ha'ir	רֹאשׁ הָעִיר (ז)

rechter (de)	ʃofet	שׁוֹפֵט (ז)
aanklager (de)	to've'a	תוֹבֵעַ (ז)

missionaris (de)	misyoner	מִיסִיוֹנֶר (ז)
monnik (de)	nazir	נָזִיר (ז)
abt (de)	roʃ minzar ka'toli	רֹאשׁ מִנְזָר קָתוֹלִי (ז)
rabbi, rabbijn (de)	rav	רַב (ז)

vizier (de)	vazir	וָזִיר (ז)
sjah (de)	ʃaχ	שָׁאח (ז)
sjeik (de)	ʃeiχ	שֵׁיח (ז)

109. Agrarische beroepen

imker (de)	kavran	כַּוְרָן (ז)
herder (de)	ro'e tson	רוֹעֶה צֹאן (ז)
landbouwkundige (de)	agronom	אַגְרוֹנוֹם (ז)

99

| veehouder (de) | megadel bakar | מְגַדֵל בָּקָר (ז) |
| dierenarts (de) | veterinar | וֶטֵרִינָר (ז) |

landbouwer (de)	χavai	חַוַּאי (ז)
wijnmaker (de)	yeinan	יֵינָן (ז)
zoöloog (de)	zo'olog	זוֹאוֹלוֹג (ז)
cowboy (de)	'ka'uboi	קָאוּבּוֹי (ז)

110. Kunst beroepen

| acteur (de) | saχkan | שַׂחְקָן (ז) |
| actrice (de) | saχkanit | שַׂחְקָנִית (נ) |

| zanger (de) | zamar | זַמָּר (ז) |
| zangeres (de) | za'meret | זַמֶּרֶת (נ) |

| danser (de) | rakdan | רַקְדָן (ז) |
| danseres (de) | rakdanit | רַקְדָנִית (נ) |

| artiest (mann.) | saχkan | שַׂחְקָן (ז) |
| artiest (vrouw.) | saχkanit | שַׂחְקָנִית (נ) |

muzikant (de)	muzikai	מוּזִיקַאי (ז)
pianist (de)	psantran	פְּסַנְתְּרָן (ז)
gitarist (de)	nagan gi'tara	נַגָּן גִּיטָרָה (ז)

orkestdirigent (de)	mena'tseaχ	מְנַצֵּחַ (ז)
componist (de)	malχin	מַלְחִין (ז)
impresario (de)	amargan	אָמַרְגָּן (ז)

filmregisseur (de)	bamai	בַּמַאי (ז)
filmproducent (de)	mefik	מֵפִיק (ז)
scenarioschrijver (de)	tasritai	תַּסְרִיטַאי (ז)
criticus (de)	mevaker	מְבַקֵּר (ז)

schrijver (de)	sofer	סוֹפֵר (ז)
dichter (de)	meforer	מְשׁוֹרֵר (ז)
beeldhouwer (de)	pasal	פַּסָּל (ז)
kunstenaar (de)	tsayar	צַיָּיר (ז)

jongleur (de)	lahatutan	לַהֲטוּטָן (ז)
clown (de)	leitsan	לֵיצָן (ז)
acrobaat (de)	akrobat	אַקְרוֹבָּט (ז)
goochelaar (de)	kosem	קוֹסֵם (ז)

111. Verschillende beroepen

dokter, arts (de)	rofe	רוֹפֵא (ז)
ziekenzuster (de)	aχot	אָחוֹת (נ)
psychiater (de)	psiχi''ater	פְּסִיכִיאָטֶר (ז)
tandarts (de)	rofe ʃi'nayim	רוֹפֵא שִׁינַּיִים (ז)
chirurg (de)	kirurg	כִּירוּרְג (ז)

astronaut (de)	astro'na'ut	אַסטרוֹנָאוּט (ז)
astronoom (de)	astronom	אַסטרוֹנוֹם (ז)
piloot (de)	tayas	טַיָּס (ז)
chauffeur (de)	nahag	נַהָג (ז)
machinist (de)	nahag ra'kevet	נַהָג רַכֶּבֶת (ז)
mecanicien (de)	meχonai	מְכוֹנַאי (ז)
mijnwerker (de)	kore	בּוֹרֶה (ז)
arbeider (de)	po'el	פּוֹעֵל (ז)
bankwerker (de)	misgad	מַסגֵד (ז)
houtbewerker (de)	nagar	נַגָּר (ז)
draaier (de)	χarat	חָרָט (ז)
bouwvakker (de)	banai	בַּנַאי (ז)
lasser (de)	rataχ	רַתָּךְ (ז)
professor (de)	pro'fesor	פּרוֹפֶסוֹר (ז)
architect (de)	adriχal	אַדרִיכָל (ז)
historicus (de)	historyon	הִיסטוֹריוֹן (ז)
wetenschapper (de)	mad'an	מַדָעָן (ז)
fysicus (de)	fizikai	פִיזִיקַאי (ז)
scheikundige (de)	χimai	כִימַאי (ז)
archeoloog (de)	arχe'olog	אַרכֵיאוֹלוֹג (ז)
geoloog (de)	ge'olog	גֵיאוֹלוֹג (ז)
onderzoeker (de)	χoker	חוֹקֵר (ז)
babysitter (de)	ʃmartaf	שׁמַרטַף (ז)
leraar, pedagoog (de)	more, meχaneχ	מוֹרֶה, מְחַנֵּךְ (ז)
redacteur (de)	oreχ	עוֹרֵךְ (ז)
chef-redacteur (de)	oreχ raʃi	עוֹרֵךְ רָאשׁי (ז)
correspondent (de)	katav	כַּתָּב (ז)
typiste (de)	kaldanit	קַלדָנִית (נ)
designer (de)	me'atsev	מְעַצֵב (ז)
computerexpert (de)	mumχe maχʃevim	מוּמחֶה מַחשְׁבָים (ז)
programmeur (de)	metaχnet	מְתַכנֵת (ז)
ingenieur (de)	mehandes	מְהַנדֵס (ז)
matroos (de)	yamai	יַמַאי (ז)
zeeman (de)	malaχ	מַלָּח (ז)
redder (de)	matsil	מַצִּיל (ז)
brandweerman (de)	kabai	כַּבַּאי (ז)
politieagent (de)	ʃoter	שׁוֹטֵר (ז)
nachtwaker (de)	ʃomer	שׁוֹמֵר (ז)
detective (de)	balaʃ	בַּלָשׁ (ז)
douanier (de)	pakid 'meχes	פָּקִיד מֶכֶס (ז)
lijfwacht (de)	ʃomer roʃ	שׁוֹמֵר רֹאשׁ (ז)
gevangenisbewaker (de)	soher	סוֹהֵר (ז)
inspecteur (de)	mefa'keaχ	מְפַקֵּחַ (ז)
sportman (de)	sportai	ספוֹרטַאי (ז)
trainer (de)	me'amen	מְאַמֵּן (ז)

slager, beenhouwer (de)	katsav	קַצָּב (ז)
schoenlapper (de)	sandlar	סַנְדְּלָר (ז)
handelaar (de)	soχer	סוֹחֵר (ז)
lader (de)	sabal	סַבָּל (ז)

kledingstilist (de)	me'atsev ofna	מְעַצֵּב אוֹפְנָה (ז)
model (het)	dugmanit	דּוּגְמָנִית (נ)

112. Beroepen. Sociale status

scholier (de)	talmid	תַּלְמִיד (ז)
student (de)	student	סְטוּדֶנְט (ז)

filosoof (de)	filosof	פִּילוֹסוֹף (ז)
econoom (de)	kalkelan	כַּלְכְּלָן (ז)
uitvinder (de)	mamtsi	מַמְצִיא (ז)

werkloze (de)	muvtal	מוּבְטָל (ז)
gepensioneerde (de)	pensyoner	פֶּנְסִיוֹנֶר (ז)
spion (de)	meragel	מְרַגֵּל (ז)

gedetineerde (de)	asir	אָסִיר (ז)
staker (de)	ʃovet	שׁוֹבֵת (ז)
bureaucraat (de)	birokrat	בִּירוֹקְרָט (ז)
reiziger (de)	metayel	מְטַיֵּל (ז)

homoseksueel (de)	'lesbit, 'homo	לֶסְבִּית (נ), הוֹמוֹ (ז)
hacker (computerkraker)	'haker	הָאקֶר (ז)
hippie (de)	'hipi	הִיפִּי (ז)

bandiet (de)	ʃoded	שׁוֹדֵד (ז)
huurmoordenaar (de)	ro'tseaχ saχir	רוֹצֵחַ שָׂכִיר (ז)
drugsverslaafde (de)	narkoman	נַרְקוֹמָן (ז)
drugshandelaar (de)	soχer samim	סוֹחֵר סַמִּים (ז)
prostituee (de)	zona	זוֹנָה (נ)
pooier (de)	sarsur	סַרְסוּר (ז)

tovenaar (de)	meχaʃef	מְכַשֵּׁף (ז)
tovenares (de)	maχʃefa	מְכַשֵּׁפָה (נ)
piraat (de)	ʃoded yam	שׁוֹדֵד יָם (ז)
slaaf (de)	ʃifχa, 'eved	שִׁפְחָה (נ), עֶבֶד (ז)
samoerai (de)	samurai	סָמוּרַאי (ז)
wilde (de)	'pere adam	פֶּרֶא אָדָם (ז)

Sport

113. Soorten sporten. Sporters

sportman (de)	sportai	סְפּוֹרְטַאי (ז)
soort sport (de/het)	anaf sport	עָנָף סְפּוֹרְט (ז)
basketbal (het)	kadursal	כַּדּוּרְסַל (ז)
basketbalspeler (de)	kadursalan	כַּדּוּרְסְלָן (ז)
baseball (het)	'beisbol	בֵּייסְבּוֹל (ז)
baseballspeler (de)	saxkan 'beisbol	שַׂחְקָן בֵּיסְבּוֹל (ז)
voetbal (het)	kadu'regel	כַּדּוּרֶגֶל (ז)
voetballer (de)	kaduraglan	כַּדּוּרַגְלָן (ז)
doelman (de)	ʃo'er	שׁוֹעֵר (ז)
hockey (het)	'hoki	הוֹקִי (ז)
hockeyspeler (de)	saxkan 'hoki	שַׂחְקָן הוֹקִי (ז)
volleybal (het)	kadur'af	כַּדּוּרְעָף (ז)
volleybalspeler (de)	saxkan kadur'af	שַׂחְקָן כַּדּוּרְעָף (ז)
boksen (het)	igruf	אִיגְרוּף (ז)
bokser (de)	mit'agref	מִתְאַגְרֵף (ז)
worstelen (het)	he'avkut	הֵיאָבְקוּת (נ)
worstelaar (de)	mit'abek	מִתְאַבֵּק (ז)
karate (de)	karate	קָרָטֶה (ז)
karateka (de)	karatist	קָרָטִיסְט (ז)
judo (de)	'dʒudo	ג'וּדוֹ (ז)
judoka (de)	dʒudai	ג'וּדָאי (ז)
tennis (het)	'tenis	טֶנִיס (ז)
tennisspeler (de)	tenisai	טֶנִיסַאי (ז)
zwemmen (het)	sxiya	שְׂחִייָה (נ)
zwemmer (de)	saxyan	שַׂחְייָן (ז)
schermen (het)	'sayif	סַיִף (ז)
schermer (de)	sayaf	סַייָף (ז)
schaak (het)	ʃaxmat	שַׁחְמָט (ז)
schaker (de)	ʃaxmetai	שַׁחְמְטַאי (ז)
alpinisme (het)	tipus harim	טִיפּוּס הָרִים (ז)
alpinist (de)	metapes harim	מְטַפֵּס הָרִים (ז)
hardlopen (het)	ritsa	רִיצָה (נ)

renner (de)	atsan	אָצָן (ז)
atletiek (de)	at'letika kala	אַתְלֶטִיקָה קַלָּה (נ)
atleet (de)	atlet	אַתְלֵט (ז)

paardensport (de)	reχiva al sus	רְכִיבָה עַל סוּס (נ)
ruiter (de)	paraʃ	פָּרָשׁ (ז)

kunstschaatsen (het)	haχlaka omanutit	הַחְלָקָה אוֹמָנוּתִית (נ)
kunstschaatser (de)	maχlik amanuti	מַחְלִיק אָמָנוּתִי (ז)
kunstschaatsster (de)	maχlika amanutit	מַחְלִיקָה אָמָנוּתִית (נ)

gewichtheffen (het)	haramat miʃkolot	הֲרָמַת מִשְׁקוֹלוֹת (נ)
gewichtheffer (de)	miʃkolan	מִשְׁקוֹלָן (ז)

autoraces (mv.)	merots meχoniyot	מֵירוֹץ מְכוֹנִיּוֹת (ז)
coureur (de)	nahag merotsim	נֶהָג מְרוֹצִים (ז)

wielersport (de)	reχiva al ofa'nayim	רְכִיבָה עַל אוֹפַנַּיִם (נ)
wielrenner (de)	roχev ofa'nayim	רוֹכֵב אוֹפַנַּיִם (ז)

verspringen (het)	kfitsa la'roχav	קְפִיצָה לָרוֹחַק (נ)
polsstokspringen (het)	kfitsa bemot	קְפִיצָה בְּמוֹט (נ)
verspringer (de)	kofets	קוֹפֵץ (ז)

114. Soorten sporten. Diversen

Amerikaans voetbal (het)	'futbol	פוּטְבּוֹל (ז)
badminton (het)	notsit	נוֹצִית (נ)
biatlon (de)	bi'atlon	בִּיאַתְלוֹן (ז)
biljart (het)	bilyard	בִּילְיַארְד (ז)

bobsleeën (het)	miz'χelet	מִזְחֶלֶת (נ)
bodybuilding (de)	pi'tuaχ guf	פִּיתּוּחַ גוּף (ז)
waterpolo (het)	polo 'mayim	פּוֹלוֹ מַיִם (ז)
handbal (de)	kadur yad	כַּדּוּר-יָד (ז)
golf (het)	golf	גּוֹלְף (ז)

roeisport (de)	χatira	חֲתִירָה (נ)
duiken (het)	tslila	צְלִילָה (נ)
langlaufen (het)	ski bemiʃor	סְקִי בַּמִּישׁוֹר (ז)
tafeltennis (het)	'tenis ʃulχan	טֶנִיס שׁוּלְחָן (ז)

zeilen (het)	'ʃayit	שַׁיִט (ז)
rally (de)	'rali	רָאלִי (ז)
rugby (het)	'rogbi	רוֹגְבִּי (ז)
snowboarden (het)	gliʃat 'ʃeleg	גְּלִישַׁת שֶׁלֶג (נ)
boogschieten (het)	kaʃatut	קַשָּׁתוּת (נ)

115. Fitnessruimte

lange halter (de)	miʃkolet	מִשְׁקוֹלֶת (נ)
halters (mv.)	miʃkolot	מִשְׁקוֹלוֹת (נ״ר)

training machine (de)	maxſir 'koſer	מַכְשִׁיר כּוֹשֶׁר (ז)
hometrainer (de)	ofanei 'koſer	אוֹפַנֵּי כּוֹשֶׁר (ז"ר)
loopband (de)	halixon	הֲלִיכוֹן (ז)

rekstok (de)	'metax	מְתָח (ז)
brug (de) gelijke leggers	makbilim	מַקְבִּילִים (ז"ר)
paardsprong (de)	sus	סוּס (ז)
mat (de)	mizron	מִזְרוֹן (ז)

springtouw (het)	dalgit	דַּלְגִּית (נ)
aerobics (de)	ei'robika	אֵירוֹבִּיקָה (נ)
yoga (de)	'yoga	יוֹגָה (נ)

116. Sporten. Diversen

Olympische Spelen (mv.)	hamisxakim ha'o'limpiyim	הַמִּשְׂחָקִים הָאוֹלִימְפִּיִּים (ז"ר)
winnaar (de)	mena'tseax	מְנַצֵּחַ (ז)
overwinnen (ww)	lena'tseax	לְנַצֵּחַ
winnen (ww)	lena'tseax	לְנַצֵּחַ

leider (de)	manhig	מַנְהִיג (ז)
leiden (ww)	lehovil	לְהוֹבִיל

eerste plaats (de)	makom riſon	מָקוֹם רִאשׁוֹן (ז)
tweede plaats (de)	makom ſeni	מָקוֹם שֵׁנִי (ז)
derde plaats (de)	makom ſliſi	מָקוֹם שְׁלִישִׁי (ז)

medaille (de)	me'dalya	מֶדַלְיָה (נ)
trofee (de)	pras	פְּרָס (ז)
beker (de)	ga'vi'a nitsaxon	גָּבִיעַ נִיצָּחוֹן (ז)
prijs (de)	pras	פְּרָס (ז)
hoofdprijs (de)	pras riſon	פְּרָס רִאשׁוֹן (ז)

record (het)	si	שִׂיא (ז)
een record breken	lik'bo'a si	לִקְבּוֹעַ שִׂיא

finale (de)	gmar	גְּמָר (ז)
finale (bn)	ſel hagmar	שֶׁל הַגְּמָר

kampioen (de)	aluf	אַלּוּף (ז)
kampioenschap (het)	alifut	אַלִּיפוּת (נ)

stadion (het)	itstadyon	אָצְטַדְיוֹן (ז)
tribune (de)	bama	בָּמָה (נ)
fan, supporter (de)	ohed	אוֹהֵד (ז)
tegenstander (de)	yariv	יָרִיב (ז)

start (de)	kav zinuk	קַו זִינוּק (ז)
finish (de)	kav hagmar	קַו הַגְּמָר (ז)

nederlaag (de)	tvusa	תְּבוּסָה (נ)
verliezen (ww)	lehafsid	לְהַפְסִיד
rechter (de)	ſofet	שׁוֹפֵט (ז)
jury (de)	xaver ſoftim	חֲבֵר שׁוֹפְטִים (ז)

stand (~ is 3-1)	totsa'a	תּוֹצָאָה (נ)
gelijkspel (het)	'teku	תֵּיקוּ (ז)
in gelijk spel eindigen	lesayem be'teku	לְסַיֵּם בְּתֵיקוּ
punt (het)	nekuda	נְקוּדָה (נ)
uitslag (de)	totsa'a	תּוֹצָאָה (נ)

periode (de)	sivuv	סִיבוּב (ז)
pauze (de)	hafsaka	הַפְסָקָה (נ)
doping (de)	sam	סַם (ז)
straffen (ww)	leha'aniʃ	לְהַעֲנִישׁ
diskwalificeren (ww)	lefsol	לִפְסוֹל

toestel (het)	maxʃir	מַכְשִׁיר (ז)
speer (de)	kidon	כִּידוֹן (ז)
kogel (de)	kadur barzel	כַּדּוּר בַּרְזֶל (ז)
bal (de)	kadur	כַּדּוּר (ז)

doel (het)	matara	מַטָּרָה (נ)
schietkaart (de)	matara	מַטָּרָה (נ)
schieten (ww)	lirot	לִירוֹת
precies (bijv. precieze schot)	meduyak	מְדֻיָּק

trainer, coach (de)	me'amen	מְאַמֵּן (ז)
trainen (ww)	le'amen	לְאַמֵּן
zich trainen (ww)	lehit'amen	לְהִתְאַמֵּן
training (de)	imun	אִימוּן (ז)

gymnastiekzaal (de)	'xeder 'koʃer	חֶדֶר כּוֹשֶׁר (ז)
oefening (de)	imun	אִימוּן (ז)
opwarming (de)	ximum	חִימוּם (ז)

Onderwijs

117. School

school (de)	beit 'sefer	בֵּית סֵפֶר (ז)
schooldirecteur (de)	menahel beit 'sefer	מְנַהֵל בֵּית סֵפֶר (ז)
leerling (de)	talmid	תַּלְמִיד (ז)
leerlinge (de)	talmida	תַּלְמִידָה (נ)
scholier (de)	talmid	תַּלְמִיד (ז)
scholiere (de)	talmida	תַּלְמִידָה (נ)
leren (lesgeven)	lelamed	לְלַמֵּד
studeren (bijv. een taal ~)	lilmod	לִלְמוֹד
van buiten leren	lilmod be'al pe	לִלְמוֹד בְּעַל פֶּה
leren (bijv. ~ tellen)	lilmod	לִלְמוֹד
in school zijn (schooljongen zijn)	lilmod	לִלְמוֹד
naar school gaan	la'leχet le'beit 'sefer	לָלֶכֶת לְבֵית סֵפֶר
alfabet (het)	alefbeit	אָלֶפְבֵּית (ז)
vak (schoolvak)	mik'tso'a	מִקְצוֹעַ (ז)
klaslokaal (het)	kita	כִּיתָה (נ)
les (de)	ʃi'ur	שִׁיעוּר (ז)
pauze (de)	hafsaka	הַפְסָקָה (נ)
bel (de)	pa'amon	פַּעֲמוֹן (ז)
schooltafel (de)	ʃulχan limudim	שׁוּלְחַן לִימוּדִים (ז)
schoolbord (het)	'luaχ	לוּחַ (ז)
cijfer (het)	tsiyun	צִיּוּן (ז)
goed cijfer (het)	tsiyun tov	צִיּוּן טוֹב (ז)
slecht cijfer (het)	tsiyun ga'ru'a	צִיּוּן גָּרוּעַ (ז)
een cijfer geven	latet tsiyun	לָתֵת צִיּוּן
fout (de)	ta'ut	טָעוּת (נ)
fouten maken	la'asot ta'uyot	לַעֲשׂוֹת טָעוּיוֹת
corrigeren (fouten ~)	letaken	לְתַקֵּן
spiekbriefje (het)	ʃif	שְׁלִיף (ז)
huiswerk (het)	ʃi'urei 'bayit	שִׁיעוּרֵי בַּיִת (ז״ר)
oefening (de)	targil	תַּרְגִּיל (ז)
aanwezig zijn (ww)	lihyot no'χeaχ	לִהְיוֹת נוֹכֵחַ
absent zijn (ww)	lehe'ader	לְהֵיעָדֵר
school verzuimen	lehaχsir	לְהַחְסִיר
bestraffen (een stout kind ~)	leha'aniʃ	לְהַעֲנִישׁ
bestraffing (de)	'oneʃ	עוֹנֶשׁ (ז)

gedrag (het)	hitnahagut	הִתְנַהֲגוּת (נ)
cijferlijst (de)	yoman beit 'sefer	יוֹמָן בֵּית סֵפֶר (ז)
potlood (het)	iparon	עִיפָרוֹן (ז)
gom (de)	'maxak	מֶחַק (ז)
krijt (het)	gir	גִיר (ז)
pennendoos (de)	kalmar	קַלְמָר (ז)

boekentas (de)	yalkut	יַלְקוּט (ז)
pen (de)	et	עֵט (ז)
schrift (de)	max'beret	מַחְבֶּרֶת (נ)
leerboek (het)	'sefer limud	סֵפֶר לִימוּד (ז)
passer (de)	mexuga	מְחוּגָה (נ)

technisch tekenen (ww)	lesartet	לְשַׂרְטֵט
technische tekening (de)	sirtut	שִׂרְטוּט (ז)

gedicht (het)	ʃir	שִׁיר (ז)
van buiten (bw)	be'al pe	בְּעַל פֶּה
van buiten leren	lilmod be'al pe	לִלְמוֹד בְּעַל פֶּה

vakantie (de)	xufʃa	חוּפְשָׁה (נ)
met vakantie zijn	lihyot bexufʃa	לִהְיוֹת בְּחוּפְשָׁה
vakantie doorbrengen	leha'avir 'xofeʃ	לְהַעֲבִיר חוֹפֶשׁ

toets (schriftelijke ~)	mivxan	מִבְחָן (ז)
opstel (het)	xibur	חִיבּוּר (ז)
dictee (het)	haxtava	הַכְתָּבָה (נ)
examen (het)	bxina	בְּחִינָה (נ)
examen afleggen	lehibaxen	לְהִיבָּחֵן
experiment (het)	nisui	נִיסוּי (ז)

118. Hogeschool. Universiteit

academie (de)	aka'demya	אֲקָדֶמְיָה (נ)
universiteit (de)	uni'versita	אוּנִיבֶרְסִיטָה (נ)
faculteit (de)	fa'kulta	פָקוּלְטָה (נ)

student (de)	student	סְטוּדֶנְט (ז)
studente (de)	stu'dentit	סְטוּדֶנְטִית (נ)
leraar (de)	martse	מַרְצֶה (ז)

collegezaal (de)	ulam hartsa'ot	אוּלָם הַרְצָאוֹת (ז)
afgestudeerde (de)	boger	בּוֹגֵר (ז)

diploma (het)	di'ploma	דִיפְלוֹמָה (נ)
dissertatie (de)	diser'tatsya	דִיסֶרְטַצְיָה (נ)

onderzoek (het)	mexkar	מֶחְקָר (ז)
laboratorium (het)	ma'abada	מַעֲבָּדָה (נ)

college (het)	hartsa'a	הַרְצָאָה (נ)
medestudent (de)	xaver lelimudim	חָבֵר לְלִימוּדִים (ז)
studiebeurs (de)	milga	מִלְגָה (נ)
academische graad (de)	'to'ar aka'demi	תוֹאַר אֲקָדֶמִי (ז)

119. Wetenschappen. Disciplines

wiskunde (de)	mate'matika	מָתֵמָטִיקָה (נ)
algebra (de)	'algebra	אַלגֶבּרָה (נ)
meetkunde (de)	ge'o'metriya	גֵיאוֹמֶטרְיָה (נ)
astronomie (de)	astro'nomya	אַסטרוֹנוֹמיָה (נ)
biologie (de)	bio'logya	בִּיוֹלוֹגיָה (נ)
geografie (de)	ge'o'grafya	גֵיאוֹגרַפיָה (נ)
geologie (de)	ge'o'logya	גֵיאוֹלוֹגיָה (נ)
geschiedenis (de)	his'torya	הִיסטוֹריָה (נ)
geneeskunde (de)	refu'a	רְפוּאָה (נ)
pedagogiek (de)	χinuχ	חִינוּך (ז)
rechten (mv.)	miſpatim	מִשׁפָּטִים (ז"ר)
fysica, natuurkunde (de)	'fizika	פִיזִיקָה (נ)
scheikunde (de)	'χimya	כִימיָה (נ)
filosofie (de)	filo'sofya	פִילוֹסוֹפיָה (נ)
psychologie (de)	psiχo'logya	פּסִיכוֹלוֹגיָה (נ)

120. Schrift. Spelling

grammatica (de)	dikduk	דִקדוּק (ז)
vocabulaire (het)	otsar milim	אוֹצַר מִילִים (ז)
fonetiek (de)	torat ha'hege	תוֹרַת הַהֶגֶה (נ)
zelfstandig naamwoord (het)	ſem 'etsem	שֵׁם עֶצֶם (ז)
bijvoeglijk naamwoord (het)	ſem 'to'ar	שֵׁם תוֹאַר (ז)
werkwoord (het)	po'el	פּוֹעַל (ז)
bijwoord (het)	'to'ar 'po'al	תוֹאַר פּוֹעַל (ז)
voornaamwoord (het)	ſem guf	שֵׁם גוּף (ז)
tussenwerpsel (het)	milat kri'a	מִילַת קרִיאָה (נ)
voorzetsel (het)	milat 'yaχas	מִילַת יַחַס (נ)
stam (de)	'ſoreſ	שׁוֹרֶשׁ (ז)
achtervoegsel (het)	si'yomet	סִיוֹמֶת (נ)
voorvoegsel (het)	tχilit	תחִילִית (נ)
lettergreep (de)	havara	הֲבָרָה (נ)
achtervoegsel (het)	si'yomet	סִיוֹמֶת (נ)
nadruk (de)	'ta'am	טַעַם (ז)
afkappingsteken (het)	'gereſ	גֶרֶשׁ (ז)
punt (de)	nekuda	נְקוּדָה (נ)
komma (de/het)	psik	פּסִיק (ז)
puntkomma (de)	nekuda ufsik	נְקוּדָה וּפסִיק (נ)
dubbelpunt (de)	nekudo'tayim	נְקוּדוֹתַיִים (נ"ר)
beletselteken (het)	ſaloſ nekudot	שָׁלוֹשׁ נְקוּדוֹת (נ"ר)
vraagteken (het)	siman ſe'ela	סִימָן שְׁאֵלָה (ז)
uitroepteken (het)	siman kri'a	סִימָן קרִיאָה (ז)

aanhalingstekens (mv.)	merχa'ot	מֵרְכָאוֹת (ז״ר)
tussen aanhalingstekens (bw)	bemerχa'ot	בְּמֵרְכָאוֹת
haakjes (mv.)	sog'rayim	סוֹגְרַיִים (ז״ר)
tussen haakjes (bw)	besog'rayim	בְּסוֹגְרַיִים

streepje (het)	makaf	מַקָּף (ז)
gedachtestreepje (het)	kav mafrid	קַו מַפְרִיד (ז)
spatie	'revaχ	רֶווַח (ז)
(~ tussen twee woorden)		

letter (de)	ot	אוֹת (נ)
hoofdletter (de)	ot gdola	אוֹת גְּדוֹלָה (נ)

klinker (de)	tnu'a	תְּנוּעָה (נ)
medeklinker (de)	itsur	עִיצוּר (ז)

zin (de)	mi∫pat	מִשְׁפָּט (ז)
onderwerp (het)	nose	נוֹשֵׂא (ז)
gezegde (het)	nasu	נָשׂוּא (ז)

regel (in een tekst)	∫ura	שׁוּרָה (נ)
op een nieuwe regel (bw)	be∫ura χada∫a	בְּשׁוּרָה חֲדָשָׁה
alinea (de)	piska	פִּסְקָה (נ)

woord (het)	mila	מִילָה (נ)
woordgroep (de)	tsiruf milim	צֵירוּף מִילִים (ז)
uitdrukking (de)	bitui	בִּיטּוּי (ז)
synoniem (het)	mila nir'defet	מִילָה נִרְדֶּפֶת (נ)
antoniem (het)	'hefeχ	הֵפֶךְ (ז)

regel (de)	klal	כְּלָל (ז)
uitzondering (de)	yotse min haklal	יוֹצֵא מִן הַכְּלָל (ז)
correct (bijv. ~e spelling)	naχon	נָכוֹן

vervoeging, conjugatie (de)	hataya	הַטָּיָיה (נ)
verbuiging, declinatie (de)	hataya	הַטָּיָיה (נ)
naamval (de)	yaχasa	יַחֲסָה (נ)
vraag (de)	∫e'ela	שְׁאֵלָה (נ)
onderstrepen (ww)	lehadgi∫	לְהַדְגִּישׁ
stippellijn (de)	kav nakud	קַו נָקוּד (ז)

121. Vreemde talen

taal (de)	safa	שָׂפָה (נ)
vreemd (bn)	zar	זָר
vreemde taal (de)	safa zara	שָׂפָה זָרָה (נ)
leren (bijv. van buiten ~)	lilmod	לִלְמוֹד
studeren (Nederlands ~)	lilmod	לִלְמוֹד

lezen (ww)	likro	לִקְרוֹא
spreken (ww)	ledaber	לְדַבֵּר
begrijpen (ww)	lehavin	לְהָבִין
schrijven (ww)	liχtov	לִכְתּוֹב
snel (bw)	maher	מַהֵר

| langzaam (bw) | le'at | לְאַט |
| vloeiend (bw) | χofſi | חוֹפְשִׁי |

regels (mv.)	klalim	כְּלָלִים (ז״ר)
grammatica (de)	dikduk	דִקְדוּק (ז)
vocabulaire (het)	otsar milim	אוֹצַר מִילִים (ז)
fonetiek (de)	torat ha'hege	תּוֹרַת הַהֶגֶה (נ)

leerboek (het)	'sefer limud	סֵפֶר לִימוּד (ז)
woordenboek (het)	milon	מִילוֹן (ז)
leerboek (het) voor zelfstudie	'sefer lelimud atsmi	סֵפֶר לְלִימוּד עַצְמִי (ז)
taalgids (de)	siχon	שִׂיחוֹן (ז)

cassette (de)	ka'letet	קַלֶטֶת (נ)
videocassette (de)	ka'letet 'vide'o	קַלֶטֶת וִידֵיאוֹ (נ)
CD (de)	taklitor	תַּקְלִיטוֹר (ז)
DVD (de)	di vi di	דִי. וִי. דִי. (ז)

alfabet (het)	alefbeit	אָלֶפְבֵּית (ז)
spellen (ww)	le'ayet	לְאַיֵית
uitspraak (de)	hagiya	הֲגִיָּיה (נ)

accent (het)	mivta	מִבְטָא (ז)
met een accent (bw)	im mivta	עִם מִבְטָא
zonder accent (bw)	bli mivta	בְּלִי מִבְטָא

| woord (het) | mila | מִילָה (נ) |
| betekenis (de) | maſma'ut | מַשְׁמָעוּת (נ) |

cursus (de)	kurs	קוּרְס (ז)
zich inschrijven (ww)	leheraſem lekurs	לְהֵירָשֵׁם לְקוּרְס
leraar (de)	more	מוֹרֶה (ז)

vertaling (een ~ maken)	tirgum	תַּרְגוּם (ז)
vertaling (tekst)	tirgum	תַּרְגוּם (ז)
vertaler (de)	metargem	מְתַרְגֵם (ז)
tolk (de)	meturgeman	מְתוּרְגְמָן (ז)

| polyglot (de) | poliglot | פּוֹלִיגְלוֹט (ז) |
| geheugen (het) | zikaron | זִיכָּרוֹן (ז) |

122. Sprookjesfiguren

Sinterklaas (de)	'santa 'kla'us	סַנְטָה קלָאוּס (ז)
Assepoester (de)	sinde'rela	סִינְדֶרֶלָה
zeemeermin (de)	bat yam, betulat hayam	בַּת יָם, בְּתוּלַת הַיָם (נ)
Neptunus (de)	neptun	נֶפְטוּן (ז)

magiër, tovenaar (de)	kosem	קוֹסֵם (ז)
goede heks (de)	'feya	פֵיָה (נ)
magisch (bn)	kasum	קָסוּם
toverstokje (het)	ſarvit 'kesem	שַׁרְבִיט קֶסֶם (ז)
sprookje (het)	agada	אַגָדָה (נ)
wonder (het)	nes	נֵס (ז)

| dwerg (de) | gamad | גַמָד (ז) |
| veranderen in ... (anders worden) | lahafoχ le... | לַהֲפוֹך לְ... |

geest (de)	'ruaχ refa''im	רוּחַ רְפָאִים (נ)
spook (het)	'ruaχ refa''im	רוּחַ רְפָאִים (נ)
monster (het)	mif'letset	מִפְלֶצֶת (נ)
draak (de)	drakon	דְרָקוֹן (ז)
reus (de)	anak	עֲנָק (ז)

123. Dierenriem

Ram (de)	tale	טָלֶה (ז)
Stier (de)	ʃor	שוֹר (ז)
Tweelingen (mv.)	te'omim	תְאוֹמִים (ז"ר)
Kreeft (de)	sartan	סַרְטָן (ז)
Leeuw (de)	arye	אַרְיֵה (ז)
Maagd (de)	betula	בְּתוּלָה (נ)

Weegschaal (de)	moz'nayim	מֹאזְנַיִים (ז"ר)
Schorpioen (de)	akrav	עַקְרָב (ז)
Boogschutter (de)	kaʃat	קַשָׁת (ז)
Steenbok (de)	gdi	גְדִי (ז)
Waterman (de)	dli	דְלִי (ז)
Vissen (mv.)	dagim	דָגִים (ז"ר)

karakter (het)	'ofi	אוֹפִי (ז)
karaktertrekken (mv.)	tχunot 'ofi	תְכוּנוֹת אוֹפִי (נ"ר)
gedrag (het)	hitnahagut	הִתְנַהֲגוּת (נ)
waarzeggen (ww)	lenabe et ha'atid	לְנַבֵּא אֶת הֶעָתִיד
waarzegster (de)	ma'gedet atidot	מַגֶדֶת עֲתִידוֹת (נ)
horoscoop (de)	horoskop	הוֹרוֹסְקוֹפ (ז)

Kunst

124. Theater

theater (het)	te'atron	תֵּיאַטְרוֹן (ז)
opera (de)	'opera	אוֹפֵּרָה (נ)
operette (de)	ope'reta	אוֹפֵּרֶטָה (נ)
ballet (het)	balet	בָּלֶט (ז)
affiche (de/het)	kraza	כְּרָזָה (נ)
theatergezelschap (het)	lahaka	לַהֲקָה (נ)
tournee (de)	masa hofa'ot	מַסָע הוֹפָעוֹת (ז)
op tournee zijn	latset lemasa hofa'ot	לָצֵאת לְמַסַע הוֹפָעוֹת
repeteren (ww)	la'aroχ χazara	לַעֲרוֹך חֲזָרָה
repetitie (de)	χazara	חֲזָרָה (נ)
repertoire (het)	repertu'ar	רֶפֶּרְטוּאָר (ז)
voorstelling (de)	hofa'a	הוֹפָעָה (נ)
spektakel (het)	hatsaga	הַצָּגָה (נ)
toneelstuk (het)	maχaze	מַחֲזֶה (ז)
biljet (het)	kartis	כַּרְטִיס (ז)
kassa (de)	kupa	קוּפָּה (נ)
foyer (de)	'lobi	לוֹבִּי (ז)
garderobe (de)	meltaχa	מֶלְתָּחָה (נ)
garderobe nummer (het)	mispar meltaχa	מִסְפַּר מֶלְתָּחָה (ז)
verrekijker (de)	miʃ'kefet	מִשְׁקֶפֶת (נ)
plaatsaanwijzer (de)	sadran	סַדְרָן (ז)
parterre (de)	parter	פַּרְטֶר (ז)
balkon (het)	mir'peset	מִרְפֶּסֶת (נ)
gouden rang (de)	ya'tsi'a	יָצִיעַ (ז)
loge (de)	ta	תָּא (ז)
rij (de)	ʃura	שׁוּרָה (נ)
plaats (de)	moʃav	מוֹשָׁב (ז)
publiek (het)	'kahal	קָהָל (ז)
kijker (de)	tsofe	צוֹפֶה (ז)
klappen (ww)	limχo ka'payim	לִמְחוֹא כַּפַּיִים
applaus (het)	meχi'ot ka'payim	מְחִיאוֹת כַּפַּיִים (נ"ר)
ovatie (de)	tʃu'ot	תְּשׁוּאוֹת (נ"ר)
toneel (op het ~ staan)	bama	בָּמָה (נ)
gordijn, doek (het)	masaχ	מָסָך (ז)
toneeldecor (het)	taf'ura	תַּפְאוּרָה (נ)
backstage (de)	klayim	קְלָעִים
scène (de)	'stsena	סְצֵינָה (נ)
bedrijf (het)	ma'araχa	מַעֲרָכָה (נ)
pauze (de)	hafsaka	הַפְסָקָה (נ)

125. Bioscoop

acteur (de)	saχkan	שַׂחְקָן (ז)
actrice (de)	saχkanit	שַׂחְקָנִית (נ)
bioscoop (de)	kol'no‘a	קוֹלְנוֹעַ (ז)
speelfilm (de)	'seret	סֶרֶט (ז)
aflevering (de)	epi'zoda	אֶפִּיזוֹדָה (נ)
detectivefilm (de)	'seret balaʃi	סֶרֶט בַּלָשִׁי (ז)
actiefilm (de)	ma‘arvon	מַעֲרְבוֹן (ז)
avonturenfilm (de)	'seret harpatka'ot	סֶרֶט הַרְפַּתְקָאוֹת (ז)
sciencefictionfilm (de)	'seret mada bidyoni	סֶרֶט מַדָע בִּדְיוֹנִי (ז)
griezelfilm (de)	'seret eima	סֶרֶט אֵימָה (ז)
komedie (de)	ko'medya	קוֹמֶדְיָה (נ)
melodrama (het)	melo'drama	מֶלוֹדְרָמָה (נ)
drama (het)	'drama	דְרָמָה (נ)
speelfilm (de)	'seret alilati	סֶרֶט עֲלִילָתִי (ז)
documentaire (de)	'seret ti‘udi	סֶרֶט תִיעוּדִי (ז)
tekenfilm (de)	'seret ani'matsya	סֶרֶט אָנִימַצְיָה (ז)
stomme film (de)	sratim ilmim	סְרָטִים אִילְמִים (ז"ר)
rol (de)	tafkid	תַפְקִיד (ז)
hoofdrol (de)	tafkid raʃi	תַפְקִיד רָאשִׁי (ז)
spelen (ww)	lesaχek	לְשַׂחֵק
filmster (de)	koχav kol'no‘a	כּוֹכָב קוֹלְנוֹעַ (ז)
bekend (bn)	mefursam	מְפוּרְסָם
beroemd (bn)	mefursam	מְפוּרְסָם
populair (bn)	popu'lari	פּוֹפּוּלָרִי
scenario (het)	tasrit	תַסְרִיט (ז)
scenarioschrijver (de)	tasritai	תַסְרִיטַאי (ז)
regisseur (de)	bamai	בַּמַאי (ז)
filmproducent (de)	mefik	מֵפִיק (ז)
assistent (de)	ozer	עוֹזֵר (ז)
cameraman (de)	tsalam	צַלָם (ז)
stuntman (de)	pa‘alulan	פַּעֲלוּלָן (ז)
stuntdubbel (de)	saχkan maχlif	שַׂחְקָן מַחֲלִיף (ז)
een film maken	letsalem 'seret	לְצַלֵם סֶרֶט
auditie (de)	mivdak	מִבְדָק (ז)
opnamen (mv.)	hasrata	הַסְרָטָה (נ)
filmploeg (de)	'tsevet ha'seret	צֶוֶת הַסֶרֶט (ז)
filmset (de)	atar hatsilum	אֲתַר הַצִילוּם (ז)
filmcamera (de)	matslema	מַצְלֵמָה (נ)
bioscoop (de)	beit kol'no‘a	בֵּית קוֹלְנוֹעַ (ז)
scherm (het)	masaχ	מָסָךְ (ז)
een film vertonen	lehar'ot 'seret	לְהַרְאוֹת סֶרֶט
geluidsspoor (de)	paskol	פַּסְקוֹל (ז)
speciale effecten (mv.)	e'fektim meyuχadim	אֶפֶקְטִים מְיוּחָדִים (ז"ר)

ondertiteling (de)	ktuviyot	כְּתוּבִיוֹת (נ"ר)
voortiteling, aftiteling (de)	ktuviyot	כְּתוּבִיוֹת (נ"ר)
vertaling (de)	tirgum	תַּרְגּוּם (ז)

126. Schilderij

kunst (de)	amanut	אָמָּנוּת (נ)
schone kunsten (mv.)	omanuyot yafot	אוֹמָנוּיוֹת יָפוֹת (נ"ר)
kunstgalerie (de)	ga'lerya le'amanut	גָּלֶרְיָה לְאָמָּנוּת (נ)
kunsttentoonstelling (de)	ta'aruxat amanut	תַּעֲרוּכַת אָמָּנוּת (נ)
schilderkunst (de)	tsiyur	צִיּוּר (ז)
grafiek (de)	'grafika	גְּרָפִיקָה (נ)
abstracte kunst (de)	amanut muf'ʃetet	אָמָּנוּת מוּפְשֶׁטֶת (נ)
impressionisme (het)	impresyonizm	אִימְפְּרֶסִיּוֹנִיזְם (ז)
schilderij (het)	tmuna	תְּמוּנָה (נ)
tekening (de)	tsiyur	צִיּוּר (ז)
poster (de)	'poster	פּוֹסְטֶר (ז)
illustratie (de)	iyur	אִיּוּר (ז)
miniatuur (de)	minya'tura	מִינְיָאטוּרָה (נ)
kopie (de)	he'etek	הֶעְתֵּק (ז)
reproductie (de)	ʃi'atuk	שִׁעְתּוּק (ז)
mozaïek (het)	psefas	פְּסֵיפָס (ז)
gebrandschilderd glas (het)	vitraʒ	וִיטְרָאז' (ז)
fresco (het)	fresko	פְרֶסְקוֹ (ז)
gravure (de)	taxrit	תַּחֲרִיט (ז)
buste (de)	pro'toma	פְּרוֹטוֹמָה (נ)
beeldhouwwerk (het)	'pesel	פֶּסֶל (ז)
beeld (bronzen ~)	'pesel	פֶּסֶל (ז)
gips (het)	'geves	גֶּבֶס (ז)
gipsen (bn)	mi'geves	מִגֶּבֶס
portret (het)	dyukan	דְּיוֹקָן (ז)
zelfportret (het)	dyukan atsmi	דְּיוֹקָן עַצְמִי (ז)
landschap (het)	tsiyur nof	צִיּוּר נוֹף (ז)
stilleven (het)	'teva domem	טֶבַע דּוֹמֵם (ז)
karikatuur (de)	karika'tura	קָרִיקָטוּרָה (נ)
schets (de)	tarʃim	תַּרְשִׁים (ז)
verf (de)	'tseva	צֶבַע (ז)
aquarel (de)	'tseva 'mayim	צֶבַע מַיִם (ז)
olieverf (de)	'ʃemen	שֶׁמֶן (ז)
potlood (het)	iparon	עִפָּרוֹן (ז)
Oostindische inkt (de)	tuʃ	טוּשׁ (ז)
houtskool (de)	pexam	פֶּחָם (ז)
tekenen (met krijt)	letsayer	לְצַיֵּר
schilderen (ww)	letsayer	לְצַיֵּר
poseren (ww)	ledagmen	לְדַגְמֵן
naaktmodel (man)	dugman eirom	דּוּגְמָן עֵירוֹם (ז)

115

naaktmodel (vrouw)	dugmanit erom	דוּגְמָנִית עֵירוֹם (נ)
kunstenaar (de)	tsayar	צַיָּר (ז)
kunstwerk (het)	yetsirat amanut	יְצִירַת אָמָנוּת (נ)
meesterwerk (het)	yetsirat mofet	יְצִירַת מוֹפֵת (נ)
studio, werkruimte (de)	'studyo	סְטוּדְיוֹ (ז)

schildersdoek (het)	bad piʃtan	בַּד פִּשְׁתָּן (ז)
schildersezel (de)	kan tsiyur	כַּן צִיּוּר (ז)
palet (het)	'plata	פְּלָטָה (נ)

lijst (een vergulde ~)	mis'geret	מִסְגֶּרֶת (נ)
restauratie (de)	ʃixzur	שְׁחזוּר (ז)
restaureren (ww)	leʃaxzer	לְשַׁחְזֵר

127. Literatuur & Poëzie

literatuur (de)	sifrut	סִפְרוּת (נ)
auteur (de)	sofer	סוֹפֵר (ז)
pseudoniem (het)	ʃem badui	שֵׁם בָּדוּי (ז)

boek (het)	'sefer	סֵפֶר (ז)
boekdeel (het)	'kerex	כֶּרֶךְ (ז)
inhoudsopgave (de)	'toxen inyanim	תּוֹכֶן עִנְיָנִים (ז)
pagina (de)	amud	עָמוּד (ז)
hoofdpersoon (de)	hagibor haraʃi	הַגִּבּוֹר הָרָאשִׁי (ז)
handtekening (de)	xatima	חֲתִימָה (נ)

verhaal (het)	sipur katsar	סִיפּוּר קָצָר (ז)
novelle (de)	sipur	סִיפּוּר (ז)
roman (de)	roman	רוֹמָן (ז)
werk (literatuur)	xibur	חִיבּוּר (ז)
fabel (de)	maʃal	מָשָׁל (ז)
detectiveroman (de)	roman balaʃi	רוֹמָן בַּלָּשִׁי (ז)

gedicht (het)	ʃir	שִׁיר (ז)
poëzie (de)	ʃira	שִׁירָה (נ)
epos (het)	po''ema	פּוֹאֶמָה (נ)
dichter (de)	meʃorer	מְשׁוֹרֵר (ז)

fictie (de)	sifrut yafa	סִפְרוּת יָפָה (נ)
sciencefiction (de)	mada bidyoni	מַדָּע בִּדְיוֹנִי (ז)
avonturenroman (de)	harpatka'ot	הַרְפַּתְקָאוֹת (נ"ר)
opvoedkundige literatuur (de)	sifrut limudit	סִפְרוּת לִימוּדִית (נ)
kinderliteratuur (de)	sifrut yeladim	סִפְרוּת יְלָדִים (נ)

128. Circus

circus (de/het)	kirkas	קִרְקָס (ז)
chapiteau circus (de/het)	kirkas nayad	קִרְקָס נַיָּד (ז)
programma (het)	toxnit	תּוֹכְנִית (נ)
voorstelling (de)	hofa'a	הוֹפָעָה (נ)
nummer (circus ~)	hofa'a	הוֹפָעָה (נ)

arena (de)	zira	זִירָה (נ)
pantomime (de)	panto'mima	פַּנְטוֹמִימָה (נ)
clown (de)	leitsan	לֵיצָן (ז)
acrobaat (de)	akrobat	אַקְרוֹבָּט (ז)
acrobatiek (de)	akro'batika	אַקְרוֹבָּטִיקָה (נ)
gymnast (de)	mit'amel	מִתְעַמֵּל (ז)
gymnastiek (de)	hit'amlut	הִתְעַמְּלוּת (נ)
salto (de)	'salta	סַלְטָה (נ)
sterke man (de)	atlet	אַתְלֵט (ז)
temmer (de)	me'alef	מְאַלֵּף (ז)
ruiter (de)	roxev	רוֹכֵב (ז)
assistent (de)	ozer	עוֹזֵר (ז)
stunt (de)	pa'alul	פַּעֲלוּל (ז)
goocheltruc (de)	'kesem	קֶסֶם (ז)
goochelaar (de)	kosem	קוֹסֵם (ז)
jongleur (de)	lahatutan	לַהֲטוּטָן (ז)
jongleren (ww)	lelahtet	לְלַהֵט
dierentrainer (de)	me'alef hayot	מְאַלֵּף חַיּוֹת (ז)
dressuur (de)	iluf xayot	אִילּוּף חַיּוֹת (ז)
dresseren (ww)	le'alef	לְאַלֵּף

129. Muziek. Popmuziek

muziek (de)	'muzika	מוּזִיקָה (נ)
muzikant (de)	muzikai	מוּזִיקַאי (ז)
muziekinstrument (het)	kli negina	כְּלִי נְגִינָה (ז)
spelen (bijv. gitaar ~)	lenagen be...	לְנַגֵּן בְּ...
gitaar (de)	gi'tara	גִּיטָרָה (נ)
viool (de)	kinor	כִּינּוֹר (ז)
cello (de)	'tfelo	צֶ׳לוֹ (ז)
contrabas (de)	kontrabas	קוֹנְטְרַבָּס (ז)
harp (de)	'nevel	נֵבֶל (ז)
piano (de)	psanter	פְּסַנְתֵּר (ז)
vleugel (de)	psanter kanaf	פְּסַנְתֵּר כָּנָף (ז)
orgel (het)	ugav	עוּגָב (ז)
blaasinstrumenten (mv.)	klei nefifa	כְּלֵי נְשִׁיפָה (ז״ר)
hobo (de)	abuv	אַבּוּב (ז)
saxofoon (de)	saksofon	סַקְסוֹפוֹן (ז)
klarinet (de)	klarinet	קְלָרִינֶט (ז)
fluit (de)	xalil	חָלִיל (ז)
trompet (de)	xatsotsra	חֲצוֹצְרָה (נ)
accordeon (de/het)	akordyon	אָקוֹרְדִיוֹן (ז)
trommel (de)	tof	תּוֹף (ז)
duet (het)	'du'o	דוּאוֹ (ז)
trio (het)	flifiya	שְׁלִישִׁיָּה (נ)

kwartet (het)	revi'iya	רְבִיעִיָּה (נ)
koor (het)	makhela	מַקְהֵלָה (נ)
orkest (het)	tiz'moret	תִּזְמֹרֶת (נ)

popmuziek (de)	'muzikat pop	מוּזִיקַת פּוֹפ (נ)
rockmuziek (de)	'muzikat rok	מוּזִיקַת רוֹק (נ)
rockgroep (de)	lehakat rok	לַהֲקַת רוֹק (נ)
jazz (de)	dʒez	גֵ'ז (נ)

| idool (het) | koχav | כּוֹכָב (ז) |
| bewonderaar (de) | ohed | אוֹהֵד (ז) |

concert (het)	kontsert	קוֹנְצֶרְט (ז)
symfonie (de)	si'fonya	סִימְפוֹנְיָה (נ)
compositie (de)	yetsira	יְצִירָה (נ)
componeren (muziek ~)	leχaber	לְחַבֵּר

zang (de)	ʃira	שִׁירָה (נ)
lied (het)	ʃir	שִׁיר (ז)
melodie (de)	mangina	מַנְגִּינָה (נ)
ritme (het)	'ketsev	קֶצֶב (ז)
blues (de)	bluz	בְּלוּז (ז)

bladmuziek (de)	tavim	תָּוִים (ז"ר)
dirigeerstok (baton)	ʃarvit ni'tsuaχ	שַׁרְבִיט נִיצּוּחַ (ז)
strijkstok (de)	'keʃet	קֶשֶׁת (נ)
snaar (de)	meitar	מֵיתָר (ז)
koffer (de)	nartik	נַרְתִּיק (ז)

Rusten. Entertainment. Reizen

130. Trip. Reizen

toerisme (het)	tayarut	תַּיָּירוּת (נ)
toerist (de)	tayar	תַּיָּיר (ז)
reis (de)	tiyul	טִיּוּל (ז)
avontuur (het)	harpatka	הַרְפַּתְקָה (נ)
tocht (de)	nesi'a	נְסִיעָה (נ)
vakantie (de)	χufʃa	חוּפְשָׁה (נ)
met vakantie zijn	lihyot beχufʃa	לִהְיוֹת בְּחוּפְשָׁה
rust (de)	menuχa	מְנוּחָה (נ)
trein (de)	ra'kevet	רַכֶּבֶת (נ)
met de trein	bera'kevet	בְּרַכֶּבֶת
vliegtuig (het)	matos	מָטוֹס (ז)
met het vliegtuig	bematos	בְּמָטוֹס
met de auto	bemeχonit	בְּמְכוֹנִית
per schip (bw)	be'oniya	בָּאוֹנִיָּיה
bagage (de)	mit'an	מִטְעָן (ז)
valies (de)	mizvada	מִזְוָוֹדָה (נ)
bagagekarretje (het)	eglat mit'an	עֶגְלַת מִטְעָן (נ)
paspoort (het)	darkon	דַּרְכּוֹן (ז)
visum (het)	'viza, aʃra	וִיזָה, אַשְׁרָה (נ)
kaartje (het)	kartis	כַּרְטִיס (ז)
vliegticket (het)	kartis tisa	כַּרְטִיס טִיסָה (ז)
reisgids (de)	madriχ	מַדְרִיךְ (ז)
kaart (de)	mapa	מַפָּה (נ)
gebied (landelijk ~)	ezor	אֵזוֹר (ז)
plaats (de)	makom	מָקוֹם (ז)
exotische bestemming (de)	ek'zotika	אֶקְזוֹטִיקָה (נ)
exotisch (bn)	ek'zoti	אֶקְזוֹטִי
verwonderlijk (bn)	nifla	נִפְלָא
groep (de)	kvutsa	קְבוּצָה (נ)
rondleiding (de)	tiyul	טִיּוּל (ז)
gids (de)	madriχ tiyulim	מַדְרִיךְ טִיּוּלִים (ז)

131. Hotel

motel (het)	motel	מוֹטֵל (ז)
3-sterren	ʃloʃa koχavim	שְׁלוֹשָׁה כּוֹכָבִים
5-sterren	χamiʃa koχavim	חֲמִישָׁה כּוֹכָבִים

overnachten (ww)	lehit'aχsen	לְהִתְאַכְסֵן
kamer (de)	'χeder	חֶדֶר (ז)
eenpersoonskamer (de)	'χeder yaχid	חֶדֶר יָחִיד (ז)
tweepersoonskamer (de)	'χeder zugi	חֶדֶר זוּגִי (ז)
een kamer reserveren	lehazmin 'χeder	לְהַזְמִין חֶדֶר

halfpension (het)	χatsi pensiyon	חֲצִי פֶּנְסְיוֹן (ז)
volpension (het)	pensyon male	פֶּנְסְיוֹן מָלֵא (ז)

met badkamer	im am'batya	עִם אַמְבַּטְיָה
met douche	im mik'laχat	עִם מִקְלַחַת
satelliet-tv (de)	tele'vizya bekvalim	טֶלֶוִיזְיָה בְּכְבָלִים (נ)
airconditioner (de)	mazgan	מַזְגָן (ז)
handdoek (de)	ma'gevet	מַגֶּבֶת (נ)
sleutel (de)	maf'teaχ	מַפְתֵחַ (ז)

administrateur (de)	amarkal	אֲמַרְכָּל (ז)
kamermeisje (het)	χadranit	חַדְרָנִית (נ)
piccolo (de)	sabal	סַבָּל (ז)
portier (de)	pakid kabala	פְּקִיד קַבָּלָה (ז)

restaurant (het)	mis'ada	מִסְעָדָה (נ)
bar (de)	bar	בָּר (ז)
ontbijt (het)	aruχat 'boker	אֲרוּחַת בּוֹקֶר (נ)
avondeten (het)	aruχat 'erev	אֲרוּחַת עֶרֶב (נ)
buffet (het)	miznon	מִזְנוֹן (ז)

hal (de)	'lobi	לוֹבִּי (ז)
lift (de)	ma'alit	מַעֲלִית (נ)

NIET STOREN	lo lehaf'ri'a	לֹא לְהַפְרִיעַ
VERBODEN TE ROKEN!	asur le'aʃen!	אָסוּר לְעַשֵן!

132. Boeken. Lezen

boek (het)	'sefer	סֵפֶר (ז)
auteur (de)	sofer	סוֹפֵר (ז)
schrijver (de)	sofer	סוֹפֵר (ז)
schrijven (een boek)	liχtov	לִכְתוֹב

lezer (de)	kore	קוֹרֵא (ז)
lezen (ww)	likro	לִקְרוֹא
lezen (het)	kri'a	קְרִיאָה (נ)

stil (~ lezen)	belev, be'ʃeket	בְּלֵב, בְּשֶׁקֶט
hardop (~ lezen)	bekol ram	בְּקוֹל רָם

uitgeven (boek ~)	lehotsi la'or	לְהוֹצִיא לָאוֹר
uitgeven (het)	hotsa'a la'or	הוֹצָאָה לָאוֹר (נ)
uitgever (de)	motsi le'or	מוֹצִיא לָאוֹר (ז)
uitgeverij (de)	hotsa'a la'or	הוֹצָאָה לָאוֹר (נ)

verschijnen (bijv. boek)	latset le'or	לָצֵאת לָאוֹר
verschijnen (het)	hafatsa	הֲפָצָה (נ)

oplage (de)	tfutsa	תְּפוּצָה (נ)
boekhandel (de)	χanut sfarim	חֲנוּת סְפָרִים (נ)
bibliotheek (de)	sifriya	סִפְרִיָּה (נ)

novelle (de)	sipur	סִיפּוּר (ז)
verhaal (het)	sipur katsar	סִיפּוּר קָצָר (ז)
roman (de)	roman	רוֹמָן (ז)
detectiveroman (de)	roman balaʃi	רוֹמָן בַּלָּשִׁי (ז)

memoires (mv.)	ziχronot	זִיכְרוֹנוֹת (ז"ר)
legende (de)	agada	אַגָּדָה (נ)
mythe (de)	'mitos	מִיתוֹס (ז)

gedichten (mv.)	ʃirim	שִׁירִים (ז"ר)
autobiografie (de)	otobio'grafya	אוֹטוֹבִּיוֹגְרַפְיָה (נ)
bloemlezing (de)	mivχar ktavim	מִבְחָר כְּתָבִים (ז)
sciencefiction (de)	mada bidyoni	מַדָּע בִּדְיוֹנִי (ז)
naam (de)	kotar	כּוֹתָר (ז)
inleiding (de)	mavo	מָבוֹא (ז)
voorblad (het)	amud ha'ʃaʿar	עַמּוּד הַשַּׁעַר (ז)

hoofdstuk (het)	'perek	פֶּרֶק (ז)
fragment (het)	'keta	קֶטַע (ז)
episode (de)	epi'zoda	אֶפִּיזוֹדָה (נ)

intrige (de)	alila	עֲלִילָה (נ)
inhoud (de)	'toχen	תּוֹכֶן (ז)
inhoudsopgave (de)	'toχen inyanim	תּוֹכֶן עִנְיָינִים (ז)
hoofdpersonage (het)	hagibor haraʃi	הַגִּיבּוֹר הָרָאשִׁי (ז)

boekdeel (het)	'kereχ	כֶּרֶךְ (ז)
omslag (de/het)	kriχa	כְּרִיכָה (נ)
boekband (de)	kriχa	כְּרִיכָה (נ)
bladwijzer (de)	simaniya	סִימָנִיָּה (נ)

pagina (de)	amud	עַמּוּד (ז)
bladeren (ww)	ledafdef	לְדַפְדֵּף
marges (mv.)	ʃu'layim	שׁוּלַיִים (ז"ר)
annotatie (de)	he'ara	הֶעָרָה (נ)
opmerking (de)	he'arat ʃu'layim	הֶעָרַת שׁוּלַיִים (נ)

tekst (de)	tekst	טֶקְסְט (ז)
lettertype (het)	gufan	גּוּפָן (ז)
drukfout (de)	taʿut dfus	טָעוּת דְּפוּס (נ)

vertaling (de)	tirgum	תַּרְגּוּם (ז)
vertalen (ww)	letargem	לְתַרְגֵּם
origineel (het)	makor	מָקוֹר (ז)

beroemd (bn)	mefursam	מְפוּרְסָם
onbekend (bn)	lo ya'duʿa	לֹא יָדוּעַ
interessant (bn)	me'anyen	מְעַנְיֵין
bestseller (de)	rav 'meχer	רַב־מֶכֶר (ז)
woordenboek (het)	milon	מִילוֹן (ז)
leerboek (het)	'sefer limud	סֵפֶר לִימּוּד (ז)
encyclopedie (de)	entsiklo'pedya	אָנְצִיקְלוֹפֶּדְיָה (נ)

133. Jacht. Vissen

jacht (de)	'tsayid	צַיִד (ז)
jagen (ww)	latsud	לָצוּד
jager (de)	tsayad	צַיָּיד (ז)
schieten (ww)	lirot	לִירוֹת
geweer (het)	rove	רוֹבֶה (ז)
patroon (de)	kadur	כַּדּוּר (ז)
hagel (de)	kaduriyot	כַּדּוּרִיוֹת (נ"ר)
val (de)	mal'kodet	מַלְכּוֹדֶת (נ)
valstrik (de)	mal'kodet	מַלְכּוֹדֶת (נ)
in de val trappen	lehilaχed bemal'kodet	לְהִילָכֵד בְּמַלְכּוֹדֶת
een val zetten	leha'niaχ mal'kodet	לְהָנִיחַ מַלְכּוֹדֶת
stroper (de)	tsayad lelo reʃut	צַיָּיד לְלֹא רְשׁוּת (ז)
wild (het)	χayot bar	חַיּוֹת בַּר (נ"ר)
jachthond (de)	'kelev 'tsayid	כֶּלֶב צַיִד (ז)
safari (de)	sa'fari	סָפָארִי (ז)
opgezet dier (het)	puχlats	פּוּחְלָץ (ז)
visser (de)	dayag	דַּיָּיג (ז)
visvangst (de)	'dayig	דַּיִג (ז)
vissen (ww)	ladug	לָדוּג
hengel (de)	χaka	חַכָּה (נ)
vislijn (de)	χut haχaka	חוּט הַחַכָּה (ז)
haak (de)	'keres	קֶרֶס (ז)
dobber (de)	matsof	מָצוֹף (ז)
aas (het)	pitayon	פִּיתָיוֹן (ז)
de hengel uitwerpen	lizrok et haχaka	לִזְרוֹק אֶת הַחַכָּה
bijten (ov. de vissen)	liv'lo'a pitayon	לִבְלוֹעַ פִּיתָיוֹן
vangst (de)	ʃlal 'dayig	שְׁלַל דַּיִג (ז)
wak (het)	mivka 'keraχ	מִבְקַע קֶרַח (ז)
net (het)	'reʃet dayagim	רֶשֶׁת דַּיָּיגִים (נ)
boot (de)	sira	סִירָה (נ)
vissen met netten	ladug be'reʃet	לָדוּג בְּרֶשֶׁת
het net uitwerpen	lizrok 'reʃet	לִזְרוֹק רֶשֶׁת
het net binnenhalen	ligror 'reʃet	לִגְרוֹר רֶשֶׁת
in het net vallen	lehilaχed be'reʃet	לְהִילָכֵד בְּרֶשֶׁת
walvisvangst (de)	tsayad livyatanim	צַיִד לְווֹיְתָנִים (ז)
walvisvaarder (de)	sfinat tseid livyetanim	סְפִינַת צַיִד לְווֹיְתָנִית (נ)
harpoen (de)	tsiltsal	צִלְצָל (ז)

134. Spellen. Biljart

biljart (het)	bilyard	בִּילְיַארְד (ז)
biljartzaal (de)	'χeder bilyard	חֲדַר בִּילְיַארְד (ז)
biljartbal (de)	kadur bilyard	כַּדּוּר בִּילְיַארְד (ז)

een bal in het gat jagen	lehaχnis kadur lekis	לְהַכְנִיס כַּדּוּר לְכִּיס
keu (de)	makel bilyard	מַקֵל בִּילְיַארְד (ז)
gat (het)	kis	כִּיס (ז)

135. Spellen. Speelkaarten

ruiten (mv.)	yahalom	יַהֲלוֹם (ז)
schoppen (mv.)	ale	עָלֶה (ז)
klaveren (mv.)	lev	לֵב (ז)
harten (mv.)	tiltan	תִּלְתָּן (ז)
aas (de)	as	אָס (ז)
koning (de)	'meleχ	מֶלֶךְ (ז)
dame (de)	malka	מַלְכָּה (נ)
boer (de)	nasiχ	נָסִיךְ (ז)
speelkaart (de)	klaf	קְלָף (ז)
kaarten (mv.)	klafim	קְלָפִים (ז״ר)
troef (de)	klaf nitsaχon	קְלָף נִיצָחוֹן (ז)
pak (het) kaarten	χafisat klafim	חֲפִיסַת קְלָפִים (נ)
punt (bijv. vijftig ~en)	nekuda	נְקוּדָה (נ)
uitdelen (kaarten ~)	leχalek klafim	לְחַלֵק קְלָפִים
schudden (de kaarten ~)	litrof	לִטְרוֹף
beurt (de)	tor	תּוֹר (ז)
valsspeler (de)	noχel klafim	נוֹכֵל קְלָפִים (ז)

136. Rusten. Spellen. Diversen

wandelen (on.ww.)	letayel ba'regel	לְטַייֵל בָּרֶגֶל
wandeling (de)	tiyul ragli	טִיּוּל רַגְלִי (ז)
trip (per auto)	nesi'a bameχonit	נְסִיעָה בָּמְכוֹנִית (נ)
avontuur (het)	harpatka	הַרְפַּתְקָה (נ)
picknick (de)	'piknik	פִּיקְנִיק (ז)
spel (het)	misχak	מִשְׂחָק (ז)
speler (de)	saχkan	שַׂחְקָן (ז)
partij (de)	misχak	מִשְׂחָק (ז)
collectioneur (de)	asfan	אַסְפָן (ז)
collectioneren (ww)	le'esof	לֶאֱסוֹף
collectie (de)	'osef	אוֹסֶף (ז)
kruiswoordraadsel (het)	taʃbets	תַשְׁבֵּץ (ז)
hippodroom (de)	hipodrom	הִיפּוֹדְרוֹם (ז)
discotheek (de)	diskotek	דִיסְקוֹטֶק (ז)
sauna (de)	'sa'una	סָאוּנָה (נ)
loterij (de)	'loto	לוֹטוֹ (ז)
trektocht (kampeertocht)	tiyul maχana'ut	טִיּוּל מַחֲנָאוּת (ז)
kamp (het)	maχane	מַחֲנֶה (ז)

tent (de)	'ohel	אוֹהֶל (ז)
kompas (het)	matspen	מַצְפֵּן (ז)
rugzaktoerist (de)	maxnai	מַחֲנַאי (ז)

bekijken (een film ~)	lir'ot	לִרְאוֹת
kijker (televisie~)	tsofe	צוֹפֶה (ז)
televisie-uitzending (de)	toxnit tele'vizya	תּוֹכְנִית טֶלֶוִויזְיָה (נ)

137. Fotografie

fotocamera (de)	matslema	מַצְלֵמָה (נ)
foto (de)	tmuna	תְּמוּנָה (נ)

fotograaf (de)	tsalam	צַלָּם (ז)
fotostudio (de)	'studyo letsilum	סְטוּדְיוֹ לְצִילוּם (ז)
fotoalbum (het)	albom tmunot	אַלְבּוֹם תְּמוּנוֹת (ז)

lens (de), objectief (het)	adaʃa	עֲדָשָׁה (נ)
telelens (de)	a'deʃet teleskop	עֲדֶשֶׁת טֶלֶסְקוֹפ (נ)
filter (de/het)	masnen	מַסְנֵן (ז)
lens (de)	adaʃa	עֲדָשָׁה (נ)

optiek (de)	'optika	אוֹפְּטִיקָה (נ)
diafragma (het)	tsamtsam	צַמְצָם (ז)
belichtingstijd (de)	zman hahe'ara	זְמַן הַהָאָרָה (ז)
zoeker (de)	einit	עֵינִית (נ)

digitale camera (de)	matslema digi'talit	מַצְלֵמָה דִּיגִיטָלִית (נ)
statief (het)	xatsuva	חֲצוּבָה (נ)
flits (de)	mavzek	מַבְזֵק (ז)
fotograferen (ww)	letsalem	לְצַלֵּם
kieken (foto's maken)	letsalem	לְצַלֵּם
zich laten fotograferen	lehitstalem	לְהִצְטַלֵּם

focus (de)	moked	מוֹקֵד (ז)
scherpstellen (ww)	lemaked	לְמַקֵּד
scherp (bn)	xad, memukad	חַד, מְמוּקָּד
scherpte (de)	xadut	חַדּוּת (נ)

contrast (het)	nigud	נִיגוּד (ז)
contrastrijk (bn)	menugad	מְנוּגָּד

kiekje (het)	tmuna	תְּמוּנָה (נ)
negatief (het)	taʃlil	תַּשְׁלִיל (ז)
filmpje (het)	'seret	סֶרֶט (ז)
beeld (frame)	freim	פְרֵיים (ז)
afdrukken (foto's ~)	lehadpis	לְהַדְפִּיס

138. Strand. Zwemmen

strand (het)	xof yam	חוֹף יָם (ז)
zand (het)	xol	חוֹל (ז)

leeg (~ strand)	ſomem	שׁוֹמֵם
bruine kleur (de)	ſizuf	שִׁיזוּף (ז)
zonnebaden (ww)	lehiſtazef	לְהִשְׁתַּזֵּף
gebruind (bn)	ſazuf	שָׁזוּף
zonnecrème (de)	krem hagana	קְרֶם הֲגָנָה (ז)
bikini (de)	bi'kini	בִּיקִינִי (ז)
badpak (het)	'beged yam	בֶּגֶד יָם (ז)
zwembroek (de)	'beged yam	בֶּגֶד יָם (ז)
zwembad (het)	breχa	בְּרֵיכָה (נ)
zwemmen (ww)	lisχot	לִשְׂחוֹת
douche (de)	mik'laχat	מִקְלַחַת (נ)
zich omkleden (ww)	lehaχlif bgadim	לְהַחְלִיף בְּגָדִים
handdoek (de)	ma'gevet	מַגֶּבֶת (נ)
boot (de)	sira	סִירָה (נ)
motorboot (de)	sirat ma'no'a	סִירַת מָנוֹעַ (נ)
waterski's (mv.)	ski 'mayim	סְקִי מַיִם (ז)
waterfiets (de)	sirat pe'dalim	סִירַת פֶּדָלִים (נ)
surfen (het)	gliſat galim	גְּלִישַׁת גַּלִים
surfer (de)	goleſ	גּוֹלֵשׁ (ז)
scuba, aqualong (de)	'skuba	סְקוּבָּה (נ)
zwemvliezen (mv.)	snapirim	סְנַפִּירִים (ז״ר)
duikmasker (het)	maseχa	מַסֵכָה (נ)
duiker (de)	tsolelan	צוֹלְלָן (ז)
duiken (ww)	litslol	לִצְלוֹל
onder water (bw)	mi'taχat lifnei ha'mayim	מִתַּחַת לִפְנֵי הַמַּיִם
parasol (de)	ſimſiya	שִׁמְשִׁיָה (נ)
ligstoel (de)	kise 'noaχ	כִּיסֵא נוֹחַ (ז)
zonnebril (de)	miſkefei 'ſemeſ	מִשְׁקְפֵי שֶׁמֶשׁ (נ״ר)
luchtmatras (de/het)	mizron mitna'peaχ	מִזְרוֹן מִתְנַפֵּחַ (ז)
spelen (ww)	lesaχek	לְשַׂחֵק
gaan zwemmen (ww)	lehitraχets	לְהִתְרַחֵץ
bal (de)	kadur yam	כַּדּוּר יָם (ז)
opblazen (oppompen)	lena'peaχ	לְנַפֵּחַ
lucht-, opblaasbare (bn)	menupaχ	מְנוּפָּח
golf (hoge ~)	gal	גַּל (ז)
boei (de)	matsof	מָצוֹף (ז)
verdrinken (ww)	lit'bo'a	לִטְבּוֹעַ
redden (ww)	lehatsil	לְהַצִּיל
reddingsvest (de)	χagorat hatsala	חֲגוֹרַת הַצָּלָה (נ)
waarnemen (ww)	litspot, lehaſkif	לִצְפּוֹת, לְהַשְׁקִיף
redder (de)	matsil	מַצִּיל (ז)

125

TECHNISCHE APPARATUUR. VERVOER

Technische apparatuur

139. Computer

computer (de)	maxʃev	מַחְשֵׁב (ז)
laptop (de)	maxʃev nayad	מַחְשֵׁב נַיָּד (ז)
aanzetten (ww)	lehadlik	לְהַדְלִיק
uitzetten (ww)	lexabot	לְכַבּוֹת
toetsenbord (het)	mik'ledet	מִקְלֶדֶת (נ)
toets (enter~)	makaʃ	מַקָּשׁ (ז)
muis (de)	axbar	עַכְבָּר (ז)
muismat (de)	ʃa'tiax le'axbar	שָׁטִיחַ לְעַכְבָּר (ז)
knopje (het)	kaftor	כַּפְתּוֹר (ז)
cursor (de)	saman	סַמָּן (ז)
monitor (de)	masax	מָסָךְ (ז)
scherm (het)	tsag	צָג (ז)
harde schijf (de)	disk ka'ʃiax	דִּיסְק קָשִׁיחַ (ז)
volume (het) van de harde schijf	'nefax disk ka'ʃiax	נֶפַח דִּיסְק קָשִׁיחַ (ז)
geheugen (het)	zikaron	זִכָּרוֹן (ז)
RAM-geheugen (het)	zikaron giʃa akra'it	זִכָּרוֹן גִּישָׁה אַקְרָאִית (ז)
bestand (het)	'kovets	קוֹבֶץ (ז)
folder (de)	tikiya	תִּיקִיָּה (נ)
openen (ww)	lif'toax	לִפְתּוֹחַ
sluiten (ww)	lisgor	לִסְגּוֹר
opslaan (ww)	liʃmor	לִשְׁמוֹר
verwijderen (wissen)	limxok	לִמְחוֹק
kopiëren (ww)	leha'atik	לְהַעֲתִיק
sorteren (ww)	lemayen	לְמַיֵּן
overplaatsen (ww)	leha'avir	לְהַעֲבִיר
programma (het)	toxna	תּוֹכְנָה (נ)
software (de)	toxna	תּוֹכְנָה (נ)
programmeur (de)	metaxnet	מְתַכְנֵת (ז)
programmeren (ww)	letaxnet	לְתַכְנֵת
hacker (computerkraker)	'haker	הָאקֶר (ז)
wachtwoord (het)	sisma	סִיסְמָה (נ)
virus (het)	'virus	וִירוּס (ז)
ontdekken (virus ~)	limtso, le'ater	לִמְצוֹא, לְאַתֵּר

| byte (de) | bait | בַּייט (ז) |
| megabyte (de) | megabait | מֶגָבַּייט (ז) |

| data (de) | netunim | נְתוּנִים (ז"ר) |
| databank (de) | bsis netunim | בְּסִיס נְתוּנִים (ז) |

kabel (USB-~, enz.)	'kevel	כֶּבֶל (ז)
afsluiten (ww)	lenatek	לְנַתֵק
aansluiten op (ww)	leχaber	לְחַבֵּר

140. Internet. E-mail

internet (het)	'internet	אִינְטֶרְנֶט (ז)
browser (de)	dafdefan	דַפְדְפָן (ז)
zoekmachine (de)	ma'no'a χipus	מָנוֹעַ חִיפּוּשׂ (ז)
internetprovider (de)	sapak	סַפָּק (ז)

webmaster (de)	menahel ha'atar	מְנַהֵל הָאֲתָר (ז)
website (de)	atar	אֲתָר (ז)
webpagina (de)	daf 'internet	דַף אִינְטֶרְנֶט (ז)

| adres (het) | 'ktovet | כְּתוֹבֶת (נ) |
| adresboek (het) | 'sefer ktovot | סֵפֶר כְּתוֹבוֹת (ז) |

postvak (het)	teivat 'do'ar	תֵיבַת דוֹאַר (נ)
post (de)	'do'ar, 'do'al	דוֹאַר (ז), דוֹא"ל (ז)
vol (~ postvak)	gaduʃ	גָדוּשׁ

| bericht (het) | hoda'a | הוֹדָעָה (נ) |
| binnenkomende berichten (mv.) | hoda'ot niχnasot | הוֹדָעוֹת נִכְנָסוֹת (נ"ר) |

uitgaande berichten (mv.)	hoda'ot yots'ot	הוֹדָעוֹת יוֹצְאוֹת (נ"ר)
verzender (de)	ʃo'leaχ	שׁוֹלֵחַ (ז)
verzenden (ww)	liʃ'loaχ	לִשְׁלוֹחַ
verzending (de)	ʃliχa	שְׁלִיחָה (נ)

| ontvanger (de) | nim'an | נִמְעָן (ז) |
| ontvangen (ww) | lekabel | לְקַבֵּל |

| correspondentie (de) | hitkatvut | הִתְכַּתְבוּת (נ) |
| corresponderen (met ...) | lehitkatev | לְהִתְכַּתֵב |

bestand (het)	'kovets	קוֹבֶץ (ז)
downloaden (ww)	lehorid	לְהוֹרִיד
creëren (ww)	litsor	לִיצוֹר
verwijderen (een bestand ~)	limχok	לִמְחוֹק
verwijderd (bn)	maχuk	מָחוּק

verbinding (de)	χibur	חִיבּוּר (ז)
snelheid (de)	mehirut	מְהִירוּת (נ)
modem (de)	'modem	מוֹדֶם (ז)
toegang (de)	giʃa	גִישָׁה (נ)
poort (de)	port	פּוֹרְט (ז)
aansluiting (de)	χibur	חִיבּוּר (ז)

zich aansluiten (ww)	lehitχaber	לְהִתְחַבֵּר
selecteren (ww)	livχor	לִבְחוֹר
zoeken (ww)	leχapes	לְחַפֵּשׂ

Vervoer

141. Vliegtuig

vliegtuig (het)	matos	מָטוֹס (ז)
vliegticket (het)	kartis tisa	כַּרְטִיס טִיסָה (ז)
luchtvaartmaatschappij (de)	χevrat te'ufa	חֶבְרַת תְּעוּפָה (נ)
luchthaven (de)	nemal te'ufa	נְמַל תְּעוּפָה (ז)
supersonisch (bn)	al koli	עַל קוֹלִי
gezagvoerder (de)	kabarnit	קַבַּרְנִיט (ז)
bemanning (de)	'tsevet	צֶוֶת (ז)
piloot (de)	tayas	טַיָּס (ז)
stewardess (de)	da'yelet	דַּיֶּלֶת (נ)
stuurman (de)	navat	נַוָּט (ז)
vleugels (mv.)	kna'fayim	כְּנָפַיִם (נ"ר)
staart (de)	zanav	זָנָב (ז)
cabine (de)	'kokpit	קוֹקְפִּיט (ז)
motor (de)	ma'no'a	מָנוֹעַ (ז)
landingsgestel (het)	kan nesi'a	כַּן נְסִיעָה (ז)
turbine (de)	tur'bina	טוּרבִּינָה (נ)
propeller (de)	madχef	מַדחֵף (ז)
zwarte doos (de)	kufsa ʃχora	קוּפְסָה שְׁחוֹרָה (נ)
stuur (het)	'hege	הֶגֶה (ז)
brandstof (de)	'delek	דֶּלֶק (ז)
veiligheidskaart (de)	hora'ot betiχut	הוֹרָאוֹת בְּטִיחוּת (נ"ר)
zuurstofmasker (het)	maseχat χamtsan	מַסֵּכַת חַמְצָן (נ)
uniform (het)	madim	מַדִּים (ז"ר)
reddingsvest (de)	χagorat hatsala	חֲגוֹרַת הַצָּלָה (נ)
parachute (de)	mitsnaχ	מִצְנָח (ז)
opstijgen (het)	hamra'a	הַמְרָאָה (נ)
opstijgen (ww)	lehamri	לְהַמְרִיא
startbaan (de)	maslul hamra'a	מַסְלוּל הַמְרָאָה (ז)
zicht (het)	re'ut	רְאוּת (נ)
vlucht (de)	tisa	טִיסָה (נ)
hoogte (de)	'gova	גּוֹבַה (ז)
luchtzak (de)	kis avir	כִּיס אֲוֽיר (ז)
plaats (de)	moʃav	מוֹשָׁב (ז)
koptelefoon (de)	ozniyot	אוֹזְנִיּוֹת (נ"ר)
tafeltje (het)	magaʃ mitkapel	מַגָּשׁ מִתְקַפֵּל (ז)
venster (het)	tsohar	צוֹהַר (ז)
gangpad (het)	ma'avar	מַעֲבָר (ז)

142. Trein

trein (de)	ra'kevet	רַכֶּבֶת (נ)
elektrische trein (de)	ra'kevet parvarim	רַכֶּבֶת פַּרְבָּרִים (נ)
sneltrein (de)	ra'kevet mehira	רַכֶּבֶת מְהִירָה (נ)
diesellocomotief (de)	katar 'dizel	קַטָּר דִּיזֶל (ז)
locomotief (de)	katar	קַטָּר (ז)
rijtuig (het)	karon	קָרוֹן (ז)
restauratierijtuig (het)	kron mis'ada	קְרוֹן מִסְעָדָה (ז)
rails (mv.)	mesilot	מְסִילוֹת (נ"ר)
spoorweg (de)	mesilat barzel	מְסִילַת בַּרְזֶל (נ)
dwarsligger (de)	'eden	אֶדֶן (ז)
perron (het)	ratsif	רָצִיף (ז)
spoor (het)	mesila	מְסִילָה (נ)
semafoor (de)	ramzor	רַמְזוֹר (ז)
halte (bijv. kleine treinhalte)	taxana	תַּחֲנָה (נ)
machinist (de)	nahag ra'kevet	נֶהָג רַכֶּבֶת (ז)
kruier (de)	sabal	סַבָּל (ז)
conducteur (de)	sadran ra'kevet	סַדְרָן רַכֶּבֶת (ז)
passagier (de)	no'se'a	נוֹסֵעַ (ז)
controleur (de)	bodek	בּוֹדֵק (ז)
gang (in een trein)	prozdor	פְּרוֹזְדּוֹר (ז)
noodrem (de)	ma'atsar xirum	מַעֲצַר חֵירוּם (ז)
coupé (de)	ta	תָּא (ז)
bed (slaapplaats)	dargaʃ	דַּרְגָּשׁ (ז)
bovenste bed (het)	dargaʃ elyon	דַּרְגָּשׁ עֶלְיוֹן (ז)
onderste bed (het)	dargaʃ taxton	דַּרְגָּשׁ תַּחְתּוֹן (ז)
beddengoed (het)	matsa'im	מַצָּעִים (ז"ר)
kaartje (het)	kartis	כַּרְטִיס (ז)
dienstregeling (de)	'luax zmanim	לוּחַ זְמַנִּים (ז)
informatiebord (het)	'ʃelet meida	שֶׁלֶט מֵידָע (ז)
vertrekken	latset	לָצֵאת
(De trein vertrekt ...)		
vertrek (ov. een trein)	yetsi'a	יְצִיאָה (נ)
aankomen (ov. de treinen)	leha'gi'a	לְהַגִּיעַ
aankomst (de)	haga'a	הַגָּעָה (נ)
aankomen per trein	leha'gi'a bera'kevet	לְהַגִּיעַ בְּרַכֶּבֶת
in de trein stappen	la'alot lera'kevet	לַעֲלוֹת לָרַכֶּבֶת
uit de trein stappen	la'redet mehara'kevet	לָרֶדֶת מֵהַרַכֶּבֶת
treinwrak (het)	hitraskut	הִתְרַסְּקוּת (נ)
ontspoord zijn	la'redet mipasei ra'kevet	לָרֶדֶת מִפַּסֵּי רַכֶּבֶת
locomotief (de)	katar	קַטָּר (ז)
stoker (de)	masik	מַסִּיק (ז)
stookplaats (de)	kivʃan	כִּבְשָׁן (ז)
steenkool (de)	pexam	פֶּחָם (ז)

143. Schip

schip (het)	sfina	ספינה (נ)
vaartuig (het)	sfina	ספינה (נ)
stoomboot (de)	oniyat kitor	אוניית קיטור (נ)
motorschip (het)	sfinat nahar	ספינת נהר (נ)
lijnschip (het)	oniyat ta'anugot	אוניית תענוגות (נ)
kruiser (de)	sa'yeret	סיירת (נ)
jacht (het)	'yaχta	יכטה (נ)
sleepboot (de)	go'reret	גוררת (נ)
duwbak (de)	arba	ארבה (נ)
ferryboot (de)	ma'a'boret	מעבורת (נ)
zeilboot (de)	sfinat mifras	ספינת מפרש (נ)
brigantijn (de)	briganit	בריגנית (נ)
IJsbreker (de)	ʃo'veret 'keraχ	שוברת קרח (נ)
duikboot (de)	tso'lelet	צוללת (נ)
boot (de)	sira	סירה (נ)
sloep (de)	sira	סירה (נ)
reddingssloep (de)	sirat hatsala	סירת הצלה (נ)
motorboot (de)	sirat ma'no'a	סירת מנוע (נ)
kapitein (de)	rav χovel	רב-חובל (ז)
zeeman (de)	malaχ	מלח (ז)
matroos (de)	yamai	ימאי (ז)
bemanning (de)	'tsevet	צוות (ז)
bootsman (de)	rav malaχim	רב-מלחים (ז)
scheepsjongen (de)	'na'ar sipun	נער סיפון (ז)
kok (de)	tabaχ	טבח (ז)
scheepsarts (de)	rofe ha'oniya	רופא האוניה (ז)
dek (het)	sipun	סיפון (ז)
mast (de)	'toren	תורן (ז)
zeil (het)	mifras	מפרש (ז)
ruim (het)	'beten oniya	בטן אוניה (נ)
voorsteven (de)	χartom	חרטום (ז)
achtersteven (de)	yarketei hasfina	ירכתי הספינה (ז"ר)
roeispaan (de)	maʃot	משוט (ז)
schroef (de)	madχef	מדחף (ז)
kajuit (de)	ta	תא (ז)
officierskamer (de)	mo'adon ktsinim	מועדון קצינים (ז)
machinekamer (de)	χadar meχonot	חדר מכונות (ז)
brug (de)	'geʃer hapikud	גשר הפיקוד (ז)
radiokamer (de)	ta alχutan	תא אלחוטן (ז)
radiogolf (de)	'teder	תדר (ז)
logboek (het)	yoman ha'oniya	יומן האוניה (ז)
verrekijker (de)	miʃkefet	משקפת (נ)
klok (de)	pa'amon	פעמון (ז)

vlag (de)	'degel	דֶּגֶל (ז)
kabel (de)	avot ha'oniya	עֲבוֹת הָאוֹנִיָּה (נ)
knoop (de)	'kefer	קֶשֶׁר (ז)

trapleuning (de)	ma'ake hasipun	מַעֲקֵה הַסִּיפּוּן (ז)
trap (de)	'kevef	כֶּבֶשׁ (ז)

anker (het)	'ogen	עוֹגֶן (ז)
het anker lichten	leharim 'ogen	לְהָרִים עוֹגֶן
het anker neerlaten	la'agon	לַעֲגוֹן
ankerketting (de)	far'feret ha'ogen	שַׁרְשֶׁרֶת הָעוֹגֶן (נ)

haven (bijv. containerhaven)	namal	נָמֵל (ז)
kaai (de)	'mezax	מֶזַח (ז)
aanleggen (ww)	la'agon	לַעֲגוֹן
wegvaren (ww)	lehaflig	לְהַפְלִיג

reis (de)	masa, tiyul	מַסָּע (ז), טִיּוּל (ז)
cruise (de)	'fayit	שַׁיִט (ז)
koers (de)	kivun	כִּיווּן (ז)
route (de)	nativ	נָתִיב (ז)

vaarwater (het)	nativ 'fayit	נְתִיב שַׁיִט (ז)
zandbank (de)	sirton	שִׁרְטוֹן (ז)
stranden (ww)	la'alot al hasirton	לַעֲלוֹת עַל הַשִּׁרְטוֹן

storm (de)	sufa	סוּפָה (נ)
signaal (het)	ot	אוֹת (ז)
zinken (ov. een boot)	lit'bo'a	לִטְבּוֹעַ
Man overboord!	adam ba'mayim!	אָדָם בַּמַּיִם!
SOS (noodsignaal)	kri'at hatsala	קְרִיאַת הַצָּלָה
reddingsboei (de)	galgal hatsala	גַּלְגַּל הַצָּלָה (ז)

144. Vliegveld

luchthaven (de)	nemal te'ufa	נְמַל תְּעוּפָה (ז)
vliegtuig (het)	matos	מָטוֹס (ז)
luchtvaartmaatschappij (de)	xevrat te'ufa	חֶבְרַת תְּעוּפָה (נ)
luchtverkeersleider (de)	bakar tisa	בַּקָּר טִיסָה (ז)

vertrek (het)	hamra'a	הַמְרָאָה (נ)
aankomst (de)	nexita	נְחִיתָה (נ)
aankomen (per vliegtuig)	leha'gi'a betisa	לְהַגִּיעַ בְּטִיסָה

vertrektijd (de)	zman hamra'a	זְמַן הַמְרָאָה (ז)
aankomstuur (het)	zman nexita	זְמַן נְחִיתָה (ז)

vertraagd zijn (ww)	lehit'akev	לְהִתְעַכֵּב
vluchtvertraging (de)	ikuv hatisa	עִיכּוּב הַטִּיסָה (ז)

informatiebord (het)	'luax meida	לוּחַ מֵידָע (ז)
informatie (de)	meida	מֵידָע (ז)
aankondigen (ww)	leho'dia	לְהוֹדִיעַ
vlucht (bijv. KLM ~)	tisa	טִיסָה (נ)

| douane (de) | 'meχes | מֶכֶס (ז) |
| douanier (de) | pakid 'meχes | פְּקִיד מֶכֶס (ז) |

douaneaangifte (de)	hatsharat meχes	הַצְהָרַת מֶכֶס (נ)
invullen (douaneaangifte ~)	lemale	לְמַלֵּא
een douaneaangifte invullen	lemale 'tofes hatshara	לְמַלֵּא טוֹפֶס הַצהָרָה
paspoortcontrole (de)	bdikat darkonim	בְּדִיקַת דַרְכּוֹנִים (נ)

bagage (de)	kvuda	כְּבוּדָה (נ)
handbagage (de)	kvudat yad	כְּבוּדַת יָד (נ)
bagagekarretje (het)	eglat kvuda	עֶגְלַת כְּבוּדָה (נ)

landing (de)	neχita	נְחִיתָה (נ)
landingsbaan (de)	maslul neχita	מַסְלוּל נְחִיתָה (ז)
landen (ww)	linχot	לִנְחוֹת
vliegtuigtrap (de)	'keveʃ	כֶּבֶשׁ (ז)

inchecken (het)	tʃek in	צֶ'ק אִין (ז)
incheckbalie (de)	dalpak tʃek in	דַלְפָּק צֶ'ק אִין (ז)
inchecken (ww)	leva'tseʼa tʃek in	לְבַצֵּעַ צֶ'ק אִין
instapkaart (de)	kartis aliya lematos	כַּרְטִיס עֲלִיָה לְמָטוֹס (ז)
gate (de)	'ʃaʼar yetsiʼa	שַׁעַר יְצִיאָה (ז)

transit (de)	maʻavar	מַעֲבָר (ז)
wachten (ww)	lehamtin	לְהַמְתִּין
wachtzaal (de)	traklin tisa	טְרַקְלִין טִיסָה (ז)
begeleiden (uitwuiven)	lelavot	לְלַווֹת
afscheid nemen (ww)	lomar lehitra'ot	לוֹמַר לְהִתְרָאוֹת

145. Fiets. Motorfiets

fiets (de)	ofa'nayim	אוֹפַנַּיִים (ז"ר)
bromfiets (de)	kat'noʻa	קַטְנוֹעַ (ז)
motorfiets (de)	of'noʻa	אוֹפְנוֹעַ (ז)

met de fiets rijden	lirkov al ofa'nayim	לִרְכּוֹב עַל אוֹפַנַּיִים
stuur (het)	kidon	כִּידוֹן (ז)
pedaal (de/het)	davʃa	דַווְשָׁה (נ)
remmen (mv.)	blamim	בְּלָמִים (ז"ר)
fietszadel (de/het)	ukaf	אוּכָּף (ז)

pomp (de)	maʃeva	מַשְׁאֵבָה (נ)
bagagedrager (de)	sabal	סַבָּל (ז)
fietslicht (het)	panas kidmi	פָּנָס קִדְמִי (ז)
helm (de)	kasda	קַסְדָּה (נ)

wiel (het)	galgal	גַלְגַל (ז)
spatbord (het)	kanaf	כָּנָף (נ)
velg (de)	χiʃuk	חִישׁוּק (ז)
spaak (de)	χiʃur	חִישׁוּר (ז)

Auto's

146. Soorten auto's

auto (de)	meχonit	מְכוֹנִית (נ)
sportauto (de)	meχonit sport	מְכוֹנִית סְפּוֹרְט (נ)
limousine (de)	limu'zina	לִימוּזִינָה (נ)
terreinwagen (de)	'reχev 'ʃetaχ	רֶכֶב שֶׂטַח (ז)
cabriolet (de)	meχonit gag niftaχ	מְכוֹנִית גַג נִפְתָּח (נ)
minibus (de)	'minibus	מִינִיבּוּס (ז)
ambulance (de)	'ambulans	אַמְבּוּלַנְס (ז)
sneeuwruimer (de)	maf'leset 'ʃeleg	מַפְלֶסֶת שֶׁלֶג (נ)
vrachtwagen (de)	masa'it	מַשָׂאִית (נ)
tankwagen (de)	meχalit 'delek	מֵיכָלִית דֶלֶק (נ)
bestelwagen (de)	masa'it kala	מַשָׂאִית קַלָה (נ)
trekker (de)	gorer	גוֹרֵר (ז)
aanhangwagen (de)	garur	גָרוּר (ז)
comfortabel (bn)	'noaχ	נוֹחַ
tweedehands (bn)	meʃumaʃ	מְשׁוּמָשׁ

147. Auto's. Carrosserie

motorkap (de)	miχse hama'no'a	מִכְסֵה הַמָנוֹעַ (ז)
spatbord (het)	kanaf	כָּנָף (נ)
dak (het)	gag	גַג (ז)
voorruit (de)	ʃimʃa kidmit	שִׁמְשָׁה קִדְמִית (נ)
achterruit (de)	mar'a aχorit	מַרְאָה אֲחוֹרִית (נ)
ruitensproeier (de)	mataz	מַתָז (ז)
wisserbladen (mv.)	magev	מַגֵב (ז)
zijruit (de)	ʃimʃat tsad	שִׁמְשַׁת צַד (נ)
raamlift (de)	χalon χaʃmali	חַלוֹן חַשְׁמַלִי (ז)
antenne (de)	an'tena	אַנְטֶנָה (נ)
zonnedak (het)	χalon gag	חַלוֹן גַג (ז)
bumper (de)	pagoʃ	פָּגוֹשׁ (ז)
koffer (de)	ta mit'an	תָא מִטְעָן (ז)
imperiaal (de/het)	gagon	גָגוֹן (ז)
portier (het)	'delet	דֶלֶת (נ)
handvat (het)	yadit	יָדִית (נ)
slot (het)	man'ul	מַנְעוּל (ז)
nummerplaat (de)	luχit riʃui	לוֹחִית רִישׁוּי (נ)
knalpot (de)	am'am	עַמְעָם (ז)

| benzinetank (de) | meiχal 'delek | מֵיכָל דֶּלֶק (ז) |
| uitlaatpijp (de) | maflet | מַפְלֵט (ז) |

gas (het)	gaz	גָּז (ז)
pedaal (de/het)	davʃa	דַּוְושָׁה (נ)
gaspedaal (de/het)	davʃat gaz	דַּוְושַׁת גָּז (נ)

rem (de)	'belem	בֶּלֶם (ז)
rempedaal (de/het)	davʃat hablamim	דַּוְושַׁת הַבְּלָמִים (נ)
remmen (ww)	livlom	לִבְלוֹם
handrem (de)	'belem χaniya	בֶּלֶם חֲנָיָה (ז)

koppeling (de)	matsmed	מַצְמֵד (ז)
koppelingspedaal (de/het)	davʃat hamatsmed	דַּוְושַׁת הַמַּצְמֵד (נ)
koppelingsschijf (de)	luχit hamatsmed	לוּחִית הַמַּצְמֵד (נ)
schokdemper (de)	bolem za'a'zu'a	בּוֹלֵם זַעֲזוּעִים (ז)

wiel (het)	galgal	גַּלְגַּל (ז)
reservewiel (het)	galgal χilufi	גַּלְגַּל חִילוּפִי (ז)
band (de)	tsmig	צְמִיג (ז)
wieldop (de)	tsa'laχat galgal	צַלַּחַת גַּלְגַּל (נ)

aandrijfwielen (mv.)	galgalim meni'im	גַּלְגַּלִים מֵנִיעִים (ז"ר)
met voorwielaandrijving	shel hana'a kidmit	שֶׁל הֲנָעָה קִדְמִית
met achterwielaandrijving	shel hana'a aχorit	שֶׁל הֲנָעָה אֲחוֹרִית
met vierwielaandrijving	shel hana'a male'a	שֶׁל הֲנָעָה מָלֵאָה

versnellingsbak (de)	teivat hiluχim	תֵּיבַת הִילוּכִים (נ)
automatisch (bn)	oto'mati	אוֹטוֹמָטִי
mechanisch (bn)	me'χani	מֶכָנִי
versnellingspook (de)	yadit hiluχim	יָדִית הִילוּכִים (נ)

| voorlicht (het) | panas kidmi | פָּנָס קִדְמִי (ז) |
| voorlichten (mv.) | panasim | פָּנָסִים (ז"ר) |

dimlicht (het)	or namuχ	אוֹר נָמוּךְ (ז)
grootlicht (het)	or ga'voha	אוֹר גָּבוֹהַּ (ז)
stoplicht (het)	or 'belem	אוֹר בֶּלֶם (ז)

standlichten (mv.)	orot χanaya	אוֹרוֹת חֲנָיָה (ז"ר)
noodverlichting (de)	orot χerum	אוֹרוֹת חֵירוּם (ז"ר)
mistlichten (mv.)	orot arafel	אוֹרוֹת עֲרָפֶל (ז"ר)
pinker (de)	panas itut	פָּנָס אִיתוּת (ז)
achteruitrijdlicht (het)	orot revers	אוֹרוֹת רֶבֶרְס (ז"ר)

148. Auto's. Passagiersruimte

interieur (het)	ta hanos'im	תָּא הַנּוֹסְעִים (ז)
leren (van leer gemaak)	asui me'or	עֲשׂוּי מֵעוֹר
fluwelen (abn)	ktifati	קְטִיפָתִי
bekleding (de)	ripud	רִיפּוּד (ז)

| toestel (het) | maχven | מַכְוֵון (ז) |
| instrumentenbord (het) | 'luaχ maχvenim | לוּחַ מַכְוֵנִים (ז) |

| snelheidsmeter (de) | mad mehirut | מַד מְהִירוּת (ז) |
| pijltje (het) | 'maχat | מַחַט (נ) |

kilometerteller (de)	mad merχak	מַד מֶרְחָק (ז)
sensor (de)	χaiʃan	חַיְשָׁן (ז)
niveau (het)	ramat mi'lui	רָמַת מִילוּי (נ)
controlelampje (het)	nurat azhara	נוּרַת אַזְהָרָה (נ)

stuur (het)	'hege	הֶגֶה (ז)
toeter (de)	tsofar	צוֹפָר (ז)
knopje (het)	kaftor	כַּפְתּוֹר (ז)
schakelaar (de)	'meteg	מֶתֶג (ז)

stoel (bestuurders~)	moʃav	מוֹשָׁב (ז)
rugleuning (de)	miʃ'enet	מִשְׁעֶנֶת (נ)
hoofdsteun (de)	miʃ'enet roʃ	מִשְׁעֶנֶת רֹאשׁ (נ)
veiligheidsgordel (de)	χagorat betiχut	חֲגוֹרַת בְּטִיחוּת (נ)
de gordel aandoen	lehadek χagora	לְהַדֵק חֲגוֹרָה
regeling (de)	kivnun	כִּיווּנוּן (ז)

| airbag (de) | karit avir | כָּרִית אֲווִיר (נ) |
| airconditioner (de) | mazgan | מַזְגָן (ז) |

radio (de)	'radyo	רַדִיוֹ (ז)
CD-speler (de)	'diskmen	דִיסְקְמָן (ז)
aanzetten (bijv. radio ~)	lehadlik	לְהַדְלִיק
antenne (de)	an'tena	אַנְטֶנָה (נ)
handschoenenkastje (het)	ta kfafot	תָא כְּפָפוֹת (ז)
asbak (de)	ma'afera	מַאֲפֵרָה (נ)

149. Auto's. Motor

motor (de)	ma'no'a	מָנוֹעַ (ז)
diesel- (abn)	shel 'dizel	שֶׁל דִיזֶל
benzine- (~motor)	'delek	דֶלֶק

motorinhoud (de)	'nefaχ ma'no'a	נֶפַח מָנוֹעַ (ז)
vermogen (het)	otsma	עוֹצְמָה (נ)
paardenkracht (de)	'koaχ sus	כּוֹחַ סוּס (ז)
zuiger (de)	buχna	בּוּכְנָה (נ)
cilinder (de)	tsi'linder	צִילִינְדֶר (ז)
klep (de)	ʃastom	שַׁסְתּוֹם (ז)

injectie (de)	mazrek	מַזְרֵק (ז)
generator (de)	meχolel	מְחוֹלֵל (ז)
carburator (de)	me'ayed	מְאַייֵד (ז)
motorolie (de)	'ʃemen mano'im	שֶׁמֶן מָנוֹעִים (ז)

radiator (de)	matsnen	מַצְנֵן (ז)
koelvloeistof (de)	nozel kirur	נוֹזֵל קִירוּר (ז)
ventilator (de)	me'avrer	מְאַווְרֵר (ז)

| accu (de) | matsber | מַצְבֵּר (ז) |
| starter (de) | mat'ne'a | מַתְנֵעַ (ז) |

contact (ontsteking)	hatsata	הַצָּתָה (נ)
bougie (de)	matset	מַצֵּת (ז)

pool (de)	'hedek	הֶדֶק (ז)
positieve pool (de)	'hedek χiyuvi	הֶדֶק חִיּוּבִי (ז)
negatieve pool (de)	'hedek ʃlili	הֶדֶק שְׁלִילִי (ז)
zekering (de)	natiχ	נָתִיךְ (ז)

luchtfilter (de)	masnen avir	מַסְנֵן אֲוִיר (ז)
oliefilter (de)	masnen 'ʃemen	מַסְנֵן שֶׁמֶן (ז)
benzinefilter (de)	masnen 'delek	מַסְנֵן דֶּלֶק (ז)

150. Auto's. Botsing. Reparatie

auto-ongeval (het)	te'una	תְּאוּנָה (נ)
verkeersongeluk (het)	te'unat draχim	תְּאוּנַת דְּרָכִים (נ)
aanrijden	lehitnageʃ	לְהִתְנַגֵּשׁ
(tegen een boom, enz.)		

verongelukken (ww)	lehima'eχ	לְהִיפָּצַע
beschadiging (de)	'nezek	נֶזֶק (ז)
heelhuids (bn)	ʃalem	שָׁלֵם

pech (de)	takala	תַּקָלָה (נ)
kapot gaan (zijn gebroken)	lehitkalkel	לְהִתְקַלְקֵל
sleeptouw (het)	'χevel grar	חֶבֶל גְּרָר (ז)

lek (het)	'teker	תֶּקֶר (ז)
lekke krijgen (band)	lehitpantʃer	לְהִתְפַּנְצֵ'ר
oppompen (ww)	lena'peaχ	לְנַפֵּחַ
druk (de)	'laχats	לַחַץ (ז)
checken (controleren)	livdok	לִבְדוֹק

reparatie (de)	ʃiputs	שִׁיפּוּץ (ז)
garage (de)	musaχ	מוּסָךְ (ז)
wisselstuk (het)	'χelek χiluf	חֵלֶק חִילוּף (ז)
onderdeel (het)	'χelek	חֵלֶק (ז)

bout (de)	'boreg	בּוֹרֶג (ז)
schroef (de)	'boreg	בּוֹרֶג (ז)
moer (de)	om	אוֹם (ז)
sluitring (de)	diskit	דִּיסְקִית (נ)
kogellager (de/het)	mesav	מֵסַב (ז)

pijp (de)	tsinorit	צִינוֹרִית (נ)
pakking (de)	'etem	אֶטֶם (ז)
kabel (de)	χut	חוּט (ז)

dommekracht (de)	dʒek	גָ'ק (ז)
moersleutel (de)	maf'teaχ bragim	מַפְתֵּחַ בְּרָגִים (ז)
hamer (de)	patiʃ	פַּטִּישׁ (ז)
pomp (de)	maʃeva	מַשְׁאֵבָה (נ)
schroevendraaier (de)	mavreg	מַבְרֵג (ז)
brandblusser (de)	mataf	מַטָף (ז)
gevarendriehoek (de)	meʃulaʃ χirum	מְשׁוּלָשׁ חִירוּם (ז)

afslaan (ophouden te werken)	ledomem	לְדוֹמֵם
uitvallen (het)	hadmama	הַדְמָמָה (נ)
zijn gebroken	lihyot ʃavur	לִהְיוֹת שָׁבוּר

ververhitten (ww)	lehitχamem yoter midai	לְהִתְחַמֵּם יוֹתֵר מִדַּי
verstopt raken (ww)	lehisatem	לְהִיסָתֵם
bevriezen (autodeur, enz.)	likpo	לִקְפּוֹא
barsten (leidingen, enz.)	lehitpa'ke'a	לְהִתְפַּקֵּעַ

druk (de)	'laχaʦ	לַחַץ (ז)
niveau (bijv. olieniveau)	ramat mi'lui	רָמַת מִילּוּי (נ)
slap (de drijfriem is ~)	rafe	רָפֶה

deuk (de)	dfika	דְּפִיקָה (נ)
geklop (vreemde geluiden)	'ra'aʃ	רַעַשׁ (ז)
barst (de)	'sedek	סֶדֶק (ז)
kras (de)	srita	שְׂרִיטָה (נ)

151. Auto's. Weg

weg (de)	'dereχ	דֶּרֶךְ (נ)
snelweg (de)	kviʃ mahir	כְּבִישׁ מָהִיר (ז)
autoweg (de)	kviʃ mahir	כְּבִישׁ מָהִיר (ז)
richting (de)	kivun	כִּיווּן (ז)
afstand (de)	merχak	מֶרְחָק (ז)

brug (de)	'geʃer	גֶּשֶׁר (ז)
parking (de)	χanaya	חֲנָיָה (נ)
plein (het)	kikar	כִּיכָּר (נ)
verkeersknooppunt (het)	meχlaf	מֶחְלָף (ז)
tunnel (de)	minhara	מִנְהָרָה (נ)

benzinestation (het)	taχanat 'delek	תַּחֲנַת דֶּלֶק (נ)
parking (de)	migraʃ χanaya	מִגְרַשׁ חֲנָיָה (ז)
benzinepomp (de)	maʃevat 'delek	מַשְׁאֵבַת דֶּלֶק (נ)
garage (de)	musaχ	מוּסָךְ (ז)
tanken (ww)	letadlek	לְתַדְלֵק
brandstof (de)	'delek	דֶּלֶק (ז)
jerrycan (de)	'dʒerikan	גַ'רִיקָן (ז)

asfalt (het)	asfalt	אַסְפַלְט (ז)
markering (de)	simun	סִימוּן (ז)
trottoirband (de)	sfat midraχa	שְׂפַת מִדְרָכָה (נ)
geleiderail (de)	ma'ake betiχut	מַעֲקֵה בְּטִיחוּת (ז)
greppel (de)	te'ala	תְּעָלָה (נ)
vluchtstrook (de)	ʃulei ha'dereχ	שׁוּלֵי הַדֶּרֶךְ (ז"ר)
lichtmast (de)	amud te'ura	עַמּוּד תְּאוּרָה (ז)

besturen (een auto ~)	linhog	לִנְהוֹג
afslaan (naar rechts ~)	lifnot	לִפְנוֹת
U-bocht maken (ww)	leva'ʦe'a pniyat parsa	לְבַצֵּעַ פְּנִיַּת פַּרְסָה
achteruit (de)	hiluχ aχori	הִילוּךְ אֲחוֹרִי (ז)
toeteren (ww)	liʦpor	לִצְפּוֹר

toeter (de)	tsfira	צְפִירָה (נ)
vastzitten (in modder)	lehitaka	לְהִיתָקַע
spinnen (wielen gaan ~)	lesovev et hagalgal al rek	לְסוֹבֵב אֶת הַגַּלְגַּלִים עַל רֵיק
uitzetten (ww)	ledomem	לְדוֹמֵם

snelheid (de)	mehirut	מְהִירוּת (נ)
een snelheidsovertreding maken	linhog bemehirut muf'rezet	לִנְהוֹג בִּמְהִירוּת מוּפְרֶזֶת
bekeuren (ww)	liknos	לִקְנֹס
verkeerslicht (het)	ramzor	רַמְזוֹר (ז)
rijbewijs (het)	rifyon nehiga	רִשְׁיוֹן נְהִיגָה (ז)

overgang (de)	ma'avar pasei ra'kevet	מַעֲבָר פַּסֵּי רַכֶּבֶת (ז)
kruispunt (het)	'tsomet	צוֹמֶת (ז)
zebrapad (oversteekplaats)	ma'avar xatsaya	מַעֲבָר חֲצָיָה (ז)
bocht (de)	pniya	פְּנִיָּה (נ)
voetgangerszone (de)	midrexov	מִדְרְחוֹב (ז)

139

MENSEN. GEBEURTENISSEN IN HET LEVEN

Gebeurtenissen in het leven

152. Vakanties. Evenement

feest (het)	χagiga	חֲגִיגָה (נ)
nationale feestdag (de)	χag le'umi	חַג לְאוּמִי (ז)
feestdag (de)	yom χag	יוֹם חַג (ז)
herdenken (ww)	laχgog	לַחְגּוֹג

gebeurtenis (de)	hitraχaʃut	הִתְרַחֲשׁוּת (נ)
evenement (het)	ei'ru'a	אֵירוּעַ (ז)
banket (het)	se'uda χagigit	סְעוּדָה חֲגִיגִית (נ)
receptie (de)	ei'ruaχ	אֵירוּחַ (ז)
feestmaal (het)	miʃte	מִשְׁתֶּה (ז)

verjaardag (de)	yom haʃana	יוֹם הַשָּׁנָה (ז)
jubileum (het)	χag hayovel	חַג הַיּוֹבֵל (ז)
vieren (ww)	laχgog	לַחְגּוֹג

Nieuwjaar (het)	ʃana χadaʃa	שָׁנָה חֲדָשָׁה (נ)
Gelukkig Nieuwjaar!	ʃana tova!	שָׁנָה טוֹבָה!
Sinterklaas (de)	'santa 'kla'us	סַנְטָה קְלָאוּס

Kerstfeest (het)	χag hamolad	חַג הַמּוֹלָד (ז)
Vrolijk kerstfeest!	χag hamolad sa'meaχ!	חַג הַמּוֹלָד שָׂמֵחַ!
kerstboom (de)	ets χag hamolad	עֵץ חַג הַמּוֹלָד (ז)
vuurwerk (het)	zikukim	זִיקוּקִים (ז"ר)

bruiloft (de)	χatuna	חֲתוּנָה (נ)
bruidegom (de)	χatan	חָתָן (ז)
bruid (de)	kala	כַּלָּה (נ)

| uitnodigen (ww) | lehazmin | לְהַזְמִין |
| uitnodiging (de) | hazmana | הַזְמָנָה (נ) |

gast (de)	o'reaχ	אוֹרֵחַ (ז)
op bezoek gaan	levaker	לְבַקֵּר
gasten verwelkomen	lekabel orχim	לְקַבֵּל אוֹרְחִים

geschenk, cadeau (het)	matana	מַתָּנָה (נ)
geven (iets cadeau ~)	latet matana	לָתֵת מַתָּנָה
geschenken ontvangen	lekabel matanot	לְקַבֵּל מַתָּנוֹת
boeket (het)	zer	זֵר (ז)

felicitaties (mv.)	braχa	בְּרָכָה (נ)
feliciteren (ww)	levareχ	לְבָרֵךְ
wenskaart (de)	kartis braχa	פַּרְטִיס בְּרָכָה (ז)

| een kaartje versturen | lifloax gluya | לִשְׁלוֹחַ גְּלוּיָה |
| een kaartje ontvangen | lekabel gluya | לְקַבֵּל גְּלוּיָה |

toast (de)	leharim kosit	לְהָרִים כּוֹסִית
aanbieden (een drankje ~)	lexabed	לְכַבֵּד
champagne (de)	ʃam'panya	שַׁמְפַּנְיָה (נ)

plezier hebben (ww)	lehanot	לֵיהָנוֹת
plezier (het)	alitsut	עֲלִיצוּת (נ)
vreugde (de)	simxa	שִׂמְחָה (נ)

| dans (de) | rikud | רִיקוּד (ז) |
| dansen (ww) | lirkod | לִרְקוֹד |

| wals (de) | vals | וַלְס (ז) |
| tango (de) | 'tango | טַנְגּוֹ (ז) |

153. Begrafenissen. Begrafenis

kerkhof (het)	beit kvarot	בֵּית קְבָרוֹת (ז)
graf (het)	'kever	קֶבֶר (ז)
kruis (het)	tslav	צְלָב (ז)
grafsteen (de)	matseva	מַצֵּבָה (נ)
omheining (de)	gader	גָּדֵר (נ)
kapel (de)	beit tfila	בֵּית תְּפִילָה (ז)

dood (de)	'mavet	מָוֶות (ז)
sterven (ww)	lamut	לָמוּת
overledene (de)	niftar	נִפְטָר (ז)
rouw (de)	'evel	אֵבֶל (ז)

begraven (ww)	likbor	לִקְבּוֹר
begrafenisonderneming (de)	beit levayot	בֵּית לְוָויוֹת (ז)
begrafenis (de)	levaya	לְוָויָה (נ)

krans (de)	zer	זֵר (ז)
doodskist (de)	aron metim	אָרוֹן מֵתִים (ז)
lijkwagen (de)	kron hamet	קְרוֹן הַמֵּת (ז)
lijkkleed (de)	taxrixim	תַּכְרִיכִים (ז"ר)

begrafenisstoet (de)	tahaluxat 'evel	תַּהֲלוּכַת אֵבֶל (נ)
urn (de)	kad 'efer	כַּד אֵפֶר (ז)
crematorium (het)	misrafa	מִשְׂרָפָה (נ)

overlijdensbericht (het)	moda'at 'evel	מוֹדָעַת אֵבֶל (נ)
huilen (wenen)	livkot	לִבְכּוֹת
snikken (huilen)	lehitya'peax	לְהִתְיַיפֵּחַ

154. Oorlog. Soldaten

| peloton (het) | maxlaka | מַחְלָקָה (נ) |
| compagnie (de) | pluga | פְּלוּגָה (נ) |

regiment (het)	χativa	חֲטִיבָה (נ)
leger (armee)	tsava	צָבָא (ז)
divisie (de)	ugda	אוּגְדָה (נ)

sectie (de)	kita	כִּיתָה (נ)
troep (de)	'χayil	חַיִל (ז)

soldaat (militair)	χayal	חַיָּיל (ז)
officier (de)	katsin	קָצִין (ז)

soldaat (rang)	turai	טוּרָאי (ז)
sergeant (de)	samal	סַמָּל (ז)
luitenant (de)	'segen	סֶגֶן (ז)
kapitein (de)	'seren	סֶרֶן (ז)
majoor (de)	rav 'seren	רַב־סֶרֶן (ז)
kolonel (de)	aluf miʃne	אַלּוּף מִשְׁנֶה (ז)
generaal (de)	aluf	אַלּוּף (ז)

matroos (de)	yamai	יַמַּאי (ז)
kapitein (de)	rav χovel	רַב־חוֹבֵל (ז)
bootsman (de)	rav malaχim	רַב־מַלָּחִים (ז)

artillerist (de)	totχan	תּוֹתְחָן (ז)
valschermjager (de)	tsanχan	צַנְחָן (ז)
piloot (de)	tayas	טַיָּיס (ז)
stuurman (de)	navat	נַוָּוט (ז)
mecanicien (de)	meχonai	מְכוֹנַאי (ז)

sappeur (de)	χablan	חַבְּלָן (ז)
parachutist (de)	tsanχan	צַנְחָן (ז)
verkenner (de)	iʃ modi'in kravi	אִישׁ מוֹדִיעִין קְרָבִי (ז)
scherpschutter (de)	tsalaf	צַלָּף (ז)

patrouille (de)	siyur	סִיּוּר (ז)
patrouilleren (ww)	lefatrel	לְפַטְרֵל
wacht (de)	zakif	זָקִיף (ז)

krijger (de)	loχem	לוֹחֵם (ז)
patriot (de)	patriyot	פַּטְרִיוֹט (ז)

held (de)	gibor	גִּיבּוֹר (ז)
heldin (de)	gibora	גִּיבּוֹרָה (נ)

verrader (de)	boged	בּוֹגֵד (ז)
verraden (ww)	livgod	לִבְגוֹד

deserteur (de)	arik	עָרִיק (ז)
deserteren (ww)	la'arok	לַעֲרוֹק

huurling (de)	sχir 'χerev	שָׂכִיר חֶרֶב (ז)
rekruut (de)	tiron	טִירוֹן (ז)
vrijwilliger (de)	mitnadev	מִתְנַדֵּב (ז)

gedode (de)	harug	הָרוּג (ז)
gewonde (de)	pa'tsu'a	פָּצוּעַ (ז)
krijgsgevangene (de)	ʃavui	שָׁבוּי (ז)

155. Oorlog. Militaire acties. Deel 1

oorlog (de)	milχama	מִלְחָמָה (נ)
oorlog voeren (ww)	lehilaχem	לְהִילָחֵם
burgeroorlog (de)	mil'χemet ezraχim	מִלְחֶמֶת אֶזְרָחִים (נ)
achterbaks (bw)	bogdani	בּוֹגְדָנִי
oorlogsverklaring (de)	haχrazat milχama	הַכְרָזַת מִלְחָמָה (נ)
verklaren (de oorlog ~)	lehaχriz	לְהַכְרִיז
agressie (de)	tokfanut	תּוֹקְפָנוּת (נ)
aanvallen (binnenvallen)	litkof	לִתְקוֹף
binnenvallen (ww)	liχboʃ	לִכְבּוֹש
invaller (de)	koveʃ	כּוֹבֵש (ז)
veroveraar (de)	koveʃ	כּוֹבֵש (ז)
verdediging (de)	hagana	הֲגָנָה (נ)
verdedigen (je land ~)	lehagen al	לְהָגֵן עַל
zich verdedigen (ww)	lehitgonen	לְהִתְגּוֹנֵן
vijand (de)	oyev	אוֹיֵב (ז)
tegenstander (de)	yariv	יָרִיב (ז)
vijandelijk (bn)	ʃel oyev	שֶל אוֹיֵב
strategie (de)	astra'tegya	אַסְטְרָטֶגְיָה (נ)
tactiek (de)	'taktika	טַקְטִיקָה (נ)
order (de)	pkuda	פְּקוּדָה (נ)
bevel (het)	pkuda	פְּקוּדָה (נ)
bevelen (ww)	lifkod	לִפְקוֹד
opdracht (de)	mesima	מְשִׂימָה (נ)
geheim (bn)	sodi	סוֹדִי
slag (de)	krav	קְרָב (ז)
veldslag (de)	ma'araχa	מַעֲרָכָה (נ)
strijd (de)	krav	קְרָב (ז)
aanval (de)	hatkafa	הַתְקָפָה (נ)
bestorming (de)	hista'arut	הִסְתַּעֲרוּת (נ)
bestormen (ww)	lehista'er	לְהִסְתַּעֵר
bezetting (de)	matsor	מָצוֹר (ז)
aanval (de)	mitkafa	מִתְקָפָה (נ)
in het offensief te gaan	latset lemitkafa	לָצֵאת לְמִתְקָפָה
terugtrekking (de)	nesiga	נְסִיגָה (נ)
zich terugtrekken (ww)	la'seget	לָסֶגֶת
omsingeling (de)	kitur	כִּיתּוּר (ז)
omsingelen (ww)	leχater	לְכַתֵּר
bombardement (het)	haftsatsa	הַפְצָצָה (נ)
een bom gooien	lehatil ptsatsa	לְהָטִיל פְּצָצָה
bombarderen (ww)	lehaftsits	לְהַפְצִיץ
ontploffing (de)	pitsuts	פִּיצוּץ (ז)

schot (het)	yeriya	יְרִיָּה (נ)
een schot lossen	lirot	לִירוֹת
schieten (het)	'yeri	יְרִי (ז)

mikken op (ww)	leχaven 'nefek	לְכַוֵּן נֶשֶׁק
aanleggen (een wapen ~)	leχaven	לְכַוֵּן
treffen (doelwit ~)	lik'lo'a	לִקְלוֹעַ

zinken (tot zinken brengen)	lehat'bi'a	לְהַטְבִּיעַ
kogelgat (het)	pirtsa	פִּרְצָה (נ)
zinken (gezonken zijn)	lit'bo'a	לִטְבּוֹעַ

front (het)	χazit	חֲזִית (נ)
evacuatie (de)	pinui	פִּינוּי (ז)
evacueren (ww)	lefanot	לְפַנּוֹת

loopgraaf (de)	te'ala	תְּעָלָה (נ)
prikkeldraad (de)	'tayil dokrani	חַיִל דּוֹקְרָנִי (ז)
verdedigingsobstakel (het)	maχsom	מַחְסוֹם (ז)
wachttoren (de)	migdal fmira	מִגְדַּל שְׁמִירָה (ז)

hospitaal (het)	beit χolim tsva'i	בֵּית חוֹלִים צְבָאִי (ז)
verwonden (ww)	lif'tso'a	לִפְצוֹעַ
wond (de)	'petsa	פֶּצַע (ז)
gewonde (de)	pa'tsu'a	פָּצוּעַ (ז)
gewond raken (ww)	lehipatsa	לְהִיפָּצַע
ernstig (~e wond)	kafe	קָשֶׁה

156. Wapens

wapens (mv.)	'nefek	נֶשֶׁק (ז)
vuurwapens (mv.)	'nefek χam	נֶשֶׁק חַם (ז)
koude wapens (mv.)	'nefek kar	נֶשֶׁק קַר (ז)

chemische wapens (mv.)	'nefek 'χimi	נֶשֶׁק כִּימִי (ז)
kern-, nucleair (bn)	gar'ini	גַּרְעִינִי
kernwapens (mv.)	'nefek gar'ini	נֶשֶׁק גַּרְעִינִי (ז)

bom (de)	ptsatsa	פְּצָצָה (נ)
atoombom (de)	ptsatsa a'tomit	פְּצָצָה אָטוֹמִית (נ)

pistool (het)	ekdaχ	אֶקְדָּח (ז)
geweer (het)	rove	רוֹבֶה (ז)
machinepistool (het)	tat mak'le'a	תַּת־מַקְלֵעַ (ז)
machinegeweer (het)	mak'le'a	מַקְלֵעַ (ז)

loop (schietbuis)	kane	קָנֶה (ז)
loop (bijv. geweer met kortere ~)	kane	קָנֶה (ז)
kaliber (het)	ka'liber	קָלִיבֶּר (ז)

trekker (de)	'hedek	הֶדֶק (ז)
korrel (de)	ka'venet	כַּוֶּנֶת (נ)
magazijn (het)	maχsanit	מַחְסָנִית (נ)

geweerkolf (de)	kat	קַת (נ)
granaat (handgranaat)	rimon	רִימוֹן (ז)
explosieven (mv.)	'χomer 'nefets	חוֹמֶר נֶפֶץ (ז)
kogel (de)	ka'li'a	קְלִיעַ (ז)
patroon (de)	kadur	כַּדוּר (ז)
lading (de)	te'ina	טְעִינָה (נ)
ammunitie (de)	taχ'moʃet	תַּחְמוֹשֶׁת (נ)
bommenwerper (de)	maftsits	מַפְצִיץ (ז)
straaljager (de)	metos krav	מְטוֹס קְרָב (ז)
helikopter (de)	masok	מָסוֹק (ז)
afweergeschut (het)	totaχ 'neged metosim	תּוֹתָח נֶגֶד מְטוֹסִים (ז)
tank (de)	tank	טַנְק (ז)
kanon (tank met een ~ van 76 mm)	totaχ	תּוֹתָח (ז)
artillerie (de)	arti'lerya	אַרְטִילֶרְיָה (נ)
kanon (het)	totaχ	תּוֹתָח (ז)
aanleggen (een wapen ~)	leχaven	לְכַוֵּון
projectiel (het)	pagaz	פָּגָז (ז)
mortiergranaat (de)	ptsatsat margema	פְּצָצַת מַרְגֵמָה (נ)
mortier (de)	margema	מַרְגֵמָה (נ)
granaatscherf (de)	resis	רְסִיס (ז)
duikboot (de)	tso'lelet	צוֹלֶלֶת (נ)
torpedo (de)	tor'pedo	טוֹרְפֶּדוֹ (ז)
raket (de)	til	טִיל (ז)
laden (geweer, kanon)	lit'on	לִטְעוֹן
schieten (ww)	lirot	לִירוֹת
richten op (mikken)	leχaven	לְכַוֵּון
bajonet (de)	kidon	כִּידוֹן (ז)
degen (de)	'χerev	חֶרֶב (נ)
sabel (de)	'χerev paraʃim	חֶרֶב פָּרָשִׁים (ז)
speer (de)	χanit	חֲנִית (נ)
boog (de)	'keʃet	קֶשֶׁת (נ)
pijl (de)	χets	חֵץ (ז)
musket (de)	musket	מוּסְקֶט (ז)
kruisboog (de)	'keʃet metsu'levet	קֶשֶׁת מְצוּלֶבֶת (נ)

157. Oude mensen

primitief (bn)	kadmon	קַדְמוֹן
voorhistorisch (bn)	prehis'tori	פְּרֶהִיסְטוֹרִי
eeuwenoude (~ beschaving)	atik	עַתִּיק
Steentijd (de)	idan ha''even	עִידָן הָאֶבֶן (ז)
Bronstijd (de)	idan ha'arad	עִידָן הָאָרָד (ז)
IJstijd (de)	idan ha'keraχ	עִידָן הַקֶּרַח (ז)
stam (de)	'ʃevet	שֵׁבֶט (ז)

menseneter (de)	oχel adam	אוֹכֵל אָדָם (ז)
jager (de)	tsayad	צַיָּד (ז)
jagen (ww)	latsud	לָצוּד
mammoet (de)	ma'muta	מָמוּטָה (נ)

grot (de)	me'ara	מְעָרָה (נ)
vuur (het)	eʃ	אֵשׁ (נ)
kampvuur (het)	medura	מְדוּרָה (נ)
rotstekening (de)	pet'roglif	פֶּטְרוֹגְלִיף (ז)

werkinstrument (het)	kli	כְּלִי (ז)
speer (de)	χanit	חֲנִית (נ)
stenen bijl (de)	garzen ha'even	גַּרְזֶן הָאֶבֶן (ז)
oorlog voeren (ww)	lehilaχem	לְהִילָחֵם
temmen (bijv. wolf ~)	levayet	לְבַיֵּת

idool (het)	'pesel	פֶּסֶל (ז)
aanbidden (ww)	la'avod et	לַעֲבוֹד אֶת
bijgeloof (het)	emuna tfela	אֱמוּנָה תְּפֵלָה (נ)
ritueel (het)	'tekes	טֶקֶס (ז)

evolutie (de)	evo'lutsya	אֵבוֹלוּצְיָה (נ)
ontwikkeling (de)	hitpatχut	הִתְפַּתְּחוּת (נ)
verdwijning (de)	he'almut	הֵיעָלְמוּת (נ)
zich aanpassen (ww)	lehistagel	לְהִסְתַּגֵּל

archeologie (de)	arχe'o'logya	אַרְכֵיאוֹלוֹגְיָה (נ)
archeoloog (de)	arχe'olog	אַרְכֵיאוֹלוֹג (ז)
archeologisch (bn)	arχe'o'logi	אַרְכֵיאוֹלוֹגִי

opgravingsplaats (de)	atar χafirot	אֲתַר חֲפִירוֹת (ז)
opgravingen (mv.)	χafirot	חֲפִירוֹת (נ"ר)
vondst (de)	mimtsa	מִמְצָא (ז)
fragment (het)	resis	רְסִיס (ז)

158. Middeleeuwen

volk (het)	am	עַם (ז)
volkeren (mv.)	amim	עַמִּים (ז"ר)
stam (de)	'ʃevet	שֵׁבֶט (ז)
stammen (mv.)	ʃvatim	שְׁבָטִים (ז"ר)

barbaren (mv.)	bar'barim	בַּרְבָּרִים (ז"ר)
Galliërs (mv.)	'galim	גָאלִים (ז"ר)
Goten (mv.)	'gotim	גוֹתִים (ז"ר)
Slaven (mv.)	'slavim	סְלָאבִים (ז"ר)
Vikings (mv.)	'vikingim	וִיקִינְגִים (ז"ר)

| Romeinen (mv.) | roma'im | רוֹמָאִים (ז"ר) |
| Romeins (bn) | 'romi | רוֹמִי |

Byzantijnen (mv.)	bi'zantim	בִּיזַנְטִים (ז"ר)
Byzantium (het)	bizantion, bizants	בִּיזַנְטִיוֹן, בִּיזַנְץ (ז)
Byzantijns (bn)	bi'zanti	בִּיזַנְטִי

keizer (bijv. Romeinse ~)	keisar	קֵיסָר (ז)
opperhoofd (het)	manhig	מַנְהִיג (ז)
machtig (bn)	rav 'koax	רַב־כּוֹחַ
koning (de)	'melex	מֶלֶךְ (ז)
heerser (de)	ʃalit	שַׁלִּיט (ז)

ridder (de)	abir	אַבִּיר (ז)
feodaal (de)	fe'odal	פֵיאוֹדָל (ז)
feodaal (bn)	fe'o'dali	פֵיאוֹדָלִי
vazal (de)	vasal	וָסָל (ז)

hertog (de)	dukas	דּוּכָּס (ז)
graaf (de)	rozen	רוֹזֵן (ז)
baron (de)	baron	בָּרוֹן (ז)
bisschop (de)	'biʃof	בִּישׁוֹף (ז)

harnas (het)	ʃiryon	שִׁרְיוֹן (ז)
schild (het)	magen	מָגֵן (ז)
zwaard (het)	'xerev	חֶרֶב (נ)
vizier (het)	magen panim	מָגֵן פָּנִים (ז)
maliënkolder (de)	ʃiryon kaskasim	שִׁרְיוֹן קַשְׂקַשִּׂים (ז)

| kruistocht (de) | masa tslav | מַסָּע צְלָב (ז) |
| kruisvaarder (de) | tsalban | צַלְבָּן (ז) |

gebied (bijv. bezette ~en)	'ʃetax	שֶׁטַח (ז)
aanvallen (binnenvallen)	litkof	לִתְקוֹף
veroveren (ww)	lixboʃ	לִכְבּוֹשׁ
innemen (binnenvallen)	lehiʃtalet	לְהִשְׁתַּלֵּט

bezetting (de)	matsor	מָצוֹר (ז)
bezet (bn)	natsur	נָצוּר
belegeren (ww)	latsur	לָצוּר

inquisitie (de)	inkvi'zitsya	אִינְקְווִיזִיצְיָה (נ)
inquisiteur (de)	inkvi'zitor	אִינְקְווִיזִיטוֹר (ז)
foltering (de)	inui	עִינּוּי (ז)
wreed (bn)	axzari	אַכְזָרִי
ketter (de)	kofer	כּוֹפֵר (ז)
ketterij (de)	kfira	כְּפִירָה (נ)

zeevaart (de)	haflaga bayam	הַפְלָגָה בַּיָּם (נ)
piraat (de)	ʃoded yam	שׁוֹדֵד יָם (ז)
piraterij (de)	pi'ratiyut	פִּירָטִיּוּת (נ)
enteren (het)	la'alot al	לַעֲלוֹת עַל
buit (de)	ʃalal	שָׁלָל (ז)
schatten (mv.)	otsarot	אוֹצָרוֹת (ז"ר)

ontdekking (de)	taglit	תַּגְלִית (נ)
ontdekken (bijv. nieuw land)	legalot	לְגַלּוֹת
expeditie (de)	miʃlaxat	מִשְׁלַחַת (נ)

musketier (de)	musketer	מוּסְקֶטֶר (ז)
kardinaal (de)	xaʃman	חַשְׁמָן (ז)
heraldiek (de)	he'raldika	הֵרַלְדִּיקָה (נ)
heraldisch (bn)	he'raldi	הֵרַלְדִּי

159. Leider. Baas. Autoriteiten

koning (de)	'meleχ	מֶלֶךְ (ז)
koningin (de)	malka	מַלְכָּה (נ)
koninklijk (bn)	malχuti	מַלְכוּתִי
koninkrijk (het)	mamlaχa	מַמְלָכָה (נ)
prins (de)	nasiχ	נָסִיךְ (ז)
prinses (de)	nesiχa	נְסִיכָה (נ)
president (de)	nasi	נָשִׂיא (ז)
vicepresident (de)	sgan nasi	סְגַן נָשִׂיא (ז)
senator (de)	se'nator	סֶנָאטוֹר (ז)
monarch (de)	'meleχ	מֶלֶךְ (ז)
heerser (de)	ʃalit	שַׁלִּיט (ז)
dictator (de)	rodan	רוֹדָן (ז)
tiran (de)	aruts	עָרוּץ (ז)
magnaat (de)	eil hon	אֵיל הוֹן (ז)
directeur (de)	menahel	מְנַהֵל (ז)
chef (de)	menahel, roʃ	מְנַהֵל (ז), רֹאשׁ (ז)
beheerder (de)	menahel	מְנַהֵל (ז)
baas (de)	bos	בּוֹס (ז)
eigenaar (de)	'ba'al	בַּעַל (ז)
leider (de)	manhig	מַנְהִיג (ז)
hoofd	roʃ	רֹאשׁ (ז)
(bijv. ~ van de delegatie)		
autoriteiten (mv.)	ʃiltonot	שִׁלְטוֹנוֹת (ז"ר)
superieuren (mv.)	memunim	מְמוּנִים (ז"ר)
gouverneur (de)	moʃel	מוֹשֵׁל (ז)
consul (de)	'konsul	קוֹנְסוּל (ז)
diplomaat (de)	diplomat	דִּיפְּלוֹמָט (ז)
burgemeester (de)	roʃ ha'ir	רֹאשׁ הָעִיר (ז)
sheriff (de)	ʃerif	שֶׁרִיף (ז)
keizer (bijv. Romeinse ~)	keisar	קֵיסָר (ז)
tsaar (de)	tsar	צָאר (ז)
farao (de)	par'o	פַּרְעֹה (ז)
kan (de)	χan	חָאן (ז)

160. De wet overtreden. Criminelen. Deel 1

bandiet (de)	ʃoded	שׁוֹדֵד (ז)
misdaad (de)	'peʃa	פֶּשַׁע (ז)
misdadiger (de)	po'ʃe'a	פּוֹשֵׁעַ (ז)
dief (de)	ganav	גַּנָּב (ז)
stelen (ww)	lignov	לִגְנֹב
stelen (de)	gneva	גְּנֵיבָה (נ)
diefstal (de)	gneva	גְּנֵיבָה (נ)

kidnappen (ww)	laχatof	לַחֲטוֹף
kidnapping (de)	χatifa	חֲטִיפָה (נ)
kidnapper (de)	χotef	חוֹטֵף (ז)

losgeld (het)	'kofer	כּוֹפֶר (ז)
eisen losgeld (ww)	lidroʃ 'kofer	לִדרוֹשׁ כּוֹפֶר

overvallen (ww)	liʃdod	לִשׁדוֹד
overval (de)	ʃod	שׁוֹד (ז)
overvaller (de)	ʃoded	שׁוֹדֵד (ז)

afpersen (ww)	lisχot	לִסחוֹט
afperser (de)	saχtan	סַחטָן (ז)
afpersing (de)	saχtanut	סַחטָנוּת (נ)

vermoorden (ww)	lir'tsoaχ	לִרצוֹח
moord (de)	'retsaχ	רֶצַח (ז)
moordenaar (de)	ro'tseaχ	רוֹצֵחַ (ז)

schot (het)	yeriya	יְרִיָה (נ)
een schot lossen	lirot	לִירוֹת
neerschieten (ww)	lirot la'mavet	לִירוֹת לַמָוֶת
schieten (ww)	lirot	לִירוֹת
schieten (het)	'yeri	יְרִי (ז)

ongeluk (gevecht, enz.)	takrit	תַקרִית (נ)
gevecht (het)	ktata	קְטָטָה (נ)
Help!	ha'tsilu!	הַצִילוּ!
slachtoffer (het)	nifga	נִפגָע (ז)

beschadigen (ww)	lekalkel	לְקַלקֵל
schade (de)	'nezek	נֶזֶק (ז)
lijk (het)	gufa	גוּפָה (נ)
zwaar (~ misdrijf)	χamur	חָמוּר

aanvallen (ww)	litkof	לִתקוֹף
slaan (iemand ~)	lehakot	לְהַכּוֹת
in elkaar slaan (toetakelen)	lehakot	לְהַכּוֹת
ontnemen (beroven)	la'kaχat be'koaχ	לָקַחַת בְּכוֹחַ
steken (met een mes)	lidkor le'mavet	לִדקוֹר לַמָוֶת
verminken (ww)	lehatil mum	לְהַטִיל מוּם
verwonden (ww)	lif'tso'a	לִפצוֹעַ

chantage (de)	saχtanut	סַחטָנוּת (נ)
chanteren (ww)	lisχot	לִסחוֹט
chanteur (de)	saχtan	סַחטָן (ז)

afpersing (de)	dmei χasut	דְמֵי חָסוּת (ז"ר)
afperser (de)	gove χasut	גוֹבֶה חָסוּת (ז)
gangster (de)	'gangster	גַנגסטֶר (ז)
maffia (de)	'mafya	מָאפִיָה (נ)

kruimeldief (de)	kayas	כַּיָיס (ז)
inbreker (de)	porets	פּוֹרֵץ (ז)
smokkelen (het)	havraχa	הַברָחָה (נ)
smokkelaar (de)	mav'riaχ	מַברִיחַ (ז)

namaak (de)	ziyuf	זִיּוּף (ז)
namaken (ww)	lezayef	לְזַיֵּיף
namaak-, vals (bn)	mezuyaf	מְזוּיָּף

161. De wet overtreden. Criminelen. Deel 2

verkrachting (de)	'ones	אוֹנֶס (ז)
verkrachten (ww)	le'enos	לֶאֱנוֹס
verkrachter (de)	anas	אַנָּס (ז)
maniak (de)	'manyak	מַנְיָאק (ז)
prostituee (de)	zona	זוֹנָה (נ)
prostitutie (de)	znut	זְנוּת (נ)
pooier (de)	sarsur	סַרְסוּר (ז)
drugsverslaafde (de)	narkoman	נַרְקוֹמָן (ז)
drugshandelaar (de)	soxer samim	סוֹחֵר סַמִּים (ז)
opblazen (ww)	lefotsets	לְפוֹצֵץ
explosie (de)	pitsuts	פִּיצוּץ (ז)
in brand steken (ww)	lehatsit	לְהַצִּית
brandstichter (de)	matsit	מַצִּית (ז)
terrorisme (het)	terorizm	טֶרוֹרִיזְם (ז)
terrorist (de)	mexabel	מְחַבֵּל (ז)
gijzelaar (de)	ben aruba	בֶּן עֲרוּבָּה (ז)
bedriegen (ww)	lehonot	לְהוֹנוֹת
bedrog (het)	hona'a	הוֹנָאָה (נ)
oplichter (de)	ramai	רַמַּאי (ז)
omkopen (ww)	lefaxed	לְשַׁחֵד
omkoperij (de)	'foxad	שׁוֹחַד (ז)
smeergeld (het)	'foxad	שׁוֹחַד (ז)
vergif (het)	'ra'al	רַעַל (ז)
vergiftigen (ww)	lehar'il	לְהַרְעִיל
vergif innemen (ww)	lehar'il et atsmo	לְהַרְעִיל אֶת עַצְמוֹ
zelfmoord (de)	hit'abdut	הִתְאַבְּדוּת (נ)
zelfmoordenaar (de)	mit'abed	מִתְאַבֵּד (ז)
bedreigen (bijv. met een pistool)	le'ayem	לְאַיֵּים
bedreiging (de)	iyum	אִיּוּם (ז)
een aanslag plegen	lehitnakef	לְהִתְנַקֵּשׁ
aanslag (de)	nisayon hitnakfut	נִיסָיוֹן הַתְנַקְשׁוּת (ז)
stelen (een auto)	lignov	לִגְנוֹב
kapen (een vliegtuig)	laxatof matos	לַחְטוֹף מָטוֹס
wraak (de)	nekama	נְקָמָה (נ)
wreken (ww)	linkom	לִנְקוֹם
martelen (gevangenen)	la'anot	לְעַנּוֹת

| foltering (de) | inui | עִינוּי (ז) |
| folteren (ww) | leyaser | לְיַיסֵר |

piraat (de)	ʃoded yam	שׁוֹדֵד יָם (ז)
straatschender (de)	χuligan	חוּלִיגָאן (ז)
gewapend (bn)	mezuyan	מְזוּיָן
geweld (het)	alimut	אַלִּימוּת (נ)
onwettig (strafbaar)	'bilti le'gali	בִּלְתִּי לֶגָלִי

| spionage (de) | rigul | רִיגוּל (ז) |
| spioneren (ww) | leragel | לְרַגֵּל |

162. Politie. Wet. Deel 1

| gerecht (het) | 'tsedek | צֶדֶק (ז) |
| gerechtshof (het) | beit miʃpat | בֵּית מִשְׁפָּט (ז) |

rechter (de)	ʃofet	שׁוֹפֵט (ז)
jury (de)	muʃba'im	מוּשְׁבָּעִים (ז"ר)
juryrechtspraak (de)	χaver muʃba'im	חֶבֶר מוּשְׁבָּעִים (ז)
berechten (ww)	liʃpot	לִשְׁפּוֹט

advocaat (de)	oreχ din	עוֹרֵךְ דִּין (ז)
beklaagde (de)	omed lemiʃpat	עוֹמֵד לְמִשְׁפָּט (ז)
beklaagdenbank (de)	safsal ne'eʃamim	סַפְסַל נֶאֱשָׁמִים (ז)

| beschuldiging (de) | ha'aʃama | הַאֲשָׁמָה (נ) |
| beschuldigde (de) | ne'eʃam | נֶאֱשָׁם (ז) |

vonnis (het)	gzar din	גְּזַר דִּין (ז)
veroordelen	lifsok	לִפְסוֹק
(in een rechtszaak)		

schuldige (de)	aʃem	אָשֵׁם (ז)
straffen (ww)	leha'aniʃ	לְהַעֲנִישׁ
bestraffing (de)	'oneʃ	עוֹנֶשׁ (ז)

boete (de)	knas	קְנָס (ז)
levenslange opsluiting (de)	ma'asar olam	מַאֲסַר עוֹלָם (ז)
doodstraf (de)	'oneʃ 'mavet	עוֹנֶשׁ מָוֶת (ז)
elektrische stoel (de)	kise χaʃmali	כִּיסֵא חַשְׁמַלִי (ז)
schavot (het)	gardom	גַּרְדּוֹם (ז)

| executeren (ww) | lehotsi la'horeg | לְהוֹצִיא לַהוֹרֵג |
| executie (de) | hatsa'a le'horeg | הוֹצָאָה לַהוֹרֵג (נ) |

| gevangenis (de) | beit 'sohar | בֵּית סוֹהַר (ז) |
| cel (de) | ta | תָּא (ז) |

konvooi (het)	miʃmar livui	מִשְׁמָר לִיוּוּי (ז)
gevangenisbewaker (de)	soher	סוֹהַר (ז)
gedetineerde (de)	asir	אָסִיר (ז)
handboeien (mv.)	azikim	אֲזִיקִים (ז"ר)
handboeien omdoen	liχbol be'azikim	לִכְבּוֹל בַּאֲזִיקִים

ontsnapping (de)	briχa	בְּרִיחָה (נ)
ontsnappen (ww)	liv'roaχ	לִבְרוֹחַ
verdwijnen (ww)	lehe'alem	לְהֵיעָלֵם
vrijlaten (uit de gevangenis)	leʃaχrer	לְשַׁחְרֵר
amnestie (de)	χanina	חֲנִינָה (נ)

politie (de)	miʃtara	מִשְׁטָרָה (נ)
politieagent (de)	ʃoter	שׁוֹטֵר (ז)
politiebureau (het)	taχanat miʃtara	תַּחֲנַת מִשְׁטָרָה (נ)
knuppel (de)	ala	אַלָּה (נ)
megafoon (de)	megafon	מֶגָּפוֹן (ז)

patrouilleerwagen (de)	na'yedet	נַיֶּדֶת (נ)
sirene (de)	tsofar	צוֹפָר (ז)
de sirene aansteken	lehaf'il tsofar	לְהַפְעִיל צוֹפָר
geloei (het) van de sirene	tsfira	צְפִירָה (נ)

plaats delict (de)	zirat 'peʃa	זִירַת פֶּשַׁע (נ)
getuige (de)	ed	עֵד (ז)
vrijheid (de)	'χofeʃ	חוֹפֶשׁ (ז)
handlanger (de)	ʃutaf	שׁוּתָף (ז)
ontvluchten (ww)	lehiχave	לְהֵיחָבֵא
spoor (het)	akev	עָקֵב (ז)

163. Politie. Wet. Deel 2

opsporing (de)	χipus	חִיפּוּשׁ (ז)
opsporen (ww)	leχapes	לְחַפֵּשׂ
verdenking (de)	χaʃad	חָשָׁד (ז)
verdacht (bn)	χaʃud	חָשׁוּד
aanhouden (stoppen)	la'atsor	לַעֲצוֹר
tegenhouden (ww)	la'atsor	לַעֲצוֹר

strafzaak (de)	tik	תִּיק (ז)
onderzoek (het)	χakira	חֲקִירָה (נ)
detective (de)	balaʃ	בַּלָּשׁ (ז)
onderzoeksrechter (de)	χoker	חוֹקֵר (ז)
versie (de)	haʃara	הַשְׁעָרָה (נ)

motief (het)	me'ni'a	מֵנִיעַ (ז)
verhoor (het)	χakira	חֲקִירָה (נ)
ondervragen (door de politie)	laχkor	לַחְקוֹר
ondervragen (omstanders ~)	letaʃel	לְתַשְׁאֵל
controle (de)	bdika	בְּדִיקָה (נ)

razzia (de)	matsod	מָצוֹד (ז)
huiszoeking (de)	χipus	חִיפּוּשׁ (ז)
achtervolging (de)	mirdaf	מִרְדָּף (ז)
achtervolgen (ww)	lirdof aχarei	לִרְדּוֹף אַחֲרֵי
opsporen (ww)	la'akov aχarei	לַעֲקוֹב אַחֲרֵי
arrest (het)	ma'asar	מַאֲסָר (ז)
arresteren (ww)	le'esor	לֶאֱסוֹר
vangen, aanhouden (een dief, enz.)	lilkod	לִלְכּוֹד

aanhouding (de)	leχida	לְכִידָה (נ)
document (het)	mismaχ	מִסְמָךְ (ז)
bewijs (het)	hoχaχa	הוֹכָחָה (נ)
bewijzen (ww)	leho'χiaχ	לְהוֹכִיחַ
voetspoor (het)	akev	עָקֵב (ז)
vingerafdrukken (mv.)	tvi'ot etsba'ot	טְבִיעוֹת אֶצְבָּעוֹת (נ"ר)
bewijs (het)	re'aya	רְאָיָה (נ)
alibi (het)	'alibi	אָלִיבִּי (ז)
onschuldig (bn)	χaf mi'pe∫a	חַף מִפֶּשַׁע
onrecht (het)	i 'tsedek	אִי צֶדֶק (ז)
onrechtvaardig (bn)	lo tsodek	לֹא צוֹדֵק
crimineel (bn)	plili	פְּלִילִי
confisqueren	lehaχrim	לְהַחְרִים
(in beslag nemen)		
drug (de)	sam	סַם (ז)
wapen (het)	'ne∫ek	נֶשֶׁק (ז)
ontwapenen (ww)	lifrok mi'ne∫ek	לְפָרֹק מְנֶשֶׁק
bevelen (ww)	lifkod	לִפְקֹד
verdwijnen (ww)	lehe'alem	לְהֵיעָלֵם
wet (de)	χok	חֹק (ז)
wettelijk (bn)	χuki	חוּקִי
onwettelijk (bn)	'bilti χuki	בִּלְתִי חוּקִי
verantwoordelijkheid (de)	aχrayut	אַחְרָיוּת (נ)
verantwoordelijk (bn)	aχrai	אַחְרַאי

153

NATUUR

De Aarde. Deel 1

164. De kosmische ruimte

kosmos (de)	χalal	חָלָל (ז)
kosmisch (bn)	ʃel χalal	שֶׁל חָלָל
kosmische ruimte (de)	χalal χitson	חָלָל חִיצוֹן (ז)
wereld (de)	olam	עוֹלָם (ז)
heelal (het)	yekum	יְקוּם (ז)
sterrenstelsel (het)	ga'laksya	גָּלַקְסִיָה (נ)
ster (de)	koχav	כּוֹכָב (ז)
sterrenbeeld (het)	tsvir koχavim	צְבִיר כּוֹכָבִים (ז)
planeet (de)	koχav 'leχet	כּוֹכַב לֶכֶת (ז)
satelliet (de)	lavyan	לַוְיָן (ז)
meteoriet (de)	mete'orit	מֶטֵאוֹרִיט (ז)
komeet (de)	koχav ʃavit	כּוֹכָב שָׁבִיט (ז)
asteroïde (de)	aste'ro'id	אַסְטֵרוֹאִיד (ז)
baan (de)	maslul	מַסְלוּל (ז)
draaien (om de zon, enz.)	lesovev	לְסוֹבֵב
atmosfeer (de)	atmos'fera	אַטְמוֹסְפֶרָה (נ)
Zon (de)	'ʃemeʃ	שֶׁמֶשׁ (נ)
zonnestelsel (het)	ma'a'reχet ha'ʃemeʃ	מַעֲרֶכֶת הַשֶׁמֶשׁ (נ)
zonsverduistering (de)	likui χama	לִיקוּי חַמָה (ז)
Aarde (de)	kadur ha''arets	כַּדוּר הָאָרֶץ (ז)
Maan (de)	ya'reaχ	יָרֵחַ (ז)
Mars (de)	ma'adim	מַאְדִים (ז)
Venus (de)	'noga	נוֹגַה (ז)
Jupiter (de)	'tsedek	צֶדֶק (ז)
Saturnus (de)	ʃabtai	שַׁבְּתַאי (ז)
Mercurius (de)	koχav χama	כּוֹכַב חַמָה (ז)
Uranus (de)	u'ranus	אוּרָנוּס (ז)
Neptunus (de)	neptun	נֶפְטוּן (ז)
Pluto (de)	'pluto	פְּלוּטוֹ (ז)
Melkweg (de)	ʃvil haχalav	שְׁבִיל הֶחָלָב (ז)
Grote Beer (de)	duba gdola	דוּבָּה גְדוֹלָה (נ)
Poolster (de)	koχav hatsafon	כּוֹכַב הַצָפוֹן (ז)
marsmannetje (het)	toʃav ma'adim	תוֹשַׁב מַאְדִים (ז)
buitenaards wezen (het)	χutsan	חוּצָן (ז)

bovenaards (het)	χaizar	חַיָּזָר (ז)
vliegende schotel (de)	tsa'laχat me'o'fefet	צַלַּחַת מְעוֹפֶפֶת (נ)
ruimtevaartuig (het)	χalalit	חֲלָלִית (נ)
ruimtestation (het)	taχanat χalal	תַּחֲנַת חָלָל (נ)
start (de)	hamra'a	הַמְרָאָה (נ)
motor (de)	ma'no'a	מָנוֹעַ (ז)
straalpijp (de)	neχir	נְחִיר (ז)
brandstof (de)	'delek	דֶּלֶק (ז)
cabine (de)	'kokpit	קוֹקְפִּיט (ז)
antenne (de)	an'tena	אַנְטֶנָה (נ)
patrijspoort (de)	eʃnav	אֶשְׁנָב (ז)
zonnebatterij (de)	'luaχ so'lari	לוּחַ סוֹלָרִי (ז)
ruimtepak (het)	χalifat χalal	חֲלִיפַת חָלָל (נ)
gewichtloosheid (de)	'χoser miʃkal	חוֹסֶר מִשְׁקָל (ז)
zuurstof (de)	χamtsan	חַמְצָן (ז)
koppeling (de)	agina	עֲגִינָה (נ)
koppeling maken	la'agon	לַעֲגוֹן
observatorium (het)	mitspe koχavim	מִצְפֵּה כּוֹכָבִים (ז)
telescoop (de)	teleskop	טֶלֶסְקוֹפּ (ז)
waarnemen (ww)	litspot, lehaʃkif	לִצְפּוֹת, לְהַשְׁקִיף
exploreren (ww)	laχkor	לַחְקוֹר

165. De Aarde

Aarde (de)	kadur ha''arets	כַּדּוּר הָאָרֶץ (ז)
aardbol (de)	kadur ha''arets	כַּדּוּר הָאָרֶץ (ז)
planeet (de)	koχav 'leχet	כּוֹכַב לֶכֶת (ז)
atmosfeer (de)	atmos'fera	אַטְמוֹסְפֶרָה (נ)
aardrijkskunde (de)	ge'o'grafya	גֵּיאוֹגְרַפְיָה (נ)
natuur (de)	'teva	טֶבַע (ז)
wereldbol (de)	'globus	גלוֹבּוּס (ז)
kaart (de)	mapa	מַפָּה (נ)
atlas (de)	'atlas	אַטְלָס (ז)
Europa (het)	ei'ropa	אֵירוֹפָּה (נ)
Azië (het)	'asya	אַסְיָה (נ)
Afrika (het)	'afrika	אַפְרִיקָה (נ)
Australië (het)	ost'ralya	אוֹסְטְרַלְיָה (נ)
Amerika (het)	a'merika	אָמֶרִיקָה (נ)
Noord-Amerika (het)	a'merika hatsfonit	אָמֶרִיקָה הַצְפוֹנִית (נ)
Zuid-Amerika (het)	a'merika hadromit	אָמֶרִיקָה הַדְרוֹמִית (נ)
Antarctica (het)	ya'beʃet an'tarktika	יַבֶּשֶׁת אַנְטָאַרְקְטִיקָה (נ)
Arctis (de)	'arktika	אַרְקְטִיקָה (נ)

166. Windrichtingen

noorden (het)	tsafon	צָפוֹן (ז)
naar het noorden	tsa'fona	צָפוֹנָה
in het noorden	batsafon	בַּצָפוֹן
noordelijk (bn)	tsfoni	צְפוֹנִי
zuiden (het)	darom	דָרוֹם (ז)
naar het zuiden	da'roma	דָרוֹמָה
in het zuiden	badarom	בַּדָרוֹם
zuidelijk (bn)	dromi	דְרוֹמִי
westen (het)	maʿarav	מַעֲרָב (ז)
naar het westen	maʿa'rava	מַעֲרָבָה
in het westen	bamaʿarav	בַּמַעֲרָב
westelijk (bn)	maʿaravi	מַעֲרָבִי
oosten (het)	mizraχ	מִזְרָח (ז)
naar het oosten	miz'raχa	מִזְרָחָה
in het oosten	bamizraχ	בַּמִזְרָח
oostelijk (bn)	mizraχi	מִזְרָחִי

167. Zee. Oceaan

zee (de)	yam	יָם (ז)
oceaan (de)	ok'yanos	אוֹקְיָאנוֹס (ז)
golf (baai)	mifrats	מִפְרָץ (ז)
straat (de)	meitsar	מֵיצַר (ז)
grond (vaste grond)	yabaʃa	יַבָּשָׁה (נ)
continent (het)	ya'beʃet	יַבֶּשֶׁת (נ)
eiland (het)	i	אִי (ז)
schiereiland (het)	χatsi i	חֲצִי אִי (ז)
archipel (de)	arχipelag	אַרְכִיפֶּלָג (ז)
baai, bocht (de)	mifrats	מִפְרָץ (ז)
haven (de)	namal	נָמֵל (ז)
lagune (de)	la'guna	לָגוּנָה (נ)
kaap (de)	kef	כֵּף (ז)
atol (de)	atol	אָטוֹל (ז)
rif (het)	ʃunit	שׁוּנִית (נ)
koraal (het)	almog	אַלְמוֹג (ז)
koraalrif (het)	ʃunit almogim	שׁוּנִית אַלְמוֹגִים (נ)
diep (bn)	amok	עָמוֹק
diepte (de)	'omek	עוֹמֶק (ז)
diepzee (de)	tehom	תְּהוֹם (נ)
trog (bijv. Marianentrog)	maχteʃ	מַכְתֵּשׁ (ז)
stroming (de)	'zerem	זֶרֶם (ז)
omspoelen (ww)	lehakif	לְהַקִיף
oever (de)	χof	חוֹף (ז)

kust (de)	χof yam	חוֹף יָם (ז)
vloed (de)	ge'ut	גֵּאוּת (נ)
eb (de)	'ʃefel	שֵׁפֶל (ז)
ondiepte (ondiep water)	sirton	שִׂרְטוֹן (ז)
bodem (de)	karka'it	קַרְקָעִית (נ)

golf (hoge ~)	gal	גַּל (ז)
golfkam (de)	pisgat hagal	פִּסְגַּת הַגַּל (נ)
schuim (het)	'keʦef	קֶצֶף (ז)

storm (de)	sufa	סוּפָה (נ)
orkaan (de)	hurikan	הוֹרִיקָן (ז)
tsunami (de)	ʦu'nami	צוּנָאמִי (ז)
windstilte (de)	'roga	רוֹגַע (ז)
kalm (bijv. ~e zee)	ʃalev	שָׁלֵו

| pool (de) | 'kotev | קוֹטֶב (ז) |
| polair (bn) | kotbi | קוֹטְבִּי |

breedtegraad (de)	kav 'roχav	קַו רוֹחַב (ז)
lengtegraad (de)	kav 'oreχ	קַו אוֹרֶךְ (ז)
parallel (de)	kav 'roχav	קַו רוֹחַב (ז)
evenaar (de)	kav hamaʃve	קַו הַמַּשְׁוֶה (ז)

hemel (de)	ʃa'mayim	שָׁמַיִם (ז"ר)
horizon (de)	'ofek	אוֹפֶק (ז)
lucht (de)	avir	אֲוִיר (ז)

vuurtoren (de)	migdalor	מִגְדַּלוֹר (ז)
duiken (ww)	liʦlol	לִצְלֹל
zinken (ov. een boot)	lit'bo'a	לִטְבּוֹעַ
schatten (mv.)	oʦarot	אוֹצָרוֹת (נ"ר)

168. Bergen

berg (de)	har	הַר (ז)
bergketen (de)	'reχes harim	רֶכֶס הָרִים (ז)
gebergte (het)	'reχes har	רֶכֶס הַר (ז)

bergtop (de)	pisga	פִּסְגָּה (נ)
bergpiek (de)	pisga	פִּסְגָּה (נ)
voet (ov. de berg)	margelot	מַרְגְּלוֹת (נ"ר)
helling (de)	midron	מִדְרוֹן (ז)

vulkaan (de)	har 'ga'aʃ	הַר גַּעַשׁ (ז)
actieve vulkaan (de)	har 'ga'aʃ pa'il	הַר גַּעַשׁ פָּעִיל (ז)
uitgedoofde vulkaan (de)	har 'ga'aʃ radum	הַר גַּעַשׁ רָדוּם (ז)

uitbarsting (de)	hitparʦut	הִתְפָּרְצוּת (נ)
krater (de)	lo'a	לֹעַ (ז)
magma (het)	megama	מַגְמָה (נ)
lava (de)	'lava	לָאבָה (נ)
gloeiend (~e lava)	lohet	לוֹהֵט
kloof (canyon)	kanyon	קַנְיוֹן (ז)

bergkloof (de)	gai	גַּיְא (ז)
spleet (de)	'beka	בֶּקַע (ז)
afgrond (de)	tehom	תְּהוֹם (נ)

bergpas (de)	ma'avar harim	מַעֲבַר הָרִים (ז)
plateau (het)	rama	רָמָה (נ)
klip (de)	tsuk	צוּק (ז)
heuvel (de)	giv'a	גִּבְעָה (נ)

gletsjer (de)	karχon	קַרְחוֹן (ז)
waterval (de)	mapal 'mayim	מַפַּל מַיִם (ז)
geiser (de)	'geizer	גֵּיזֶר (ז)
meer (het)	agam	אֲגַם (ז)

vlakte (de)	miʃor	מִישׁוֹר (ז)
landschap (het)	nof	נוֹף (ז)
echo (de)	hed	הֵד (ז)

alpinist (de)	metapes harim	מְטַפֵּס הָרִים (ז)
bergbeklimmer (de)	metapes sla'im	מְטַפֵּס סְלָעִים (ז)
trotseren (berg ~)	liχboʃ	לִכְבּוֹשׁ
beklimming (de)	tipus	טִיפּוּס (ז)

169. Rivieren

rivier (de)	nahar	נָהָר (ז)
bron (~ van een rivier)	ma'ayan	מַעְיָן (ז)
rivierbedding (de)	afik	אָפִיק (ז)
rivierbekken (het)	agan nahar	אֲגַן נָהָר (ז)
uitmonden in …	lehiʃapeχ	לְהִישָּׁפֵךְ

zijrivier (de)	yuval	יוּבָל (ז)
oever (de)	χof	חוֹף (ז)

stroming (de)	'zerem	זֶרֶם (ז)
stroomafwaarts (bw)	bemorad hanahar	בְּמוֹרַד הַנָּהָר
stroomopwaarts (bw)	bema'ale hanahar	בְּמַעֲלֵה הַנָּהָר

overstroming (de)	hatsafa	הֲצָפָה (נ)
overstroming (de)	ʃitafon	שִׁיטָפוֹן (ז)
buiten zijn oevers treden	la'alot al gdotav	לַעֲלוֹת עַל גְּדוֹתָיו
overstromen (ww)	lehatsif	לְהָצִיף

zandbank (de)	sirton	שִׂרְטוֹן (ז)
stroomversnelling (de)	'eʃed	אֶשֶׁד (ז)

dam (de)	'seχer	סֶכֶר (ז)
kanaal (het)	te'ala	תְּעָלָה (נ)
spaarbekken (het)	ma'agar 'mayim	מַאֲגַר מַיִם (ז)
sluis (de)	ta 'ʃayit	תָּא שַׁיִט (ז)

waterlichaam (het)	ma'agar 'mayim	מַאֲגַר מַיִם (ז)
moeras (het)	bitsa	בִּיצָה (נ)
broek (het)	bitsa	בִּיצָה (נ)

draaikolk (de)	me'ar'bolet	מְעַרְבֹּלֶת (נ)
stroom (de)	'naxal	נַחַל (ז)
drink- (abn)	ʃel ʃtiya	שֶׁל שְׁתִיָּה
zoet (~ water)	metukim	מְתוּקִים

IJs (het)	'kerax	קֶרַח (ז)
bevriezen (rivier, enz.)	likpo	לִקְפֹּא

170. Bos

bos (het)	'ya'ar	יַעַר (ז)
bos- (abn)	ʃel 'ya'ar	שֶׁל יַעַר

oerwoud (dicht bos)	avi ha'ya'ar	עֲבִי הַיַּעַר (ז)
bosje (klein bos)	xurʃa	חֻרְשָׁה (נ)
open plek (de)	ka'raxat 'ya'ar	קָרַחַת יַעַר (נ)

struikgewas (het)	svax	סְבַךְ (ז)
struiken (mv.)	'siax	שִׂיחַ (ז)

paadje (het)	ʃvil	שְׁבִיל (ז)
ravijn (het)	'emek tsar	עֵמֶק צַר (ז)

boom (de)	ets	עֵץ (ז)
blad (het)	ale	עָלֶה (ז)
gebladerte (het)	alva	עַלְוָה (נ)

vallende bladeren (mv.)	ʃa'lexet	שַׁלֶּכֶת (נ)
vallen (ov. de bladeren)	linʃor	לִנְשֹׁר
boomtop (de)	tsa'meret	צַמֶּרֶת (נ)

tak (de)	anaf	עָנָף (ז)
ent (de)	anaf ave	עָנָף עָבֶה (ז)
knop (de)	nitsan	נִיצָן (ז)
naald (de)	'maxat	מַחַט (נ)
dennenappel (de)	itstrubal	אִצְטְרוּבָּל (ז)

boom holte (de)	xor ba'ets	חוֹר בָּעֵץ (ז)
nest (het)	ken	קֵן (ז)
hol (het)	mexila	מְחִילָה (נ)

stam (de)	'geza	גֶּזַע (ז)
wortel (bijv. boom~s)	'ʃoreʃ	שׁוֹרֶשׁ (ז)
schors (de)	klipa	קְלִיפָּה (נ)
mos (het)	taxav	טַחַב (ז)

ontwortelen (een boom)	la'akor	לַעֲקֹר
kappen (een boom ~)	lixrot	לִכְרֹת
ontbossen (ww)	levare	לְבָרֵא
stronk (de)	'gedem	גֶּדֶם (ז)

kampvuur (het)	medura	מְדוּרָה (נ)
bosbrand (de)	srefa	שְׂרֵיפָה (נ)
blussen (ww)	lexabot	לְכַבּוֹת

boswachter (de)	ʃomer 'ya'ar	שׁוֹמֵר יַעַר (ז)
bescherming (de)	ʃmira	שְׁמִירָה (נ)
beschermen (bijv. de natuur ~)	liʃmor	לִשְׁמוֹר
stroper (de)	tsayad lelo reʃut	צַיָּד לְלֹא רְשׁוּת (ז)
val (de)	mal'kodet	מַלְכּוֹדֶת (נ)
plukken (vruchten, enz.)	lelaket	לְלַקֵּט
verdwalen (de weg kwijt zijn)	lit'ot	לִתְעוֹת

171. Natuurlijke hulpbronnen

natuurlijke rijkdommen (mv.)	otsarot 'teva	אוֹצְרוֹת טֶבַע (ז"ר)
delfstoffen (mv.)	mine'ralim	מִינֵרָלִים (ז"ר)
lagen (mv.)	mirbats	מִרְבָּץ (ז)
veld (bijv. olie~)	mirbats	מִרְבָּץ (ז)
winnen (uit erts ~)	liχrot	לִכְרוֹת
winning (de)	kriya	כְּרִיָּה (נ)
erts (het)	afra	עַפְרָה (נ)
mijn (bijv. kolenmijn)	miχre	מִכְרֶה (ז)
mijnschacht (de)	pir	פִּיר (ז)
mijnwerker (de)	kore	כּוֹרֶה (ז)
gas (het)	gaz	גָּז (ז)
gasleiding (de)	tsinor gaz	צִינוֹר גָּז (ז)
olie (aardolie)	neft	נֵפְט (ז)
olieleiding (de)	tsinor neft	צִינוֹר נֵפְט (ז)
oliebron (de)	be'er neft	בְּאֵר נֵפְט (נ)
boortoren (de)	migdal ki'duaχ	מִגְדַּל קִידּוּחַ (ז)
tanker (de)	meχalit	מֵיכָלִית (נ)
zand (het)	χol	חוֹל (ז)
kalksteen (de)	'even gir	אֶבֶן גִּיר (נ)
grind (het)	χatsats	חָצָץ (ז)
veen (het)	kavul	כָּבוּל (ז)
klei (de)	tit	טִיט (ז)
steenkool (de)	peχam	פֶּחָם (ז)
IJzer (het)	barzel	בַּרְזֶל (ז)
goud (het)	zahav	זָהָב (ז)
zilver (het)	'kesef	כֶּסֶף (ז)
nikkel (het)	'nikel	נִיקֵל (ז)
koper (het)	ne'χoʃet	נְחוֹשֶׁת (נ)
zink (het)	avats	אָבָץ (ז)
mangaan (het)	mangan	מַנְגָּן (ז)
kwik (het)	kaspit	כַּסְפִּית (נ)
lood (het)	o'feret	עוֹפֶרֶת (נ)
mineraal (het)	mineral	מִינֵרָל (ז)
kristal (het)	gaviʃ	גָּבִישׁ (ז)
marmer (het)	ʃayiʃ	שַׁיִשׁ (ז)
uraan (het)	u'ranyum	אוּרַנְיוּם (ז)

De Aarde. Deel 2

172. Weer

weer (het)	'mezeg avir	מֶזֶג אֲוֵיר (ז)
weersvoorspelling (de)	taχazit 'mezeg ha'avir	תַּחֲזִית מֶזֶג הָאֲוֵיר (נ)
temperatuur (de)	tempera'tura	טֶמפֶּרָטוּרָה (נ)
thermometer (de)	madχom	מַדחוֹם (ז)
barometer (de)	ba'rometer	בָּרוֹמֶטֶר (ז)

vochtig (bn)	laχ	לַח
vochtigheid (de)	laχut	לַחוּת (נ)
hitte (de)	χom	חוֹם (ז)
heet (bn)	χam	חַם
het is heet	χam	חַם

| het is warm | χamim | חָמִים |
| warm (bn) | χamim | חָמִים |

| het is koud | kar | קַר |
| koud (bn) | kar | קַר |

zon (de)	'ʃemeʃ	שֶׁמֶשׁ (נ)
schijnen (de zon)	lizhor	לִזהוֹר
zonnig (~e dag)	ʃimʃi	שִׁמשִׁי
opgaan (ov. de zon)	liz'roaχ	לִזרוֹחַ
ondergaan (ww)	liʃ'ko'a	לִשׁקוֹעַ

wolk (de)	anan	עָנָן (ז)
bewolkt (bn)	me'unan	מְעוּנָן
regenwolk (de)	av	עָב (ז)
somber (bn)	sagriri	סַגרִירִי

| regen (de) | 'geʃem | גֶשֶׁם (ז) |
| het regent | yored 'geʃem | יוֹרֵד גֶשֶׁם |

| regenachtig (bn) | gaʃum | גָשׁוּם |
| motregenen (ww) | letaftef | לְטַפּטֵף |

plensbui (de)	matar	מָטָר (ז)
stortbui (de)	mabul	מַבּוּל (ז)
hard (bn)	χazak	חָזָק

| plas (de) | ʃlulit | שׁלוּלִית (נ) |
| nat worden (ww) | lehitratev | לְהִתרַטֵב |

mist (de)	arapel	עֲרָפֶל (ז)
mistig (bn)	me'urpal	מְעוּרפָּל
sneeuw (de)	'ʃeleg	שֶׁלֶג (ז)
het sneeuwt	yored 'ʃeleg	יוֹרֵד שֶׁלֶג

173. Zwaar weer. Natuurrampen

noodweer (storm)	sufat re'amim	סוּפַת רְעָמִים (נ)
bliksem (de)	barak	בָּרָק (ז)
flitsen (ww)	livhok	לִבְהוֹק

donder (de)	'ra'am	רַעַם (ז)
donderen (ww)	lir'om	לִרְעוֹם
het dondert	lir'om	לִרְעוֹם

hagel (de)	barad	בָּרָד (ז)
het hagelt	yored barad	יוֹרֵד בָּרָד

overstromen (ww)	lehatsif	לְהָצִיף
overstroming (de)	ʃitafon	שִׁיטָפוֹן (ז)

aardbeving (de)	re'idat adama	רְעִידַת אֲדָמָה (נ)
aardschok (de)	re'ida	רְעִידָה (נ)
epicentrum (het)	moked	מוֹקֵד (ז)

uitbarsting (de)	hitpartsut	הִתְפָּרְצוּת (נ)
lava (de)	'lava	לָאבָה (נ)

wervelwind (de)	hurikan	הוֹרִיקָן (ז)
windhoos (de)	tor'nado	טוֹרְנָדוֹ (ז)
tyfoon (de)	taifun	טַייפוּן (ז)

orkaan (de)	hurikan	הוֹרִיקָן (ז)
storm (de)	sufa	סוּפָה (נ)
tsunami (de)	tsu'nami	צוּנָאמִי (ז)

cycloon (de)	tsiklon	צִיקְלוֹן (ז)
onweer (het)	sagrir	סַגְרִיר (ז)
brand (de)	srefa	שְׂרֵיפָה (נ)
ramp (de)	ason	אָסוֹן (ז)
meteoriet (de)	mete'orit	מָטָאוֹרִיט (ז)

lawine (de)	ma'polet ʃlagim	מַפּוֹלֶת שְׁלָגִים (נ)
sneeuwverschuiving (de)	ma'polet ʃlagim	מַפּוֹלֶת שְׁלָגִים (נ)
sneeuwjacht (de)	sufat ʃlagim	סוּפַת שְׁלָגִים (נ)
sneeuwstorm (de)	sufat ʃlagim	סוּפַת שְׁלָגִים (נ)

Fauna

174. Zoogdieren. Roofdieren

roofdier (het)	χayat 'teref	חַיַּת טֶרֶף (נ)
tijger (de)	'tigris	טִיגְרִיס (ז)
leeuw (de)	arye	אַרְיֵה (ז)
wolf (de)	ze'ev	זְאֵב (ז)
vos (de)	ʃu'al	שׁוּעָל (ז)

jaguar (de)	yagu'ar	יָגוּאָר (ז)
luipaard (de)	namer	נָמֵר (ז)
jachtluipaard (de)	bardelas	בַּרְדְּלָס (ז)

panter (de)	panter	פַּנְתֵּר (ז)
poema (de)	'puma	פּוּמָה (נ)
sneeuwluipaard (de)	namer 'ʃeleg	נָמֵר שֶׁלֶג (ז)
lynx (de)	ʃunar	שׁוּנָר (ז)

coyote (de)	ze'ev ha'aravot	זְאֵב הָעֲרָבוֹת (ז)
jakhals (de)	tan	תַּן (ז)
hyena (de)	tsa'vo'a	צָבוֹעַ (ז)

175. Wilde dieren

| dier (het) | 'ba'al χayim | בַּעַל חַיִּים (ז) |
| beest (het) | χaya | חַיָּה (נ) |

eekhoorn (de)	sna'i	סְנָאִי (ז)
egel (de)	kipod	קִיפּוֹד (ז)
haas (de)	arnav	אַרְנָב (ז)
konijn (het)	ʃafan	שָׁפָן (ז)

das (de)	girit	גִּירִית (נ)
wasbeer (de)	dvivon	דְּבִיבוֹן (ז)
hamster (de)	oger	אוֹגֵר (ז)
marmot (de)	mar'mita	מַרְמִיטָה (נ)

mol (de)	χafar'peret	חֲפַרְפֶּרֶת (נ)
muis (de)	aχbar	עַכְבָּר (ז)
rat (de)	χulda	חוּלְדָּה (נ)
vleermuis (de)	atalef	עֲטַלֵּף (ז)

hermelijn (de)	hermin	הֶרְמִין (ז)
sabeldier (het)	tsobel	צוֹבֶּל (ז)
marter (de)	dalak	דָּלָק (ז)
wezel (de)	χamus	חָמוֹס (ז)
nerts (de)	χorfan	חוֹרְפָּן (ז)

bever (de)	bone	בּוֹנֶה (ז)
otter (de)	lutra	לוּטְרָה (נ)

paard (het)	sus	סוּס (ז)
eland (de)	ayal hakore	אַיָּל הַקּוֹרֵא (ז)
hert (het)	ayal	אַיָּל (ז)
kameel (de)	gamal	גָּמָל (ז)

bizon (de)	bizon	בִּיזוֹן (ז)
oeros (de)	bizon ei'ropi	בִּיזוֹן אֵירוֹפִי (ז)
buffel (de)	te'o	תְּאוֹ (ז)

zebra (de)	'zebra	זֶבְּרָה (נ)
antilope (de)	anti'lopa	אַנְטִילוֹפָה (ז)
ree (de)	ayal hakarmel	אַיָּל הַכַּרְמֶל (ז)
damhert (het)	yaxmur	יַחְמוּר (ז)
gems (de)	ya'el	יָעֵל (ז)
everzwijn (het)	xazir bar	חֲזִיר בָּר (ז)

walvis (de)	livyatan	לִוְיָתָן (ז)
rob (de)	'kelev yam	כֶּלֶב יָם (ז)
walrus (de)	sus yam	סוּס יָם (ז)
zeehond (de)	dov yam	דֹּב יָם (ז)
dolfijn (de)	dolfin	דּוֹלְפִין (ז)

beer (de)	dov	דֹּב (ז)
IJsbeer (de)	dov 'kotev	דֹּב קוֹטֶב (ז)
panda (de)	'panda	פַּנְדָּה (נ)

aap (de)	kof	קוֹף (ז)
chimpansee (de)	ʃimpanze	שִׁימְפַּנְזָה (נ)
orang-oetan (de)	orang utan	אוֹרַנְג-אוּטָן (ז)
gorilla (de)	go'rila	גּוֹרִילָה (נ)
makaak (de)	makak	מָקָק (ז)
gibbon (de)	gibon	גִּיבּוֹן (ז)

olifant (de)	pil	פִּיל (ז)
neushoorn (de)	karnaf	קַרְנַף (ז)
giraffe (de)	dʒi'rafa	ג'ירָפָה (נ)
nijlpaard (het)	hipopotam	הִיפּוֹפּוֹטָם (ז)

kangoeroe (de)	'kenguru	קֶנְגּוּרוּ (ז)
koala (de)	ko''ala	קוֹאָלָה (ז)

mangoest (de)	nemiya	נְמִיָּה (נ)
chinchilla (de)	tʃin'tʃila	צִ'ינְצִ'ילָה (נ)
stinkdier (het)	bo'eʃ	בּוֹאֵשׁ (ז)
stekelvarken (het)	darban	דַּרְבָּן (ז)

176. Huisdieren

poes (de)	xatula	חֲתוּלָה (נ)
kater (de)	xatul	חָתוּל (ז)
hond (de)	'kelev	כֶּלֶב (ז)

paard (het)	sus	סוּס (ז)
hengst (de)	sus harba'a	סוּס הַרְבָּעָה (ז)
merrie (de)	susa	סוּסָה (נ)
koe (de)	para	פָּרָה (נ)
stier (de)	ʃor	שׁוֹר (ז)
os (de)	ʃor	שׁוֹר (ז)
schaap (het)	kivsa	כִּבְשָׂה (נ)
ram (de)	'ayil	אַיִל (ז)
geit (de)	ez	עֵז (נ)
bok (de)	'tayiʃ	תַּיִשׁ (ז)
ezel (de)	χamor	חֲמוֹר (ז)
muilezel (de)	'pered	פֶּרֶד (ז)
varken (het)	χazir	חֲזִיר (ז)
biggetje (het)	χazarzir	חֲזַרְזִיר (ז)
konijn (het)	arnav	אַרְנָב (ז)
kip (de)	tarne'golet	תַּרְנְגוֹלֶת (נ)
haan (de)	tarnegol	תַּרְנְגוֹל (ז)
eend (de)	barvaz	בַּרְוָז (ז)
woerd (de)	barvaz	בַּרְוָז (ז)
gans (de)	avaz	אֲוָז (ז)
kalkoen haan (de)	tarnegol 'hodu	תַּרְנְגוֹל הוֹדוּ (ז)
kalkoen (de)	tarne'golet 'hodu	תַּרְנְגוֹלֶת הוֹדוּ (נ)
huisdieren (mv.)	χayot 'bayit	חַיּוֹת בַּיִת (נ"ר)
tam (bijv. hamster)	mevuyat	מְבוּיָת
temmen (tam maken)	levayet	לְבַיֵּת
fokken (bijv. paarden ~)	lehar'bi'a	לְהַרְבִּיעַ
boerderij (de)	χava	חַוָּה (נ)
gevogelte (het)	ofot 'bayit	עוֹפוֹת בַּיִת (נ"ר)
rundvee (het)	bakar	בָּקָר (ז)
kudde (de)	'eder	עֵדֶר (ז)
paardenstal (de)	urva	אוּרְוָה (נ)
zwijnenstal (de)	dir χazirim	דִּיר חֲזִירִים (ז)
koeienstal (de)	'refet	רֶפֶת (נ)
konijnenhok (het)	arnaviya	אַרְנָבִיָּה (נ)
kippenhok (het)	lul	לוּל (ז)

177. Honden. Hondenrassen

hond (de)	'kelev	כֶּלֶב (ז)
herdershond (de)	'kelev ro'e	כֶּלֶב רוֹעֶה (ז)
Duitse herdershond (de)	ro'e germani	רוֹעֶה גֶרְמָנִי (ז)
poedel (de)	'pudel	פּוּדֶל (ז)
teckel (de)	'taχaʃ	תַּחַשׁ (ז)
buldog (de)	buldog	בּוּלְדּוֹג (ז)

boxer (de)	'bokser	בּוֹקְסֶר (ז)
mastiff (de)	mastif	מַסְטִיף (ז)
rottweiler (de)	rot'vailer	רוֹטְווַיילֶר (ז)
doberman (de)	'doberman	דוֹבֶּרְמָן (ז)

basset (de)	'baset 'ha'und	בָּאסֶט־הָאוּנד (ז)
bobtail (de)	bobteil	בּוֹבּטֵייל (ז)
dalmatièr (de)	dal'mati	דַלְמָטִי (ז)
cockerspaniël (de)	'koker 'spani'el	קוֹקֶר סְפָּנִיאֵל (ז)

| newfoundlander (de) | nyu'fa'undlend | נְיוּפָאוּנדלֶנד (ז) |
| sint-bernard (de) | sen bernard | סֶן בֶּרְנָרד (ז) |

poolhond (de)	'haski	הָאסקִי (ז)
chowchow (de)	'tʃa'u 'tʃa'u	צ'אוּ צ'אוּ (ז)
spits (de)	ʃpits	שְׁפִּיץ (ז)
mopshond (de)	pag	פָּאג (ז)

178. Dierengeluiden

geblaf (het)	neviχa	נְבִיחָה (נ)
blaffen (ww)	lin'boaχ	לִנְבּוֹחַ
miauwen (ww)	leyalel	לְיַלֵל
spinnen (katten)	legarger	לְגַרְגֵּר

loeien (ov. een koe)	lig'ot	לִגְעוֹת
brullen (stier)	lig'ot	לִגְעוֹת
grommen (ov. de honden)	linhom	לִנְהוֹם

gehuil (het)	yelala	יְלָלָה (נ)
huilen (wolf, enz.)	leyalel	לְיַלֵל
janken (ov. een hond)	leyabev	לְיַבֵּב

mekkeren (schapen)	lif'ot	לִפְעוֹת
knorren (varkens)	leχarχer	לְחַרְחֵר
gillen (bijv. varken)	lits'voaχ	לִצְווֹחַ

kwaken (kikvorsen)	lekarker	לְקַרְקֵר
zoemen (hommel, enz.)	lezamzem	לְזַמְזֵם
tjirpen (sprinkhanen)	letsartser	לְצַרְצֵר

179. Vogels

vogel (de)	tsipor	צִיפּוֹר (נ)
duif (de)	yona	יוֹנָה (נ)
mus (de)	dror	דְרוֹר (ז)
koolmees (de)	yargazi	יַרְגָּזִי (ז)
ekster (de)	orev neχalim	עוֹרֵב נְחָלִים (ז)

raaf (de)	orev ʃaχor	עוֹרֵב שָׁחוֹר (ז)
kraai (de)	orev afor	עוֹרֵב אָפוֹר (ז)
kauw (de)	ka'ak	קָאק (ז)

roek (de)	orev hamizra	עוֹרֵב הַמִזְרָע (ז)
eend (de)	barvaz	בַּרְוָז (ז)
gans (de)	avaz	אָוָז (ז)
fazant (de)	pasyon	פַסְיוֹן (ז)

arend (de)	'ayit	עַיִט (ז)
havik (de)	nets	נֵץ (ז)
valk (de)	baz	בַּז (ז)

| gier (de) | ozniya | עוֹזְנִיָּה (ז) |
| condor (de) | kondor | קוֹנְדוֹר (ז) |

zwaan (de)	barbur	בַּרְבּוּר (ז)
kraanvogel (de)	agur	עָגוּר (ז)
ooievaar (de)	χasida	חֲסִידָה (נ)

papegaai (de)	'tuki	תּוּכִּי (ז)
kolibrie (de)	ko'libri	קוֹלִיבְּרִי (ז)
pauw (de)	tavas	טַוָּס (ז)

| struisvogel (de) | bat ya'ana | בַּת יַעֲנָה (נ) |
| reiger (de) | anafa | אֲנָפָה (נ) |

| flamingo (de) | fla'mingo | פְלָמִינְגוֹ (ז) |
| pelikaan (de) | saknai | שַׂקְנַאי (ז) |

| nachtegaal (de) | zamir | זָמִיר (ז) |
| zwaluw (de) | snunit | סְנוּנִית (נ) |

lijster (de)	kiχli	קִיכְלִי (ז)
zanglijster (de)	kiχli mezamer	קִיכְלִי מְזַמֵּר (ז)
merel (de)	kiχli ʃaχor	קִיכְלִי שָׁחוֹר (ז)

gierzwaluw (de)	sis	סִיס (ז)
leeuwerik (de)	efroni	עֶפְרוֹנִי (ז)
kwartel (de)	slav	שְׂלָיו (ז)

specht (de)	'neker	נָקָר (ז)
koekoek (de)	kukiya	קוּקִיָּה (נ)
uil (de)	yanʃuf	יַנְשׁוּף (ז)
oehoe (de)	'oaχ	אֹחַ (ז)
auerhoen (het)	seχvi 'ya'ar	שְׂכְוִי יַעַר (ז)

| korhoen (het) | seχvi | שְׂכְוִי (ז) |
| patrijs (de) | χogla | חוֹגְלָה (נ) |

spreeuw (de)	zarzir	זַרְזִיר (ז)
kanarie (de)	ka'narit	קָנָרִית (נ)
hazelhoen (het)	seχvi haya'arot	שְׂכְוִי הַיְּעָרוֹת (ז)

| vink (de) | paroʃ | פָּרוֹשׁ (ז) |
| goudvink (de) | admonit | אַדְמוֹנִית (נ) |

meeuw (de)	'ʃaχaf	שַׁחַף (ז)
albatros (de)	albatros	אַלְבַּטְרוֹס (ז)
pinguïn (de)	pingvin	פִּינְגְוִין (ז)

180. Vogels. Zingen en geluiden

fluiten, zingen (ww)	laʃir	לָשִׁיר
schreeuwen (dieren, vogels)	lits'ok	לִצְעוֹק
kraaien (ov. een haan)	lekarker	לְקַרְקֵר
kukeleku	kuku'riku	קוּקוּרִיקוּ
klokken (hen)	lekarker	לְקַרְקֵר
krassen (kraai)	lits'roax	לִצְרוֹחַ
kwaken (eend)	lega'a'ge'a	לְגַעְגֵּעַ
piepen (kuiken)	letsayets	לְצַיֵּץ
tjilpen (bijv. een mus)	letsaftsef, letsayets	לְצַפְצֵף, לְצַיֵּץ

181. Vis. Zeedieren

brasem (de)	avroma	אַבְרוֹמָה (נ)
karper (de)	karpiyon	קַרְפִּיּוֹן (ז)
baars (de)	'okunus	אוֹקוּנוּס (ז)
meerval (de)	sfamnun	שְׂפַמְנוּן (ז)
snoek (de)	ze'ev 'mayim	זְאֵב מַיִם (ז)
zalm (de)	'salmon	סַלְמוֹן (ז)
steur (de)	xidkan	חִדְקָן (ז)
haring (de)	ma'liax	מָלִיחַ (ז)
atlantische zalm (de)	iltit	אִילְתִּית (נ)
makreel (de)	makarel	מָקָרֵל (ז)
platvis (de)	dag moʃe ra'benu	דַּג מֹשֶׁה רַבֵּנוּ (ז)
snoekbaars (de)	amnun	אַמְנוּן (ז)
kabeljauw (de)	ʃibut	שִׁיבּוּט (ז)
tonijn (de)	'tuna	טוּנָה (נ)
forel (de)	forel	פוֹרֶל (ז)
paling (de)	tslofax	צְלוֹפָח (ז)
sidderrog (de)	trisanit	תְּרִיסָנִית (נ)
murene (de)	mo'rena	מוֹרֵנָה (נ)
piranha (de)	pi'ranya	פִּירַנְיָה (נ)
haai (de)	kariʃ	כָּרִישׁ (ז)
dolfijn (de)	dolfin	דוֹלְפִין (ז)
walvis (de)	livyatan	לִוְיָתָן (ז)
krab (de)	sartan	סַרְטָן (ז)
kwal (de)	me'duza	מֶדוּזָה (נ)
octopus (de)	tamnun	תַּמְנוּן (ז)
zeester (de)	koxav yam	כּוֹכָב יָם (ז)
zee-egel (de)	kipod yam	קִיפּוֹד יָם (ז)
zeepaardje (het)	suson yam	סוּסוֹן יָם (ז)
oester (de)	tsidpa	צִדְפָּה (נ)
garnaal (de)	xasilon	חֲסִילוֹן (ז)

kreeft (de)	'lobster	לוֹבְּסְטֶר (ז)
langoest (de)	'lobster koʦani	לוֹבְּסְטֶר קוֹצָנִי (ז)

182. Amfibieën. Reptielen

slang (de)	naχaʃ	נָחָשׁ (ז)
giftig (slang)	arsi	אַרְסִי

adder (de)	'ʦefa	צֶפַע (ז)
cobra (de)	'peten	פֶּתֶן (ז)
python (de)	piton	פִּיתוֹן (ז)
boa (de)	χanak	חַנָק (ז)

ringslang (de)	naχaʃ 'mayim	נָחָשׁ מַיִם (ז)
ratelslang (de)	ʃfifon	שְׁפִיפוֹן (ז)
anaconda (de)	ana'konda	אֲנָקוֹנְדָה (נ)

hagedis (de)	leta'a	לְטָאָה (נ)
leguaan (de)	igu''ana	אִיגוּאָנָה (נ)
varaan (de)	'koaχ	כּוֹחַ (ז)
salamander (de)	sala'mandra	סָלָמַנְדְרָה (נ)
kameleon (de)	zikit	זִיקִית (נ)
schorpioen (de)	akrav	עַקְרָב (ז)

schildpad (de)	ʦav	צָב (ז)
kikker (de)	ʦfar'de'a	צְפַרְדֵּעַ (נ)
pad (de)	karpada	קַרְפָּדָה (נ)
krokodil (de)	tanin	תַּנִּין (ז)

183. Insecten

insect (het)	χarak	חָרָק (ז)
vlinder (de)	parpar	פַּרְפַּר (ז)
mier (de)	nemala	נְמָלָה (נ)
vlieg (de)	zvuv	זְבוּב (ז)
mug (de)	yatuʃ	יַתּוּשׁ (ז)
kever (de)	χipuʃit	חִיפּוּשִׁית (נ)

wesp (de)	ʦir'a	צִרְעָה (נ)
bij (de)	dvora	דְּבוֹרָה (נ)
hommel (de)	dabur	דַּבּוּר (ז)
horzel (de)	zvuv hasus	זְבוּב הַסּוּס (ז)

spin (de)	akaviʃ	עַכָּבִישׁ (ז)
spinnenweb (het)	kurei akaviʃ	קוּרֵי עַכָּבִישׁ (ז"ר)

libel (de)	ʃapirit	שַׁפִּירִית (נ)
sprinkhaan (de)	χagav	חָגָב (ז)
nachtvlinder (de)	aʃ	עָשׁ (ז)

kakkerlak (de)	makak	מַקָּק (ז)
mijt (de)	karʦiya	קַרְצִיָּה (נ)

| vlo (de) | par'oʃ | פַּרְעוֹשׁ (ז) |
| kriebelmug (de) | yavχuʃ | יַבְחוּשׁ (ז) |

treksprinkhaan (de)	arbe	אַרְבֶּה (ז)
slak (de)	χilazon	חִילָזוֹן (ז)
krekel (de)	tsartsar	צְרָצַר (ז)
glimworm (de)	gaχlilit	גַּחְלִילִית (נ)
lieveheersbeestje (het)	parat moʃe ra'benu	פָּרַת מֹשֶׁה רַבֵּנוּ (נ)
meikever (de)	χipuʃit aviv	חִיפּוּשִׁית אָבִיב (נ)

bloedzuiger (de)	aluka	עֲלוּקָה (נ)
rups (de)	zaχal	זַחַל (ז)
aardworm (de)	to'la'at	תּוֹלַעַת (נ)
larve (de)	'deren	דֶּרֶן (ז)

184. Dieren. Lichaamsdelen

snavel (de)	makor	מָקוֹר (ז)
vleugels (mv.)	kna'fayim	כְּנָפַיִם (נ"ר)
poot (ov. een vogel)	'regel	רֶגֶל (נ)
verenkleed (het)	pluma	פְּלוּמָה (נ)
veer (de)	notsa	נוֹצָה (נ)
kuifje (het)	tsitsa	צִיצָה (נ)

kieuwen (mv.)	zimim	זִימִים (ז"ר)
kuit, dril (de)	beitsei dagim	בֵּיצֵי דָגִים (נ"ר)
larve (de)	'deren	דֶּרֶן (ז)
vin (de)	snapir	סְנַפִּיר (ז)
schubben (mv.)	kaskasim	קַשְׂקַשִׂים (ז"ר)

slagtand (de)	niv	נִיב (ז)
poot (bijv. ~ van een kat)	'regel	רֶגֶל (נ)
muil (de)	partsuf	פַּרְצוּף (ז)
bek (mond van dieren)	lo'a	לוֹעַ (ז)
staart (de)	zanav	זָנָב (ז)
snorharen (mv.)	safam	שָׂפָם (ז)

| hoef (de) | parsa | פַּרְסָה (נ) |
| hoorn (de) | 'keren | קֶרֶן (נ) |

schild (schildpad, enz.)	ʃiryon	שִׁרְיוֹן (ז)
schelp (de)	konχiya	קוֹנְכִיָה (נ)
eierschaal (de)	klipa	קְלִיפָּה (נ)

| vacht (de) | parva | פַּרְוָה (נ) |
| huid (de) | or | עוֹר (ז) |

185. Dieren. Leefomgevingen

leefgebied (het)	beit gidul	בֵּית גִידוּל (ז)
migratie (de)	hagira	הַגִירָה (נ)
berg (de)	har	הַר (ז)

| rif (het) | ʃunit | שׁוֹנִית (נ) |
| klip (de) | 'sela | סֶלַע (ז) |

bos (het)	'ya'ar	יַעַר (ז)
jungle (de)	'dʒungel	ג׳וּנְגֶל (ז)
savanne (de)	sa'vana	סָוָונָה (נ)
toendra (de)	'tundra	טוּנְדְרָה (נ)

steppe (de)	arava	עֲרָבָה (נ)
woestijn (de)	midbar	מִדְבָּר (ז)
oase (de)	neve midbar	נְוֵה מִדְבָּר (ז)

zee (de)	yam	יָם (ז)
meer (het)	agam	אֲגַם (ז)
oceaan (de)	ok'yanos	אוֹקְיָאנוֹס (ז)

moeras (het)	bitsa	בִּיצָה (נ)
zoetwater- (abn)	ʃel 'mayim metukim	שֶׁל מַיִם מְתוּקִים
vijver (de)	breχa	בְּרֵיכָה (נ)
rivier (de)	nahar	נָהָר (ז)

berenhol (het)	me'ura	מְאוּרָה (נ)
nest (het)	ken	קֵן (ז)
boom holte (de)	χor ba'ets	חוֹר בָּעֵץ (ז)
hol (het)	meχila	מְחִילָה (נ)
mierenhoop (de)	kan nemalim	קַן נְמָלִים (ז)

Flora

186. Bomen

boom (de)	ets	עֵץ (ז)
loof- (abn)	naʃir	נָשִׁיר
dennen- (abn)	maχtani	מַחְטָנִי
groenblijvend (bn)	yarok ad	יָרוֹק עַד
appelboom (de)	ta'puaχ	תַּפּוּחַ (ז)
perenboom (de)	agas	אַגָּס (ז)
zoete kers (de)	gudgedan	גּוּדְגְּדָן (ז)
zure kers (de)	duvdevan	דּוּבְדְּבָן (ז)
pruimelaar (de)	ʃezif	שְׁזִיף (ז)
berk (de)	ʃadar	שֶׁדֶר (ז)
eik (de)	alon	אַלּוֹן (ז)
linde (de)	'tilya	טִילְיָה (נ)
esp (de)	aspa	אַסְפָּה (נ)
esdoorn (de)	'eder	אֶדֶר (ז)
spar (de)	a'ʃuaχ	אַשּׁוּחַ (ז)
den (de)	'oren	אוֹרֶן (ז)
lariks (de)	arzit	אַרְזִית (נ)
zilverspar (de)	a'ʃuaχ	אַשּׁוּחַ (ז)
ceder (de)	'erez	אֶרֶז (ז)
populier (de)	tsaftsefa	צַפְצָפָה (נ)
lijsterbes (de)	ben χuzrar	בֶּן־חֻזְרָר (ז)
wilg (de)	arava	עֲרָבָה (נ)
els (de)	alnus	אַלְנוּס (ז)
beuk (de)	aʃur	אָשׁוּר (ז)
iep (de)	bu'kitsa	בּוּקִיצָה (נ)
es (de)	mela	מֵילָה (נ)
kastanje (de)	armon	עַרְמוֹן (ז)
magnolia (de)	mag'nolya	מַגְנוֹלְיָה (נ)
palm (de)	'dekel	דֶּקֶל (ז)
cipres (de)	broʃ	בְּרוֹשׁ (ז)
mangrove (de)	mangrov	מַנְגְּרוֹב (ז)
baobab (apenbroodboom)	ba'obab	בָּאוֹבָּב (ז)
eucalyptus (de)	eika'liptus	אֵיקָלִיפְּטוּס (ז)
mammoetboom (de)	sek'voya	סֶקְווֹיָה (נ)

187. Heesters

struik (de)	'siaχ	שִׂיחַ (ז)
heester (de)	'siaχ	שִׂיחַ (ז)

| wijnstok (de) | 'gefen | גֶּפֶן (ז) |
| wijngaard (de) | 'kerem | כֶּרֶם (ז) |

frambozenstruik (de)	'petel	פֶּטֶל (ז)
zwarte bes (de)	'siaχ dumdemaniyot ʃχorot	שִׂיחַ דּוּמְדְּמָנִיּוֹת שְׁחוֹרוֹת (ז)
rode bessenstruik (de)	'siaχ dumdemaniyot adumot	שִׂיחַ דּוּמְדְּמָנִיּוֹת אֲדֻמּוֹת (ז)
kruisbessenstruik (de)	χazarzar	חֲזַרְזַר (ז)

acacia (de)	ʃita	שִׁיטָה (נ)
zuurbes (de)	berberis	בֶּרְבֶּרִיס (ז)
jasmijn (de)	yasmin	יַסְמִין (ז)

jeneverbes (de)	ar'ar	עַרְעָר (ז)
rozenstruik (de)	'siaχ vradim	שִׂיחַ וְרָדִים (ז)
hondsroos (de)	'vered bar	וֶרֶד בָּר (ז)

188. Champignons

paddenstoel (de)	pitriya	פִּטְרִיָּה (נ)
eetbare paddenstoel (de)	pitriya ra'uya lema'aχal	פִּטְרִיָּה רְאוּיָה לְמַאֲכָל
giftige paddenstoel (de)	pitriya ra'ila	פִּטְרִיָּה רְעִילָה (נ)
hoed (de)	kipat pitriya	כִּיפַּת פִּטְרִיָּה (נ)
steel (de)	'regel	רֶגֶל (נ)

gewoon eekhoorntjesbrood (het)	por'tʃini	פּוֹרְצִ'ינִי (ז)
rosse populierenboleet (de)	pitriyat 'kova aduma	פִּטְרִיַּת כּוֹבַע אֲדֻמָּה (נ)
berkenboleet (de)	pitriyat 'ya'ar	פִּטְרִיַּת יַעַר (נ)
cantharel (de)	gvi'onit ne'e'χelet	גְּבִיעוֹנִית נֶאֱכֶלֶת (נ)
russula (de)	χarifit	חֲרִיפִית (נ)

morille (de)	gamtsuts	גַּמְצוּץ (ז)
vliegenzwam (de)	zvuvanit	זְבוּבָנִית (נ)
groene knolzwam (de)	pitriya ra'ila	פִּטְרִיָּה רְעִילָה (נ)

189. Vruchten. Bessen

vrucht (de)	pri	פְּרִי (ז)
vruchten (mv.)	perot	פֵּירוֹת (ז"ר)
appel (de)	ta'puaχ	תַּפּוּחַ (ז)
peer (de)	agas	אַגָּס (ז)
pruim (de)	ʃezif	שְׁזִיף (ז)

aardbei (de)	tut sade	תּוּת שָׂדֶה (ז)
zure kers (de)	duvdevan	דֻּבְדְּבָן (ז)
zoete kers (de)	gudgedan	גּוּדְגְּדָן (ז)
druif (de)	anavim	עֲנָבִים (ז"ר)

framboos (de)	'petel	פֶּטֶל (ז)
zwarte bes (de)	dumdemanit ʃχora	דּוּמְדְּמָנִית שְׁחוֹרָה (נ)
rode bes (de)	dumdemanit aduma	דּוּמְדְּמָנִית אֲדֻמָּה (נ)
kruisbes (de)	χazarzar	חֲזַרְזַר (ז)

veenbes (de)	χamutsit	חֲמוּצִית (נ)
sinaasappel (de)	tapuz	תַּפּוּז (ז)
mandarijn (de)	klemen'tina	קְלֶמֶנְטִינָה (נ)
ananas (de)	'ananas	אֲנָנָס (ז)
banaan (de)	ba'nana	בַּנָנָה (נ)
dadel (de)	tamar	תָּמָר (ז)
citroen (de)	limon	לִימוֹן (ז)
abrikoos (de)	'miʃmeʃ	מִשְׁמֵשׁ (ז)
perzik (de)	afarsek	אֲפַרְסֵק (ז)
kiwi (de)	'kivi	קִיוִוי (ז)
grapefruit (de)	eʃkolit	אֶשְׁכּוֹלִית (נ)
bes (de)	garger	גַּרְגֵּר (ז)
bessen (mv.)	gargerim	גַּרְגְּרִים (ז"ר)
vossenbes (de)	uχmanit aduma	אוּכְמָנִית אֲדוּמָּה (נ)
bosaardbei (de)	tut 'yaʿar	תּוּת יַעַר (ז)
bosbes (de)	uχmanit	אוּכְמָנִית (נ)

190. Bloemen. Planten

bloem (de)	'peraχ	פֶּרַח (ז)
boeket (het)	zer	זֵר (ז)
roos (de)	'vered	וֶרֶד (ז)
tulp (de)	tsiv'oni	צִבְעוֹנִי (ז)
anjer (de)	tsi'poren	צִיפּוֹרֶן (ז)
gladiool (de)	glad'yola	גְּלַדְיוֹלָה (נ)
korenbloem (de)	dganit	דְּגָנִיָּה (נ)
klokje (het)	pa'amonit	פַּעֲמוֹנִית (נ)
paardenbloem (de)	ʃinan	שִׁינָן (ז)
kamille (de)	kamomil	קָמוֹמִיל (ז)
aloè (de)	alvai	אַלְוַוי (ז)
cactus (de)	'kaktus	קַקְטוּס (ז)
ficus (de)	'fikus	פִיקוּס (ז)
lelie (de)	ʃoʃana	שׁוֹשַׁנָּה (נ)
geranium (de)	ge'ranyum	גֶּרַנְיוּם (ז)
hyacint (de)	yakinton	יָקִינְטוֹן (ז)
mimosa (de)	mi'moza	מִימוֹזָה (נ)
narcis (de)	narkis	נַרְקִיס (ז)
Oostindische kers (de)	'kova hanazir	כּוֹבַע הַנָּזִיר (ז)
orchidee (de)	saχlav	סַחְלָב (ז)
pioenroos (de)	admonit	אַדְמוֹנִית (נ)
viooltje (het)	sigalit	סִיגָלִית (נ)
driekleurig viooltje (het)	amnon vetamar	אַמְנוֹן וְתָמָר (ז)
vergeet-mij-nietje (het)	ziχ'rini	זִכְרִינִי (ז)
madeliefje (het)	marganit	מַרְגָּנִית (נ)
papaver (de)	'pereg	פֶּרֶג (ז)

| hennep (de) | ka'nabis | קָנָאבִּיס (ז) |
| munt (de) | 'menta | מֶנְתָּה (נ) |

| lelietje-van-dalen (het) | zivanit | זִיוָנִית (נ) |
| sneeuwklokje (het) | ga'lantus | גָּלַנְטוּס (ז) |

brandnetel (de)	sirpad	סִרְפָּד (ז)
veldzuring (de)	χum‘a	חוּמְעָה (נ)
waterlelie (de)	nufar	נוּפָר (ז)
varen (de)	ʃaraχ	שָׂרָךְ (ז)
korstmos (het)	χazazit	חֲזָזִית (נ)

oranjerie (de)	χamama	חֲמָמָה (נ)
gazon (het)	midʃa'a	מִדְשָׁאָה (נ)
bloemperk (het)	arugat praχim	עֲרוּגַת פְּרָחִים (נ)

plant (de)	'tsemaχ	צֶמַח (ז)
gras (het)	'deʃe	דֶּשֶׁא (ז)
grasspriet (de)	giv‘ol 'esev	גִּבְעוֹל עֵשֶׂב (ז)

blad (het)	ale	עָלֶה (ז)
bloemblad (het)	ale ko'teret	עָלֶה כּוֹתֶרֶת (ז)
stengel (de)	giv‘ol	גִּבְעוֹל (ז)
knol (de)	'pka‘at	פְּקַעַת (נ)

| scheut (de) | 'nevet | נֶבֶט (ז) |
| doorn (de) | kots | קוֹץ (ז) |

bloeien (ww)	lif'roaχ	לִפְרוֹחַ
verwelken (ww)	linbol	לִנְבּוֹל
geur (de)	'reaχ	רֵיחַ (ז)
snijden (bijv. bloemen ~)	ligzom	לִגְזוֹם
plukken (bloemen ~)	liktof	לִקְטוֹף

191. Granen, graankorrels

graan (het)	tvu'a	תְּבוּאָה (נ)
graangewassen (mv.)	dganim	דְּגָנִים (ז"ר)
aar (de)	ʃi'bolet	שִׁבּוֹלֶת (נ)

tarwe (de)	χita	חִיטָה (נ)
rogge (de)	ʃifon	שִׁיפוֹן (ז)
haver (de)	ʃi'bolet ʃu‘al	שִׁבּוֹלֶת שׁוּעָל (נ)
gierst (de)	'doχan	דּוֹחַן (ז)
gerst (de)	se‘ora	שְׂעוֹרָה (נ)
maïs (de)	'tiras	תִּירָס (ז)
rijst (de)	'orez	אוֹרֶז (ז)
boekweit (de)	ku'semet	כּוּסֶּמֶת (נ)

erwt (de)	afuna	אֲפוּנָה (נ)
boon (de)	ʃu'it	שְׁעוּעִית (נ)
soja (de)	'soya	סוֹיָה (נ)
linze (de)	adaʃim	עֲדָשִׁים (ז"ר)
bonen (mv.)	pol	פּוֹל (ז)

REGIONALE AARDRIJKSKUNDE

Landen. Nationaliteiten

192. Politiek. Overheid. Deel 1

politiek (de)	po'litika	פּוֹלִיטִיקָה (נ)
politiek (bn)	po'liti	פּוֹלִיטִי
politicus (de)	politikai	פּוֹלִיטִיקָאי (ז)

staat (land)	medina	מְדִינָה (נ)
burger (de)	ezraχ	אֶזְרָח (ז)
staatsburgerschap (het)	ezraχut	אֶזְרָחוּת (נ)

nationaal wapen (het)	'semel le'umi	סֶמֶל לְאוּמִי (ז)
volkslied (het)	himnon le'umi	הִמְנוֹן לְאוּמִי (ז)

regering (de)	memʃala	מֶמְשָׁלָה (נ)
staatshoofd (het)	roʃ medina	רֹאש מְדִינָה (ז)
parlement (het)	parlament	פַּרְלָמֶנְט (ז)
partij (de)	miflaga	מִפְלָגָה (נ)

kapitalisme (het)	kapitalizm	קָפִּיטָלִיזְם (ז)
kapitalistisch (bn)	kapita'listi	קָפִּיטָלִיסְטִי

socialisme (het)	sotsyalizm	סוֹצִיאָלִיזְם (ז)
socialistisch (bn)	sotsya'listi	סוֹצִיאָלִיסְטִי

communisme (het)	komunizm	קוֹמוּנִיזְם (ז)
communistisch (bn)	komu'nisti	קוֹמוּנִיסְטִי
communist (de)	komunist	קוֹמוּנִיסְט (ז)

democratie (de)	demo'kratya	דֶמוֹקְרַטְיָה (נ)
democraat (de)	demokrat	דֶמוֹקְרָט (ז)
democratisch (bn)	demo'krati	דֶמוֹקְרָטִי
democratische partij (de)	miflaga demo'kratit	מִפְלָגָה דֶמוֹקְרָטִית (נ)

liberaal (de)	libe'rali	לִיבֶּרָלִי (ז)
liberaal (bn)	libe'rali	לִיבֶּרָלִי
conservator (de)	ʃamran	שַׁמְרָן (ז)
conservatief (bn)	ʃamrani	שַׁמְרָנִי

republiek (de)	re'publika	רֶפּוּבְּלִיקָה (נ)
republikein (de)	republi'kani	רֶפּוּבְּלִיקָנִי (ז)
Republikeinse Partij (de)	miflaga republi'kanit	מִפְלָגָה רֶפּוּבְּלִיקָנִית (נ)

verkiezing (de)	bχirot	בְּחִירוֹת (נ"ר)
kiezen (ww)	livχor	לִבְחוֹר
kiezer (de)	mats'bi'a	מַצְבִּיעַ (ז)

verkiezingscampagne (de)	masa bχirot	מַסָּע בְּחִירוֹת (ז)
stemming (de)	hatsba'a	הַצְבָּעָה (נ)
stemmen (ww)	lehats'bi'a	לְהַצְבִּיעַ
stemrecht (het)	zχut hatsba'a	זְכוּת הַצְבָּעָה (נ)

kandidaat (de)	mu'amad	מוּעֲמָד (ז)
zich kandideren	lehatsig mu'amadut	לְהַצִּיג מוּעֲמָדוּת
campagne (de)	masa	מַסָּע (ז)

| oppositie- (abn) | opozitsyoni | אוֹפּוֹזִיצְיוֹנִי |
| oppositie (de) | opo'zitsya | אוֹפּוֹזִיצְיָה (נ) |

bezoek (het)	bikur	בִּיקוּר (ז)
officieel bezoek (het)	bikur riʃmi	בִּיקוּר רִשְמִי (ז)
internationaal (bn)	benle'umi	בֵּינְלְאוּמִי

| onderhandelingen (mv.) | masa umatan | מַשָּׂא וּמַתָּן (ז) |
| onderhandelen (ww) | laset velatet | לָשֵׂאת וְלָתֵת |

193. Politiek. Overheid. Deel 2

maatschappij (de)	χevra	חֶבְרָה (נ)
grondwet (de)	χuka	חוּקָה (נ)
macht (politieke ~)	ʃilton	שִׁלְטוֹן (ז)
corruptie (de)	ʃχitut	שְׁחִיתוּת (נ)

| wet (de) | χok | חוֹק (ז) |
| wettelijk (bn) | χuki | חוּקִי |

| rechtvaardigheid (de) | 'tsedek | צֶדֶק (ז) |
| rechtvaardig (bn) | tsodek | צוֹדֵק |

comité (het)	'va'ad	וַעַד (ז)
wetsvoorstel (het)	hatsa'at χok	הַצָּעַת חוֹק (נ)
begroting (de)	taktsiv	תַקְצִיב (ז)
beleid (het)	mediniyut	מְדִינִיוּת (נ)
hervorming (de)	re'forma	רֵפוֹרְמָה (נ)
radicaal (bn)	radi'kali	רָדִיקָלִי

macht (vermogen)	otsma	עוֹצְמָה (נ)
machtig (bn)	rav 'koaχ	רַב־כּוֹחַ
aanhanger (de)	tomeχ	תוֹמֵךְ (ז)
invloed (de)	haʃpa'a	הַשְׁפָּעָה (נ)

regime (het)	miʃtar	מִשְׁטָר (ז)
conflict (het)	siχsuχ	סִכְסוּךְ (ז)
samenzwering (de)	'keʃer	קֶשֶׁר (ז)
provocatie (de)	provo'katsya, hitgarut	פְּרוֹבוֹקַצְיָה, הִתְגָּרוּת (נ)

omverwerpen (ww)	leha'diaχ	לְהָדִיחַ
omverwerping (de)	hadaχa mikes malχut	הַדָּחָה מִכֵּס מַלְכוּת (נ)
revolutie (de)	mahapeχa	מַהְפֵּכָה (נ)
staatsgreep (de)	hafiχa	הֲפִיכָה (נ)
militaire coup (de)	mahapaχ tsva'i	מַהְפָּךְ צְבָאִי (ז)

177

crisis (de)	maʃber	מַשְׁבֵּר (ז)
economische recessie (de)	mitun kalkali	מִיתוּן כַּלְכָּלִי (ז)
betoger (de)	mafgin	מַפְגִּין (ז)
betoging (de)	hafgana	הַפְגָּנָה (נ)
krijgswet (de)	miʃtar tsva'i	מִשְׁטָר צְבָאִי (ז)
militaire basis (de)	basis tsva'i	בָּסִיס צְבָאִי (ז)

| stabiliteit (de) | yatsivut | יַצִּיבוּת (נ) |
| stabiel (bn) | yatsiv | יַצִּיב |

| uitbuiting (de) | nitsul | נִיצוּל (ז) |
| uitbuiten (ww) | lenatsel | לְנַצֵּל |

racisme (het)	giz'anut	גִּזְעָנוּת (נ)
racist (de)	giz'ani	גִּזְעָנִי (ז)
fascisme (het)	faʃizm	פָשִׁיזְם (ז)
fascist (de)	faʃist	פָשִׁיסְט (ז)

194. Landen. Diversen

vreemdeling (de)	zar	זָר (ז)
buitenlands (bn)	zar	זָר
in het buitenland (bw)	beχul	בְּחוּ"ל

emigrant (de)	mehager	מְהַגֵּר (ז)
emigratie (de)	hagira	הֲגִירָה (נ)
emigreren (ww)	lehager	לְהַגֵּר

Westen (het)	ma'arav	מַעֲרָב (ז)
Oosten (het)	mizraχ	מִזְרָח (ז)
Verre Oosten (het)	hamizraχ haraχok	הַמִּזְרָח הָרָחוֹק (ז)

beschaving (de)	tsivili'zatsya	צִיבִילִיזַצְיָה (נ)
mensheid (de)	enoʃut	אֱנוֹשׁוּת (נ)
wereld (de)	olam	עוֹלָם (ז)
vrede (de)	ʃalom	שָׁלוֹם (ז)
wereld- (abn)	olami	עוֹלָמִי

vaderland (het)	mo'ledet	מוֹלֶדֶת (נ)
volk (het)	am	עַם (ז)
bevolking (de)	oχlusiya	אֻכְלוּסִיָּה (נ)
mensen (mv.)	anaʃim	אֲנָשִׁים (ז"ר)
natie (de)	uma	אוּמָה (נ)
generatie (de)	dor	דּוֹר (ז)

gebied (bijv. bezette ~en)	'ʃetaχ	שֶׁטַח (ז)
regio, streek (de)	ezor	אֵזוֹר (ז)
deelstaat (de)	medina	מְדִינָה (נ)

traditie (de)	ma'soret	מָסוֹרֶת (נ)
gewoonte (de)	minhag	מִנְהָג (ז)
ecologie (de)	eko'logya	אֶקוֹלוֹגְיָה (נ)
Indiaan (de)	ind'yani	אִינְדְּיָאנִי (ז)
zigeuner (de)	tso'ani	צוֹעֲנִי (ז)

zigeunerin (de)	tso'aniya	צוֹעֲנִיָּה (נ)
zigeuner- (abn)	tso'ani	צוֹעֲנִי
rijk (het)	im'perya	אִימְפֶּרְיָה (נ)
kolonie (de)	ko'lonya	קוֹלוֹנְיָה (נ)
slavernij (de)	avdut	עַבְדוּת (נ)
invasie (de)	pliʃa	פְּלִישָׁה (נ)
hongersnood (de)	'ra'av	רָעָב (ז)

195. Grote religieuze groepen. Bekentenissen

religie (de)	dat	דָּת (נ)
religieus (bn)	dati	דָּתִי
geloof (het)	emuna	אֱמוּנָה (נ)
geloven (ww)	leha'amin	לְהַאֲמִין
gelovige (de)	ma'amin	מַאֲמִין
atheïsme (het)	ate'izm	אָתֵאִיזְם (ז)
atheïst (de)	ate'ist	אָתֵאִיסְט (ז)
christendom (het)	natsrut	נַצְרוּת (נ)
christen (de)	notsri	נוֹצְרִי (ז)
christelijk (bn)	notsri	נוֹצְרִי
katholicisme (het)	ka'toliyut	קָתוֹלִיּוּת (נ)
katholiek (de)	ka'toli	קָתוֹלִי (ז)
katholiek (bn)	ka'toli	קָתוֹלִי
protestantisme (het)	protes'tantiyut	פְּרוֹטֶסְטַנְטִיּוּת (נ)
Protestante Kerk (de)	knesiya protes'tantit	כְּנֵסִיָּה פְּרוֹטֶסְטַנְטִית (נ)
protestant (de)	protestant	פְּרוֹטֶסְטַנְט (ז)
orthodoxie (de)	natsrut orto'doksit	נַצְרוּת אוֹרְתוֹדוֹקְסִית (נ)
Orthodoxe Kerk (de)	knesiya orto'doksit	כְּנֵסִיָּה אוֹרְתוֹדוֹקְסִית (נ)
orthodox	orto'doksi	אוֹרְתוֹדוֹקְסִי
presbyterianisme (het)	presbiteryanizm	פְּרֶסְבִּיטֶרְיָאנִיזְם (ז)
Presbyteriaanse Kerk (de)	knesiya presviteri"anit	כְּנֵסִיָּה פְּרֶסְבִּיטֶרְיָאנִית (נ)
presbyteriaan (de)	presbiter'yani	פְּרֶסְבִּיטֶרְיָאנִי (ז)
lutheranisme (het)	knesiya lute'ranit	כְּנֵסִיָּה לוּתֶרָנִית (נ)
lutheraan (de)	lute'rani	לוּתֶרָנִי (ז)
baptisme (het)	knesiya bap'tistit	כְּנֵסִיָּה בַּפְּטִיסְטִית (נ)
baptist (de)	baptist	בַּפְּטִיסְט (ז)
Anglicaanse Kerk (de)	knesiya angli'kanit	כְּנֵסִיָּה אַנְגְלִיקָנִית (נ)
anglicaan (de)	angli'kani	אַנְגְלִיקָנִי (ז)
mormonisme (het)	mor'monim	מוֹרְמוֹנִים (ז)
mormoon (de)	mormon	מוֹרְמוֹן (ז)
Jodendom (het)	yahadut	יַהֲדוּת (נ)
jood (aanhanger van het Jodendom)	yehudi, yehudiya	יְהוּדִי (ז), יְהוּדִיָּה (נ)

| boeddhisme (het) | budhizm | בּוּדְהִיזְם (ז) |
| boeddhist (de) | budhist | בּוּדְהִיסְט (ז) |

| hindoeïsme (het) | hindu'izm | הִינְדוּאָיזְם (ז) |
| hindoe (de) | 'hindi | הִינְדִי (ז) |

islam (de)	islam	אִיסְלָאם (ז)
islamiet (de)	'muslemi	מוּסְלְמִי (ז)
islamitisch (bn)	'muslemi	מוּסְלְמִי

sjiisme (het)	islam 'ʃiʼi	אִסְלָאם שִׁיעִי (ז)
sjiiet (de)	'ʃiʼi	שִׁיעִי (ז)
soennisme (het)	islam 'suni	אִסְלָאם סוּנִי (ז)
soenniet (de)	'suni	סוּנִי (ז)

196. Religies. Priesters

| priester (de) | 'komer | כֹּמֶר (ז) |
| paus (de) | apifyor | אַפִּיפְיוֹר (ז) |

monnik (de)	nazir	נָזִיר (ז)
non (de)	nazira	נְזִירָה (נ)
pastoor (de)	'komer	כֹּמֶר (ז)

abt (de)	roʃ minzar	רֹאשׁ מִנְזָר (ז)
vicaris (de)	'komer hakehila	כֹּמֶר הַקְּהִילָה (ז)
bisschop (de)	'biʃof	בִּישׁוֹף (ז)
kardinaal (de)	xaʃman	חַשְׁמָן (ז)

predikant (de)	matif	מַטִּיף (ז)
preek (de)	hatafa, draʃa	הַטָּפָה, דְּרָשָׁה (נ)
kerkgangers (mv.)	xaver kehila	חָבֵר קְהִילָה (ז)

| gelovige (de) | ma'amin | מַאֲמִין (ז) |
| atheïst (de) | ate'ist | אָתֵאִיסְט (ז) |

197. Geloof. Christendom. Islam

| Adam | adam | אָדָם |
| Eva | xava | חַוָּה |

God (de)	elohim	אֱלוֹהִים
Heer (de)	adonai	אֲדוֹנָי
Almachtige (de)	kol yaxol	כָּל יָכוֹל

zonde (de)	xet	חֵטְא (ז)
zondigen (ww)	laxato	לַחֲטוֹא
zondaar (de)	xote	חוֹטֵא (ז)
zondares (de)	xo'ta'at	חוֹטֵאת (נ)

| hel (de) | gehinom | גֵּיהִינוֹם (ז) |
| paradijs (het) | gan 'eden | גַּן עֵדֶן (ז) |

| Jezus | 'yeʃu | יֵשׁוּ |
| Jezus Christus | 'yeʃu hanotsri | יֵשׁוּ הַנּוֹצְרִי |

Heilige Geest (de)	'ruaχ ha'kodeʃ	רוּחַ הַקּוֹדֶשׁ (ז)
Verlosser (de)	mo'ʃi'a	מוֹשִׁיעַ (ז)
Maagd Maria (de)	'miryam hakdoʃa	מִרְיָם הַקְּדוֹשָׁה

duivel (de)	satan	שָׂטָן (ז)
duivels (bn)	stani	שְׂטָנִי
Satan	satan	שָׂטָן (ז)
satanisch (bn)	stani	שְׂטָנִי

engel (de)	mal'aχ	מַלְאָךְ (ז)
beschermengel (de)	mal'aχ ʃomer	מַלְאָךְ שׁוֹמֵר (ז)
engelachtig (bn)	mal'aχi	מַלְאָכִי

apostel (de)	ʃa'liaχ	שָׁלִיחַ (ז)
aartsengel (de)	arχimalaχ	אַרְכִימַלְאָךְ (ז)
antichrist (de)	an'tikrist	אַנְטִיכְרִיסְט (ז)

Kerk (de)	knesiya	כְּנֵסִיָּה (נ)
bijbel (de)	tanaχ	תָּנָ"ךְ (ז)
bijbels (bn)	tanaχi	תָּנָ"כִי

Oude Testament (het)	habrit hayeʃana	הַבְּרִית הַיְשָׁנָה (נ)
Nieuwe Testament (het)	habrit haχadaʃa	הַבְּרִית הַחֲדָשָׁה (נ)
evangelie (het)	evangelyon	אֱוַנְגֶּלְיוֹן (ז)
Heilige Schrift (de)	kitvei ha'kodeʃ	כִּתְבֵי הַקּוֹדֶשׁ (ז"ר)
Hemel, Hemelrijk (de)	malχut ʃa'mayim, gan 'eden	מַלְכוּת שָׁמַיִם (נ), גַּן עֵדֶן (ז)

gebod (het)	mitsva	מִצְוָה (נ)
profeet (de)	navi	נָבִיא (ז)
profetie (de)	nevu'a	נְבוּאָה (נ)

Allah	'alla	אַלְלָה
Mohammed	mu'χamad	מוּחַמַד
Koran (de)	kur'an	קוּרְאָן (ז)

moskee (de)	misgad	מִסְגָּד (ז)
moellah (de)	'mula	מוּלָא (ז)
gebed (het)	tfila	תְּפִילָה (נ)
bidden (ww)	lehitpalel	לְהִתְפַּלֵּל

pelgrimstocht (de)	aliya le'regel	עֲלִיָּה לְרֶגֶל (נ)
pelgrim (de)	tsalyan	צַלְיָן (ז)
Mekka	'meka	מֶכָּה (נ)

kerk (de)	knesiya	כְּנֵסִיָּה (נ)
tempel (de)	mikdaʃ	מִקְדָּשׁ (ז)
kathedraal (de)	kated'rala	קָתֶדְרָלָה (נ)
gotisch (bn)	'goti	גוֹתִי
synagoge (de)	beit 'kneset	בֵּית כְּנֶסֶת (ז)
moskee (de)	misgad	מִסְגָּד (ז)

| kapel (de) | beit tfila | בֵּית תְּפִילָה (ז) |
| abdij (de) | minzar | מִנְזָר (ז) |

nonnenklooster (het)	minzar	מִנְזָר (ז)
mannenklooster (het)	minzar	מִנְזָר (ז)
klok (de)	pa'amon	פַּעֲמוֹן (ז)
klokkentoren (de)	migdal pa'amonim	מִגְדַּל פַּעֲמוֹנִים (ז)
luiden (klokken)	letsaltsel	לְצַלְצֵל
kruis (het)	tslav	צְלָב (ז)
koepel (de)	kipa	כִּיפָּה (נ)
icoon (de)	ikonin	אִיקוֹנִין (ז)
ziel (de)	neʃama	נְשָׁמָה (נ)
lot, noodlot (het)	goral	גּוֹרָל (ז)
kwaad (het)	'ro'a	רוֹעַ (ז)
goed (het)	tuv	טוּב (ז)
vampier (de)	arpad	עַרְפָּד (ז)
heks (de)	maxʃefa	מְכַשֵּׁפָה (נ)
demoon (de)	ʃed	שֵׁד (ז)
geest (de)	'ruax	רוּחַ (נ)
verzoeningsleer (de)	kapara	כַּפָּרָה (נ)
vrijkopen (ww)	leχaper al	לְכַפֵּר עַל
mis (de)	'misa	מִיסָה (נ)
de mis opdragen	la'aroχ 'misa	לַעֲרוֹךְ מִיסָה
biecht (de)	vidui	וִידוּי (ז)
biechten (ww)	lehitvadot	לְהִתְוַדּוֹת
heilige (de)	kadoʃ	קָדוֹשׁ (ז)
heilig (bn)	mekudaʃ	מְקוּדָּשׁ
wijwater (het)	'mayim kdoʃim	מַיִם קְדוֹשִׁים (ז״ר)
ritueel (het)	'tekes	טֶקֶס (ז)
ritueel (bn)	ʃel 'tekes	שֶׁל טֶקֶס
offerande (de)	korban	קוֹרְבָּן (ז)
bijgeloof (het)	emuna tfela	אֱמוּנָה תְּפֵלָה (נ)
bijgelovig (bn)	ma'amin emunot tfelot	מַאֲמִין אֱמוּנוֹת תְּפֵלוֹת
hiernamaals (het)	ha'olam haba	הָעוֹלָם הַבָּא (ז)
eeuwige leven (het)	χayei olam, χayei 'netsaχ	חַיֵּי עוֹלָם (ז״ר), חַיֵּי נֶצַח (ז״ר)

DIVERSEN

198. Diverse nuttige woorden

achtergrond (de)	'reka	רֶקַע (ז)
balans (de)	izun	אִיזוּן (ז)
basis (de)	basis	בָּסִיס (ז)
begin (het)	hatχala	הַתְחָלָה (נ)
beurt (wie is aan de ~?)	tor	תּוֹר (ז)
categorie (de)	kate'gorya	קָטֵגוֹרְיָה (נ)
comfortabel (~ bed, enz.)	'noaχ	נוֹחַ
compensatie (de)	pitsui	פִּיצוּי (ז)
deel (gedeelte)	'χelek	חֵלֶק (ז)
deeltje (het)	χelkik	חֶלְקִיק (ז)
ding (object, voorwerp)	'χefets	חֵפֶץ (ז)
dringend (bn, urgent)	daχuf	דָחוּף
dringend (bw, met spoed)	bidχifut	בִּדְחִיפוּת
effect (het)	efekt	אֶפֶקְט (ז)
eigenschap (kwaliteit)	tχuna, sgula	תְּכוּנָה, סְגוּלָה (נ)
einde (het)	sof	סוֹף (ז)
element (het)	element	אֶלֶמֶנְט (ז)
feit (het)	uvda	עוּבְדָה (נ)
fout (de)	ta'ut	טָעוּת (נ)
geheim (het)	sod	סוֹד (ז)
graad (mate)	darga	דַרְגָה (נ)
groei (ontwikkeling)	gidul	גִידוּל (ז)
hindernis (de)	miχſol	מִכְשׁוֹל (ז)
hinderpaal (de)	maχsom	מַחְסוֹם (ז)
hulp (de)	ezra	עֶזְרָה (נ)
ideaal (het)	ide'al	אִידֵיאָל (ז)
inspanning (de)	ma'amats	מַאֲמָץ (ז)
keuze (een grote ~)	bχina	בְּחִינָה (נ)
labyrint (het)	mavoχ	מָבוֹךְ (ז)
manier (de)	'ofen	אוֹפֶן (ז)
moment (het)	'rega	רֶגַע (ז)
nut (bruikbaarheid)	to''elet	תּוֹעֶלֶת (נ)
onderscheid (het)	'ſoni	שׁוֹנִי (ז)
ontwikkeling (de)	hitpatχut	הִתְפַּתְחוּת (נ)
oplossing (de)	pitaron	פִּיתָרוֹן (ז)
origineel (het)	makor	מָקוֹר (ז)
pauze (de)	hafuga	הַפוּגָה (נ)
positie (de)	emda	עֶמְדָה (נ)
principe (het)	ikaron	עִיקָרוֹן (ז)

probleem (het)	be'aya	בְּעָיָה (נ)
proces (het)	tahaliχ	תַהֲלִיךְ (ז)
reactie (de)	tguva	תגוּבָה (נ)
reden (om ~ van)	siba	סִיבָּה (נ)
risico (het)	sikun	סִיכּוּן (ז)
samenvallen (het)	hat'ama	הַתְאָמָה (נ)
serie (de)	sidra	סִדְרָה (נ)
situatie (de)	matsav	מַצָב (ז)
soort (bijv. ~ sport)	sug	סוּג (ז)
standaard (bn)	tikni	תִקְנִי
standaard (de)	'teken	תֶּקֶן (ז)
stijl (de)	signon	סִגְנוֹן (ז)
stop (korte onderbreking)	hafsaka	הַפְסָקָה (נ)
systeem (het)	ʃita	שִׁיטָה (נ)
tabel (bijv. ~ van Mendelejev)	tavla	טַבְלָה (נ)
tempo (langzaam ~)	'ketsev	קֶצֶב (ז)
term (medische ~en)	musag	מוּשָׂג (ז)
type (soort)	min	מִין (ז)
variant (de)	girsa	גִירְסָה (נ)
veelvuldig (bn)	tadir	תָדִיר
vergelijking (de)	haʃva'a	הַשְׁוָואָה (נ)
voorbeeld (het goede ~)	dugma	דוּגְמָה (נ)
voortgang (de)	kidma	קִדְמָה (נ)
voorwerp (ding)	'etsem	עֶצֶם (ז)
vorm (uiterlijke ~)	tsura	צוּרָה (נ)
waarheid (de)	emet	אֶמֶת (נ)
zone (de)	ezor	אֵזוֹר (ז)

www.ingramcontent.com/pod-product-compliance
Lightning Source LLC
LaVergne TN
LVHW051310080426
835509LV00020B/3205